中國文史叢刊　*1*

妖魔化與神話化西藏的背後

沈衛榮　著

人間出版社

目次

（從左到右）馬麗華、府憲展（上海古籍出版社資深編輯）、沈衛榮。

在馮其庸瓜飯樓與友人合照，中間白髮者為馮其庸先生。

從元代出發，從語文學出發

（代序）
馬麗華

　　前不久有兩篇西藏話題的署名文章在網上熱傳，一篇〈誰是達賴喇嘛？〉，另一篇〈也談東方主義和「西藏問題」〉，作者沈衛榮。二文顯見是做足了功課，讓讀者不由不眼一亮、心一動，感覺得到視野被開闊，見識被刷新，於是有人驚奇，「誰是沈衛榮？」

　　其實在我們藏學界，其人早已是「聞人」，時下或可稱「達人」，好長一個時段內且還曾是一位「海外達人」。從問學到學問，是他的基本姿態：三十年前的少年沈衛榮，考取南京大學歷史系，十年國內寒窗苦讀，追隨蒙元史大家陳得芝先生治元朝歷史；期間復師從藏學大家王堯先生，步入西藏學，開始發表一系列有關元代西藏歷史研究的優秀論文；繼之是為時甚久的海外遊學，西歐美，東扶桑，由中亞學和比較宗教學起步，後來的工作包括在德國、美國、日本、尼泊

爾諸國高校和研究機構從事教學和研究，也包括為外國學生
講授古藏文，就這樣五湖四海地步步為營。長達十六年的時
間裡，遊方列國，歷練成長，甘苦自知，只是初衷不改，始
終以西藏歷史、宗教研究為矢志不渝的事業，努力在國際藏
學界為中國學者爭得更多話語權。沈教授此前的海外生涯猶
似隱居閉修，回歸即出山，以致未見滑翔，就見高飛。難怪
網友讀者驚奇，不知何方神聖下凡。事實上，這類普及文章
只不過是他厚積薄發、浮出水面的冰山一角吧！

　　就這樣，當沈衛榮教授以漢、藏文以外的德、英、日語
和梵文武裝了語庫，腦海中充滿國際學術前沿的最新成果和
問題——他就這樣盛裝披掛歸來，受聘於當時剛剛成立的中
國人民大學國學院，當即投身於蓬勃發展、但也一度引起過
爭議的相關國學的討論和建設。他以在國學院主持成立「西
域歷史語言研究所」和「漢藏佛學研究中心」兩個學術機
構，躬行「大國學」理念。短短五年時間裡，他和同事們一
起，聯合國內外各路專家，帶領一批本科生和碩、博士生，
學習梵文、藏文、蒙古文、滿文、西夏文、回鶻文等西域語
文，積極倡導並從事西域歷史、語文、宗教和文化研究，取
得了可觀成績。就在今年，2010 年夏天，國學院首屆畢業生
成為媒體報導的熱點，其中西域學、藏學專業尤為媒體所關
注。就此可否說明，從學術到理念，沈教授領銜主持的這兩
個新學科的建立和建設都極大地充實了人大國學院，也將人
大國學院師生倡導的大國學理念落實到了實處。

　　我和沈教授初識於五年前，他剛從海外歸來時。說是初識，卻全無陌生感，就像是認識了一輩子。尤其讓我這個全無師承、一向自行其是的江湖大姐心頭一喜的是，這位學院派藏學家對於草根派拙著的肯定。這位有心人從《藏北遊歷》最早的版本開始，從海內海外的這裡那裡，陸續集齊了《走過西藏》系列，從西藏的北部、西部、中部，直到藏東紅山脈，一路跟進，一起追逐西藏「像風一樣的靈魂」。據稱從中領略到了他當時未能親見的自然和人文風景，印證了他過去只在課堂和書本中學到的西藏知識，體察到探求漢藏兩種文化之異同和尋求兩個民族、兩種文化互動之途徑，彼此間相通的一番苦心，包括過程中所體驗到的喜悅與困擾——不好意思，多有溢美之詞——反映在〈我讀馬麗華〉一文，也收入本集中。草班子野路子也能為學院派的廟堂所接納，有沈教授這樣高水準的學者的認可，無疑是不小的鼓勵。

　　沈教授歸國不久，即被聘為中國藏學研究中心的學術委員，一步到位地進入國內藏學研究領域的核心學術指導機構；隨之兼職受聘為我們中國藏學出版社的英文總編，因而我們一經結識便交往熱絡，不時共議藏學界大事，商量如何出版更多藏學精品。沈教授早年曾在我社出版過譯作《西藏的貴族和政府》，二十年前我就曾拜讀過。該譯作對他來說，不過是初出茅廬者的小試身手，但起點卻不低。近年來他又主編了一套「漢藏佛學研究叢書」，將一部又一部有質

量的學術著作交給我們中國藏學出版社出版，有中文的，也有英文的，達成了我社開展多語種圖書出版的多年心願。這些都是屬於工作層面上的聯繫。至於個人交往，則是典型的以文會友：各自每完成一篇新作，便從郵箱寄發，先讀為快的同時，相互評點。當然，這常常是並不太對等的交流——在我，更多請教式探討，體會什麼叫「與君一席話，勝讀十年書」。

　　作為學者的沈衞榮，不僅是人大一位知名教授，即使在國內和國際藏學界也卓有影響。他的學問或許可用藏傳佛教文獻中常用的兩個詞彙——甚深和廣大——來形容，其中最精彩最有價值的部分反映在他數量不少，且用中、英、德、日等多種文字發表的藏學專業論著之中。據我所知，他用德文發表的博士論文《一世達賴喇嘛根頓珠巴班藏波（1391-1474）的生平和歷史意義：格魯派和達賴喇嘛制度史研究》，被認為是國際藏學界研究格魯派早期政治、宗教歷史和達賴喇嘛活佛轉世系列之形成的經典之作；另一專著《〈聖人無分別總持經〉對勘及研究》，則於漢藏佛教研究之間的重新溝通具有里程碑意義。在我讀過的學術論文中，有兩篇給我留下了深刻的印象。一篇是 2005 年發表在臺灣《新史學》雜誌上的〈西藏文文獻中的和尚摩訶衍及其教法——一個創造出來的傳統〉，另一篇是 2009 年發表在《歷史研究》上的〈漢藏佛學比較研究芻議〉。前者正本清源，撥開藏文古文獻中的重重迷霧，重新詮釋漢藏佛教歷史上的

「吐蕃僧諍」事件；後者高屋建瓴，以國際學術前沿的視野，為建立漢藏佛學比較研究這門新學科勾畫了藍圖。這樣的評判並非過譽，傳統的藏學研究因之注入新元素。若用「學貫中西」來褒獎，沈教授必定不自在。這位謙謹的學人保持著永遠的學生姿態，因為學海無涯。正如他自己在文中所說，「少小失學，至今對中學一知半解；遊學西方雖十又六年，可對西學的認知尚不及對中學之一知半解」；他所做的不過是「有心步前賢後塵，勉強作些不中不西、不古不今之學」罷了。學然後知不足，書到用時方恨少，相信這番夫子自況不僅僅是自謙。

在從事教學、科研之餘，近年來沈教授陸續發表了一些學術隨筆類的作品，本文開頭提到的兩篇就是其中的代表性之作。從看似非主流的領域入門，從少有同行者的偏僻之路出發，跨越古今中西的門檻，在學術建樹的同時，偶爾小試筆鋒，發表一些非專業人士也能讀懂、並從中受益的隨筆，由此得到讀者的認同和讚揚，值得稱道。相比較而言，我並不認為這本隨筆集足夠代表作者的最好水平，可以與他的論文集並駕齊驅。進一步說來，即使達到了目前的最好水平也不希望就此結「繭」，我們有理由心存高級期待。為此建議有意對西藏的歷史、宗教和文化作深度了解的讀者，不妨將這本隨筆集與沈教授的學術論文集《西藏歷史和宗教的語文學研究》（上海，上海古籍出版社，2010）結合起來一併參看，那裡有多篇涉及西藏歷史和藏傳佛教研究的文章很有意

思，對於一般受眾而言也具適讀性。由於學術和大眾的分野，更為避免重複編選，而未能收入本集中。

從其人到其文，通篇看來，我以為收編於本書的文章大致可分為三類：一為認知的糾偏，二為學識的傳播，三為心跡的表明。這三者常常互為表裡，既專題亦綜合，略作區分只為在此表述方便。尤其對於「糾偏」，純係本人從閱讀感受中歸納而來，作者並非刻意為之，不過是說事明理，把我們不以為問題的問題作為問題提出，從而引起注意和反省。例如，元明之際自中原士人開始濫觴的對於藏傳佛教，尤其對於密教傳統的誤讀，妖魔化＋色情化，以偏見作定見，代相傳遞，直至當下，集中反映在二十多年前的某組小說中，發表後一度引發風波，並且差一點兒釀成危及民族關係的災難性事件。沈教授告知我們，那種偏見是錯的，問題出在哪裡，本來應當是怎麼回事。當然，另一方面，例如西藏佛教史上被創造出來的傳統中，對於漢傳佛教尤其禪宗的認識和態度同樣有「偏」可糾，若干篇意在匡正的探討文章已收納在他的學術論文集裡。

如果說這還是僅就具體事物而言，那麼在更大範圍、更高層面上，例如重新審視國學概念，是不是具備了相當的發言權。〈閒話國學與西域研究〉等幾篇文章涉及了這一話題，旨在更新國學——漢學——儒學——四書五經的傳統認識，這也是從事邊疆史地研究者的同聲表達。中華民族多元一體，中華文明經由五十六個民族共同締造，廣義國學理應

涵括各兄弟民族文化。實際上，沈教授不僅為此鼓與呼，也正好有條件起而行。如前所述，人大國學院名下設立的西域歷史語言研究所和漢藏佛學研究中心兩個學術機構，已成實踐大國學理念的教學基地。

學識的傳播，某些重申的常識不妨當做新知來讀，至少對我來講是這樣。面對做學問的學問，即方法論方面的，如語文學，可能會有不少人像我一樣，將之視同於訓詁學一類，非大學而小術，但當讀到這樣一段文字，說不定就會改變看法：「譯注一世達賴喇嘛的兩部傳記時，我並沒有奢望要重構 15 世紀西藏政治和宗教的歷史。當我完成了譯注之後，我卻驚喜地發現這樣一部歷史已躍然紙上了。」這樣的例子還可以列舉一些，如此日積月累，學問扎實厚重了，豁然別有洞天，應是題中之意。

另有關於「背景書」概念的引進，更是有益的提醒。你可以走遍天涯海角的未知地區，卻很難走出你母體文化已然構築的樊籬；你所見聞的，往往是迎合期待的，或者是，印證了你所預設的真實。即使足不出戶，依然面向大千世界，「背景書」何嘗不在時時地左右著我們的識見和言行。當然，拋開文化背景既無必要也不可能，只是當我們試圖尋求真相真理，從而達至理解寬容，或者決定是否堅守，每當這時候，警醒到這一點是不是可以減少一些盲目乃至謬誤。

至於心跡表露，其實充滿字裡行間，有一篇最為直接：〈我的心在哪裡？〉，自問自答，具體定位在語文學，潛心

做學問：「一位熱愛學問、文獻和文獻研究的語文學家，平生最大的野心不過是要釐定、讀懂和解釋傳到我手中的文本。」是夫子自道，也可視為群體宣言，從中顯現一個動態的鏈接和延伸——承接近現代以來自王國維、陳寅恪、季羨林等一代宗師和以韓儒林先生為代表的南京大學歷史系所開創的學術傳統，並且完成代際傳播：今天在沈教授和他的同事烏雲畢力格教授指導下的年輕後生們，兼修多民族語文，訓練有素，學有專攻，對於非漢文文獻的研究，從一開始就使用了抽絲剝繭式的語文學方法；同屬國粹國故的多文種文獻資源，或將以前所未有的廣度和深度被開發，我們中華民族的國學內涵有望就此豐富起來。

　　一方面是冷學問，一方面是熱話題，沈教授參與了討論，凸顯了中國知識分子另一優良傳統：書生報國，心在民族大義。從西北輿地之學發蒙到當今邊疆史地研究，百餘年來所貫穿、所充溢的，正是最為深切、痛切、熱切的愛國情懷，這一心跡無須說明，不言而喻。網上熱議的、讀者欣賞的，正是這類非同一般的工夫文章，諸如〈誰是達賴喇嘛？〉——幾百年歷史一路看過，是體系和概念，符號和象徵，說複雜也簡單，他不是哪一個誰，這個複數的他只是被規定、被引申，尤其當下更多地被「政治」了。近年來總稱為「西藏問題」的一系列國際化了的爭訟居多為偽命題，作為一名受過嚴格訓練的語文學家，他把純粹的學術看做安身立命之本，志業既不在熱鬧處，私下裡甚至為寫這些「小文

章」而感羞澀，所以沈教授的熱點發言有可能只是偶一為之，驚鴻一瞥。作為讀者，遺憾的同時表示理解。

言之有物，言之有理，借用藏式形容詞言說，被理性知性光芒照亮的學者散文，那是嘉言寶庫、智者喜宴、松石寶串、金色麥穗，是甘露精華、吉祥雨降、霹靂之鑰、孟夏雷聲⋯⋯看到這組比喻沈教授定然會心一笑，因為它們正是他所熟知的古今藏文經典的書名或副標題，這類藻詞的使用也正好反映出藏文書寫者對於世界別樣的感知和表達，以及對於知識的格外珍視與熱愛。

來自藏漢各民族本土學識的培育，加上歐風美雨的灌溉，成就了沈衛榮其人，由此也惠及了一眾學生和讀者。在我，雖然虛長多年，但從亦師亦友的沈教授那裡獲益良多。試舉一例：拙著《風化成典──西藏文史故事十五講》完稿後，特請沈師審看，訂正了多處史實，其中最重要的提示，是將唐蕃時期的法成法師單列一節。這位法成法師在敦煌，終其一生致力於佛經翻譯：將梵文譯成藏文和漢文，或者藏漢文互譯，於民族文化交流的發展和貢獻厥功至偉。陳寅恪先生曾將法成與玄奘相提並論，稱譽為「一代文化所托命之人」。而國人對其事蹟知之不多，中外藏學界甚至對於這位大師的族屬是藏是漢迄無定論。對於其人其事，一經提點，趕緊補寫一節，果成點睛之筆，全書亮點。沈教授並應請作序──當下遵囑為本書寫序，有推託不掉的原因，此即因果，同時體會到什麼叫「現世現報」。

　　是序言亦絮言。行文至此，從千幾百年前的法成法師，不期然地聯想到我們的沈教授，同樣的精通藏漢文，同樣的在從事著民族文化間的交流，只是時代有所不同，內容更其豐富。每一代人都有他的文化擔當，薪繼火傳，生生不息；進一步聯想到首創了「托命」之說的前輩大師，聯想到沈教授同時代的這一群學術精英，看起來冥冥中已被賦予了使命。這樣的聯想讓我感動。

2010 年 9 月 20 日於北京
2010 年 10 月 20 日改定

　　編者按：關於本文的作者，請參看本書〈我讀馬麗華〉一文（305-321 頁）。

尋找香格里拉
—— 妖魔化與神話化西藏的背後

　　1933 年，一位名叫 James Hilton 的人發表了一部題為《失落的地平線》的小說，一路暢銷至今，被後人稱為遁世主義小說之母。這部小說講的是第二次世界大戰山雨欲來風滿樓之時一個世外桃源的故事。

　　1931 年 5 月，外國人正慌亂地從印度某城巴斯庫撤離，一架英國使館派出的飛機從該城飛往中亞的白沙瓦，結果被劫持到了一個叫香格里拉的地方。當時飛機上有四個人，一個是英國的公使，名叫 Robert Conway，還有他的一名副手、一名女傳教士和一位正遭通緝的美國金融騙子。當這四個人坐的飛機中途被劫持、迫降在雪山叢中時，他們發現這個名為香格里拉的地方竟是一個難得的世外桃源。

　　雪山叢中，有一個「藍月谷」（Blue Moon Valley），一座巨大的宮殿聳立於中央，最上面

住著香格里拉的主宰「高喇嘛」（High Lama），香格里拉
會集世界各路精英，管家是一位文雅、世故的漢人，還有一
位漂亮的滿族小姐。香格里拉有中央供暖、俄亥俄的阿克倫
浴缸、大圖書館、三角鋼琴、羽管鍵琴，還有從山下肥沃的
谷地運來的食物。

　　香格里拉的圖書館裡面充滿了西方文學的經典，收藏的
藝術品裡面有宋代的瓷器，演奏的音樂中竟有蕭邦未曾來得
及於世間公佈的傑作，可以說世界文明的精華咸集於此。香
格里拉的居民人人享受著現代、富足的生活，所有的西藏人
卻住在宮殿的腳下，他們都是伺候那些喇嘛及其他居民的僕
人。除了西藏人以外，這裡的人都長生不老。他們的「高喇
嘛」已經活了 250 多歲。

那位看上去很年輕的滿族

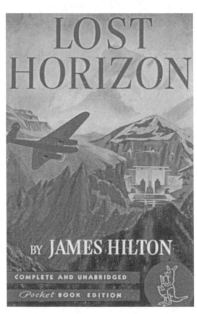

James Hilton 及其 *Lost Horizon*
書影

小姐實際上亦已經接近百歲了。

1919 年經歷了第一次世界大戰的歐美年輕人成了「迷惘的一代」，特別是英國的很多精英知識份子和年輕人，他們滿懷著對人類社會幸福美好的嚮往，積極參加了第一次世界大戰，但是戰爭粉碎了他們對世界的希望和夢想，使他們無法再走上傳統的生活道路，於是開始尋找心中的香格里拉。

1929 年的經濟大蕭條，是一場世界性的經濟衰退，可能比近幾年我們所面對的金融危機還要嚴重，是近代以來規模最大、後果最嚴重的經濟危機。可想而知，在戰爭把自己的理想粉碎的時候，又遭受嚴重的經濟危機，當時的人們是怎樣一種精神狀態。接下來各個國家出現瘋狂的民族主義，最典型的就是德國的納粹開始猖獗。第二次世界大戰山雨欲來，百姓恐懼戰爭陰霾，飽受摧殘的心靈需要在香格里拉這個寧靜美好的伊甸園中得到撫慰。

可以看出，香格里拉是西方世界想要尋找的一個美好的伊甸園。

《失落的地平線》反映的是時代的思想，帶有很深的帝國主義的烙印，在純潔美好的烏托邦理想下掩蓋了許多隱藏的暴行。香格里拉只是西方白人的伊甸園，而不是東方人的桃花源，更不是世界人民的幸福樂園。香格里拉居民的地理分佈充分體現了這種平和的神權統治下徹頭徹尾的種族等級體系，住得越高，地位就越高，像「高喇嘛」住在最頂層，是一個平和的神權政治的最高統治者。外族的喇嘛們生活在

屹立於宏偉巍峨的雪山上的喇嘛寺，而種植糧食的大量土著居民生活在下面的山谷中，這些就是西藏人，他們除了會吃飯、微笑以及伺候他人外，就不會再做什麼了。在香格里拉，他們是沒有地位的，只是僕人。

西方人公開地聲稱：「我們認為西藏人由於他們所生活的海拔高度等原因，不如外界的民族那麼敏銳，他們是非常迷人的民族，而且我們已經接納了很多藏族人，但是我們懷疑他們其中能否有人活過百年。漢族人相對而言好一些，但是他們中很多人也只活了一般意義上的高壽而已。我們最好的選擇毫無疑問是歐洲的拉丁人和北歐人，美國人也同樣受歡迎。」從這些可以看出種族的劃分是非常明顯的，有很典型的帝國主義的氣息。

總而言之，香格里拉是一座西方文明的博物館，是 18 世紀歐洲人對於東方和東方傳統文化的幻想。香格里拉是一個充滿了帝國主義腐臭的地方，它是西方人創造的一個精神家園，而不是我們的，也不是西藏人的精神家園。在《失落的地平線》中經常提到：東方人難以進行精神交流，西方人的精神苦悶和終極追求是東方人不能理解的。所以，這個保存了世界文化成果的香格里拉是西方文明的博物館，東方文化只是裝點。

1937 年，著名導演 Frank Capra 將《失落的地平線》拍成電影，這部同名電影使得香格里拉的故事在西方非常深入人心。香格里拉本身的來歷可能是作者靈機一動創造出來

的，也可能是與藏傳佛教裡的香巴拉有些關係。但是現在沒有證據可以說作者知道藏傳佛教裡有香巴拉這個傳統。總之，在地圖裡，香格里拉是找不到的一個地方，沒有辦法確定。從前美國的導彈發射基地就被稱為香格里拉。美國總統休假的地方，現在叫大衛營，以前也叫香格里拉。20 世紀70 年代開始，香格里拉大酒店遍佈東亞，在西方是沒有的。這是帝國主義的流風餘緒，目的在於重溫帝國主義的舊夢。

非常遺憾的是，幾年前中國雲南的中甸宣布這個地方就是香格里拉。還有很多人出書證明這個地方就是香格里拉。其實，香格里拉就是一個莫須有的地方。如果把對香格里拉這種認同作為發展民族經濟的商業行為，無可厚非。但是從政治上講，這是很不正確的。把雲南中甸裝扮、濃縮成西藏文化的一個縮影，我認為是一個不恰當的做法，這是在賤賣自己的傳統文化。這是內部的東方主義，Inner Orientalism，是取悅於西方，按照西方的設想製造一個東方的形象。這種傾向在近代和當代，包括電影、書畫、文學作品裡，都出現過。

將香格里拉等同於西藏是西方出現的一種非常典型的傾向，香格里拉變成了後現代西方人的精神家園。這幾年，西藏包括藏族文化在西方非常的吃香流行，一個根本的原因就是：西藏被西方人當成了香格里拉，被整個西方世界當成了他們所期待的一個精神家園。這也是西方社會如此持久的出現西藏熱的原因。實際上，大部分西方人對現實的西藏並不

了解，也不關心。他們只是關心他們心靈中的西藏，或者是他們虛擬的西藏，而這個西藏，就是香格里拉的一個變種和發展。

西方人對西藏的熱愛是西方「東方主義」的一個經典例證。西方人視野中的西藏與現實、物質的西藏沒有什麼關係，它是一個精神化了的虛擬空間，擁有西方文明中已經失去了的、令人渴望的一切美好的東西。它是一個充滿智慧、慈悲的地方，沒有暴力，沒有爾虞我詐；藏族是一個綠色、和平的民族，人不分貴賤、男女，一律平等，沒有剝削，沒有壓迫。這樣的一個西藏過去沒有在歷史上存在過，在很近的將來也不可能出現。說穿了，西藏是西方人心中一個不可或缺的「他者」，是他們觀照自己的鏡子，是他們用來確定自我認同的座標，是經歷了工業化之後的西方人的精神超市，寄託了他們所有的夢想和懷舊之情。在這裡他們的精神可以縱橫馳騁，得到無窮的享受和滿足。與其說他們熱愛西藏，不如說他們熱愛自己。

接下來，我會和大家回顧一下，西藏是怎樣被說成香格里拉的，西藏又怎麼會成為西方的後現代精神超市的。這是一個美麗的神話，但是，它不能給西藏、西藏文化、西藏人民帶來利益。

最近二十年間，我們可以清楚地看出西方人對西藏的熱情有些氾濫，這是有很深的文化和社會背景的，而香格里拉的神話恰恰在其中起到了很大的作用。

在西方的歷史上，對西藏的認識一直都是這樣美好的嗎？當然不是。如果現在非常熱愛西藏的西方人士，回顧一下他們的先輩接觸、認識、理解西藏的過程，他們會很臉紅的。實際上，在幾十年前，他們對西藏形象的描述還是非常的不堪的。真正把西藏說成香格里拉，即精神家園，還是很晚近的事情。

西方人認識西藏的歷史始於神話傳說時代。成書於公元前5世紀的西方第一部歷史著作，即希羅多德的《歷史》中就已經出現了有關西藏的記載。其中提到印度北邊有一個民族，其居住的地方有碩大的螞蟻，擅淘金沙，它們在地下做窩，集聚金沙，可白天總有淘金者過來把它們聚集的金沙偷走。這個故事大概是西方人至今相信西藏有大量金礦的由來，儘管它沒有任何的歷史依據。令人詫異的是，在流傳於今喀什米爾拉達克地區的藏族自己的民間傳說中，竟然亦有這種螞蟻淘金的傳說。

希羅多德之後，西方文獻中再次出現有關西藏的記載見於1世紀地理學家托勒密的名著《地理》，其中不但提到了西藏，而且還提到了一座銅色的山。銅色山是藏族人民心中的一座聖山，它是藏傳佛教大師蓮花生隱居的地方。於此，歷史與傳說雜糅在一起，委實匪夷所思。

1世紀到13世紀之間，有關西藏的記載非常少。西方人較多地了解西藏是從《馬可·波羅遊記》開始的。馬可·波羅也沒有到過西藏（目前西藏自治區的範圍，古代叫衛藏，

西藏東部是安多和康區，他只到過安多那一帶地區），卻留下不少添油加醋的記載。他說西藏人是最擅魔術的人，西藏和喀什米爾的「八哈失」是世界上最厲害的魔術師。他的書裡邊提到了一個故事，說每年蒙古大汗忽必烈都要去上都避暑。大家都知道，現在去上都，從北京開車過去只要五六個小時，可是當時要走上好幾個月。每年去的時候，都會有一個西藏的喇嘛陪著大汗一起出發，因為天氣是不可預測的，經常會遇到暴風雨，可是只要西藏喇嘛在旁邊，只要他用魔法念咒，哪怕其他地方風雨大作，大汗所經過的地方一定是風和日麗的。這個故事，大家如果去翻翻我們漢文的文獻記載，翻翻元代一本叫《佛祖歷代通載》的佛教的書，其中記載的膽巴國師的故事，就可以知道他的故事和《馬可‧波羅遊記》中說的故事一模一樣。在元朝有兩位在大汗面前服務的來自西藏的很有名的大師，一位是八思巴大師，另外一位就是八思巴的弟子、名叫膽巴的國師，他是從旦麻之噶巴地方來的。這是馬可‧波羅書中提到的西藏人的第一個形象。馬可‧波羅說的第二個形象是，他認為西藏人是世界上最不講道德、最不講廉恥的人，他們的男女關係混亂，遊客到西藏去，藏族的母親們就會親自把她們的女兒送過來，遊客對此不用負任何的責任，走前只要送一個小小的禮物就可以，而且姑娘收到這樣的小禮物越多，她們的身價就越高，這是世界上最惡劣的風俗。他還鼓動他的家鄉人到西藏去，吃這份免費的「午餐」。整體來說，這個故事影響很大，當時元

朝留下的藏傳佛教的西藏喇嘛的形象，跟馬可‧波羅的這個說法可以說是大同小異。當時藏傳佛教的喇嘛在元朝的宮廷裡傳所謂秘密大喜樂法，就是指男女雙修，所以漢族士人認為西藏人，特別是喇嘛，是妖魔，他們傳的不是正法，而是妖法。從那個時候開始，可以說性化和巫化西藏和藏傳佛教，變成一個不管是在中國還是西方世界都非常典型的現象。所以東西方的人常常色情化西藏，認為西藏人在兩性關係上是一個非常開放的民族。跟我年紀相仿的人可能還記得，1987年，中國有一位作家叫馬建，寫了一部小說叫《亮出你的舌苔或空空蕩蕩》，這部小說的主題就是把西藏描寫成一個情色的地方，每個故事都與情和色有關係，並且作者將其看成落後和愚昧的表現來描述。實際上，當時馬建在20世紀80年代的中後期去西藏，而那個時候的西藏，也同樣經歷了「文化大革命」。在社會、兩性關係上，西藏社會跟我們其他地區的社會沒有多少區別，根本看不到他小說裡面描寫的那些東西。那些東西都來源於他從自己的文化當中所接受的有關西藏的傳統說法。而這些傳統可以回溯到馬可‧波羅時代，也可以回溯到元朝階段。

西方人和西藏真正的接觸是開始於傳教士的時代，第一個到西藏的西方人是葡萄牙的耶穌會傳教士，叫 Antonio de Andrade，他從 1624 年從印度來到西藏西部，就是阿里扎布讓這個地方。在西藏停了沒多久，他就返回了印度。後來他寫了一本很有名的書，叫《重新發現大契丹或西藏》，這本

書 1626 年在里斯本用葡萄牙語出版，又很快被翻譯成其他歐洲語言出版，影響非常大。Andrade 對西藏形象的描述跟其他人比，相當的正面。他說西藏人是很有學問、很有禮貌的人。一個非常有意思的事是，他明明是第一個到西藏的歐洲人，他卻說自己是重新發現了西藏，這也是在中西文化交流史上一件非常有意思的事。為什麼叫重新發現了西藏？因為去西藏的目的是傳教，傳天主教的教法，可是到了西藏以後卻發現，西藏早已經是一個「天主教」的王國，他認為西藏的喇嘛就是他們天主教的牧師，西藏人穿的衣服，那種大紅的袍子，西藏宗教的那些儀軌，如灌頂洗禮等，都跟天主教非常的相似，所以他一方面非常高興地宣布重新發現了「天主教的王國」，另外一方面也覺得非常失落。為什麼說失落呢？因為他到西藏去本來是要傳教的，但他發現西藏不需要他傳什麼教了，都已經在那裡了。後來很多天主教徒都非常痛苦，他們說這是魔鬼的一個惡作劇。可這也給新教攻擊天主教提供了一個非常好的武器，說天主教本來就是壞東西，西藏的喇嘛教和天主教本來都是壞的東西，是一丘之貉。

　　從傳教士時代，我們講到 18 世紀啟蒙時代。大家知道西方的啟蒙時代，可以稱為一個浪漫化東方的時代。在啟蒙時代，東方是一個非常積極的形象。當時特別是像伏爾泰那樣的法國啟蒙思想家，對中國的文化都非常讚賞，他們甚至認為歐洲已經走向沒落，歐洲唯一的希望就是把康熙大帝變

成他們的皇帝。中國是那麼好的地方，統治中國的這些領袖人物全是哲學家。而德國的那些啟蒙思想家對印度的佛教、佛學、思想也非常熱衷。就是在這樣一個浪漫的東方化的時代，西藏的形象，還是非常不堪，一直被認為是一個典型的東方國家的一個非常專制、愚昧、落後和非理性的地方，受到很多啟蒙思想家的批判。大家習慣於把東西方分成兩塊。將文明、民主、理智、個人作為西方的象徵。東方就是非理性、愚昧和專制的代名詞。西藏更是東方專制的典型代表。大家如果有機會去讀這些著作，就會知道像寫《社會契約論》的盧梭、文學家巴爾扎克都以非常負面的形象描寫過西藏。而德國的哲學家們也同樣如此，康德有一段話非常有代表性，他說世界上有那麼多好玩的事情可以做，他就搞不明白為什麼西藏人整天什麼事都不做，一個人坐在黑洞洞的房子裡面，面對牆壁，兩眼發呆，這到底有何意義。黑格爾還專門寫了文章，對活佛轉世制度、對達賴喇嘛轉世制度表示非常不理解，並對它作了非常理性的批判，他認為達賴喇嘛既是人，又是神，神人合一，這是非常矛盾的，是不可能出現的東西。所以一直到 20 世紀 80 年代，西方大部分人還是把活佛轉世制度當成一種騙人的把戲。它欺騙了老百姓，是政治的一種伎倆。很有意思，現在，即到了 20 世紀 90 年代以後，大部分西方人都相信活佛轉世制度是真的，可是這時候一些在西方生活的活佛，反而主動站出來說活佛轉世制度應該搬到博物館去了。就像現在「西藏流亡政府」的「總

理」，桑東活佛，我曾聽他在波恩大學所作的大會報告時說，至少70%的活佛都是假的。他自己就是一個假活佛，因為他小時候被選上活佛以後，讀書不用功，他師傅就告訴他，「我們選錯了，你這個活佛不是真的」。那個時候他就相信，他自己不是真的活佛。而且他沒有跟他的上師們、先輩們有任何的精神聯繫。他當時這樣講，下面的人聽得都發呆，一片噓聲。西方人認為怎麼可能，活佛轉世應該是個很真的東西。

到了殖民時代，西藏形象當然就更不堪了，因為西方要向東方殖民，侵略東方，要是東方很好，是一個有文化、有知識、美好的國家，他們就沒有理由進行殖民侵略了，所以那個時候，在西方人的描寫中，西藏和其他的東方地區一樣，是一個非常不好的地方。我舉一個例子，當時有一位來自加拿大的女醫師，也是位傳教士，她在西藏待了十一年，她後來寫了一本書，叫《與西藏人在寺廟裡和帳篷中》，說她在西藏生活了十一年，從來沒有遇見過一位喇嘛，與他哪怕可以談談任何最基本的人生、哲學的東西。所有的喇嘛都近乎白癡般無知，更不要說老百姓了。所以西藏受到殖民侵略實在是在劫難逃。這些傳教士對佛教肆意詆毀的同時，西方的這些佛學家、英國的維多利亞時代的東方學家也都對西藏非常的不屑，認為藏傳佛教是偏離原始、正宗佛教最遠的、最墮落的一個分支，根本就不配叫做佛教，而只能被稱做「喇嘛教」。

　　剛才講了西方怎麼妖魔化西藏的過程，接下來我來講講西方人又怎麼神話化西藏的過程。在前面說了，如果現在的西方人，一個熱愛西藏文化的人，回過頭去看看他們以前，一直到殖民時代所有有關西藏史的描述，我想他一定會臉紅。但在西方還有另外的一個傳統，即神話化西藏的傳統，這就是最後他們把西藏和香格里拉畫上等號的一個重要的原因。神話化西藏開始也比較早，是一個比較弱的趨勢，剛說的希羅多德《歷史》所載淘金螞蟻的故事，讓西方人相信，西藏遍地是黃金，很多政治團體就認為，中國把西藏作為領土的一部分，一個重要的原因，就是西藏遍地是黃金，出於經濟的原因，不能讓西藏脫離中國領土。這當然是胡扯。第一個到西藏耶穌會的傳教士 Andrade，他在書裡也提到一個故事，讓西方人，特別是康德非常的欽佩，他說西藏有一個習俗，用死人的頭蓋骨做成花鬘、酒杯等等，兒子可以把父親的頭蓋做成一個酒杯，這不是一種野蠻，而是一種哲學。西藏人每天可以從容地與死亡對峙，用這種方式來超越死亡，這是一種西方人永遠也達不到的境界。這個故事在西方有很大影響，讓我想起了同樣的故事也發生在我們漢族文化裡，在元朝的時候，當時有一位西夏的喇嘛叫楊璉真珈，他把宋朝的皇帝的陵墓都挖掘出來，把宋朝皇帝宋理宗的頭給砍下來做成一個酒杯，這是讓漢人痛恨楊璉真珈三四百年的主要的原因。這讓漢人覺得西藏的喇嘛傷天害理，皇帝的頭蓋都變成喝酒的酒杯了。可在西方、在康德的眼裡就是一種

哲學，西藏人可以那麼從容地面對死亡，非常了不起。

在很早以前，很多西方人，包括西方的哲學家，像康德這樣，認為西方的一些古老的智慧、古老的哲學概念在西方已經失傳了，這些東西只有在西藏尚存，所以他們認為遠古文明時代，甚至希臘羅馬時代或更早的時代，西藏和西方已經有了聯繫，而在西方經歷現代化的過程當中，他們那些古老的文明智慧都失去了。只有在西藏，沒有經歷現代文化污染的地方還保留了原始的智慧。把西藏變為尋找終極智慧的一個地方，這個因素在各個層面上都有。最近流傳很多的就是，希特勒、納粹對西藏都很有興趣，派了一個以歇斐博士為首的考察團到西藏。實際上，這個使團不是希特勒派的，而是希姆萊派的，到西藏來考察，想要找到日耳曼人人種的來源。實際上這是誇大，他們並不是要找日耳曼人的起源，而是要找在西藏保留的各種各樣的物種，只有在東方還有的物種。歇斐博士回去後也寫了很多著作來講述這些故事。我也在德國慕尼黑的國家圖書館看到了當時希特勒和熱振活佛之間的通信，熱振還曾送給希特勒一條小狗。整個故事被炒作得很厲害，有很多並不是事實。當時在西藏尋根的人很多很多，不光是尋找精神上的根，也有尋找種族的根的。現在被稱為世界藏學之父的喬瑪，是一個匈牙利人，他到西藏是為了尋找匈牙利人的根。匈牙利人以前叫馬扎爾人，這些人的來源他一直不清楚，很多人認為他們是匈奴人的後人。所以他想從語言上來尋找根源。他先到了俄國，沒找到；再到

蒙古，也沒找到；最後找到拉達克，在那裡碰到一位英國殖民軍的軍官，軍官說：「你不用去找了，你就留在這裡，我給你錢，你來研究西藏。」這樣研究西藏所產生的價值更重要，軍官要喬瑪寫西藏的文法，編藏英字典。把西藏文化搞清楚了對英帝國主義有用。所以現代藏學的產生，是西方的民族主義和帝國主義結合的產物。喬瑪尋根是為了民族主義，而英國的軍官資助，是出於帝國主義侵略的目的。

當然真正把西藏在西方炒得比較熱的不是喬瑪。喬瑪寫的那些書，在當時的西方人看來無疑就是說西藏人都是傻子，他花了幾十頁講西藏人怎麼穿衣服、怎麼騎馬，都是一些毫無用處的知識。真正使西藏喇嘛在西方有轟動效應的是19世紀後期出現的靈智學會。這個靈智學會又叫通靈學會，創始人是一個半仙式的俄國婦女 Madam Blavasky，布拉法斯基夫人（1832-1891）。她自小熱衷於神神鬼鬼的東西，17歲時嫁給了一位總督，但不到兩個月就分道揚鑣，從此浪跡天涯，尋求靈智。她最初的興趣和職業是靈媒，她曾到埃及學靈媒法術，未能如願通靈。隨後到了印度，最後到了西藏，自稱在扎什倫布寺附近隨喇嘛學了七年密法，終於找到了開啟靈智的鑰匙。隨後，她在喇嘛的指引下來到紐約，創立了靈智學會，很快風行一時。

實際上，這個靈智學會是在當時反對進化論、反對現代化的背景下產生的一個所謂的科學的宗教。現代科學證明基督教的不少說法有漏洞，特別是達爾文的《進化論》所說

的，人根本不是上帝創造的，人是猴子變來的。這使西方基
督教信仰面臨嚴峻的挑戰。布拉法斯基夫人站出來說儘管天
主教、基督教不靈了，但不等於說人類就不需要宗教了。就
是說，人不一定是神創造的，但神的智慧是永存的。她要找
回已經丟失的神的智慧，建立起一種科學的宗教，來對抗科
學、對抗達爾文進化論。

當時她寫了很多書，給自己製造了很多光環，其中一個
光環就是，說她有與西藏喇嘛心靈感應的功能，她的所有的
著作都是喇嘛通過心靈感應向她傳達的，喇嘛還教她如何向
他人傳法。布拉法斯基夫人的書至今充斥於美國的大小書店
之中，她的名著《西藏密法》中夾雜了一些藏文字，一看就
不像是一位跟隨喇嘛學了七年密法的人寫出來的東西，因為
沒有一個藏文字是正確的。書中內容其實是東西精神學、神
靈學的大雜燴，與藏傳佛法實在不搭界。可這位 19 世紀最
有影響力的女性的崇拜者卻遍佈世界，通靈學會發展神速，
全世界都有其信徒、會員。其中會聚了很多鼎鼎大名的人
物，像日本的鈴木大拙，法國的大衛‧妮爾（Alexandra
David-Neel, 1868-1969），義大利最著名的西藏學家圖齊，
瑞士的心理學家榮格，英國最著名的佛學家孔茲等等，都曾
是布拉法斯基夫人的信徒。我以前聽王堯先生講，他看到我
寫的文章後，說于道泉先生以前可能就是布拉法斯基夫人的
信徒，他是中國的藏學之父，在國外待了很多年，回到中國
以後他非常相信鬼神，從「大躍進」後來到「文化大革

命」，如果哪裡有人上吊後來沒有死成，他就會跑去問他
「你見到什麼了」。到了「文化大革命」時人家批鬥他，說
「你為什麼相信鬼神，你見到過還是沒見到？」我想這與他
相信布拉法斯基夫人是很有關係的。孔茲堅信布拉法斯基夫
人是宗喀巴的轉世。後來西方有人研究說布拉法斯基夫人是
19世紀西方最有影響力的女性。

　　將西藏的神話化推進到一個新高度的是《西藏死亡書》
的出版。可能連我們很多藏胞都不知道什麼叫《西藏死亡
書》。我記得我們國內很有名的藏學家降邊嘉措先生以前到
德國見到我就問：「《西藏死亡書》是什麼東西？」因為他
在德國訪問時很多人問他，後來我就說，《西藏死亡書》就
是Bar do，他恍然大悟，原來是那個東西。可是在西方，這
可以說是人人皆知。在西方閱讀最多的來自東方的聖典，就
是這個《西藏死亡書》。其作者亦是布拉法斯基夫人的粉絲
──一位生性怪僻的美國人伊文思─溫慈。這個人曾在史丹
福大學學人類學，對東方的神秘智慧特別著迷。他曾追隨布
拉法斯基夫人的足跡作尋求智慧之旅，最後他也到了印度、
西藏，一個偶然的機會使他從一個英國軍官的手裡拿到一卷
書，並和一位喇嘛合作，把藏傳佛教寧瑪派所傳的一本密法
儀軌翻譯成英文，題名為《西藏死亡書》。從此這部《西藏
死亡書》變成了西方人所知的最著名的東方精神經典之一。

　　關於《西藏死亡書》還有一個很有意思的插曲。大家都
知道，西方的20世紀六七十年代，也是一個很瘋狂的時代，

也就是我接下來要講的嬉皮時代。美國嬉皮時代流行迷幻藥，有三位哈佛的教授，不務正業，製作化學毒品 LSD，還鼓勵他們的朋友、學生、信徒一起試用這種毒品，令他們集體靈魂出竅，作迷幻之旅。其中的靈魂人物 Timothy Leary 被當時的美國總統尼克森稱為「活著的最危險的人」。在西方的性革命時代，Timothy Leary 幾次被抓，美國的中央情報局還派美女去把他騙回來、抓起來。這三位教授最終都被哈佛開除了，但他們在美國嬉皮士中的影響歷久不衰。其中，他們做的一件瘋狂的事情就是，把《西藏死亡書》改寫成如何使用毒品的指南，說《西藏死亡書》中所描寫的那個死後世界就跟吃了迷幻藥所看到的景象一模一樣，所以吃迷幻藥的人同樣可以克服、超越死亡。當時《西藏死亡書》又變得非常有名。Timothy Leary 這個人確實魅力非凡，我看過一部關於他的紀錄片，講的是他面對死亡時十分地從容。臨終時，他叫人把他的頭顱鋸下來，妥善保管，待幾百年之後將它復活。他自信聰明非凡，值得後人好好地研究。

剛才說的是嬉皮時代，接下來我們講新時代運動，New Age Movement。這個 New Age Movement 可以說到現在還是方興未艾，在西方還是一個精神運動，從 20 世紀 70 年代開始一直到現在，也很難說清楚 New Age Movement 到底是一種什麼樣的運動，大致地說，它是不同的精神運動、生活方式和消費品的一個大雜燴，是從歐美玄學傳統和 60 年代的文化反動中滋生出的一種異端宗教、東方哲學和神秘心理現

象的混合體。在表面的雜亂無章之下，貫穿新時代運動的主題是「對個人的頌揚和對現代性的聖化」，即對個人自我與生俱來的神聖性的根本信仰和對諸如自由、平等、真實、自我負責、自我依賴、自我決定等西方現代性的幾個最基本的價值觀念的肯定。晚近的新時代運動還進而對物質的繁榮、理財的成功和資本主義也加以神聖化。與 60 年代文化反動運動對物質享樂主義的否定形成強烈對比，新時代人轉而肯定物質享樂主義，尋求精神性和物質繁榮、宗教超越和資本主義商業成功之間的和諧結合，視物質財富的富裕為精神覺悟的一種功能。在西方，新時代運動可以說是一個很大的文化或者思想運動，可是在我們中國，對這個運動研究得很少，知道的不是很多。

這個運動對西藏神話的誕生有非常大的意義。可以說，新時代運動是對東方宗教傳統或者思想傳統的引進，不光是藏傳佛教。比如說豆腐，豆腐在美國的食品超市裡到處都有，品種可能比我們國內都多，豆腐也就是在新時代運動中引進的東方的一種生活方式。比如像「無為」這個概念，也是新時代人的一種標誌性的生活哲學；還有像東方神秘主義，在我們這個年代很多人都知道以前出過「走向未來叢書」，其中有一本叫做《現代物理學與東方神秘主義》，這是當時美國加州一個搞現代物理學的人寫的一本書。這是讓我們現在東方人很高興的一件事，書中提出現在西方任何先進的科學我們都古已有之，比他們都厲害。另外一個就是藏

傳佛教，它變成了在新時代運動當中一個非常耀眼的因素。

實際上新時代人不受任何一種固定的宗教傳統的束縛，他們根據個人自己的興趣，或者個人自己的愛好，在精神超市裡找到各種各樣他所喜愛的宗教因素，然後組成自己的一種信仰系統。

與此同時，密教從 20 世紀 60 年代開始，就變成了美國文化反動、性解放和性革命的一種精神上、政治上表明合法性的工具。所以，1964 年，Omar Garrison 出版了十分暢銷的《密教：性愛瑜伽》一書，鼓吹密教性技巧是取得長時間性高潮和最大性快樂的最可靠的手段。這也把藏傳佛教和密教聯繫起來了。大家知道，密教應該是最初從印度傳到西藏的，可是密教傳統在印度本土已經不存在了，只在西藏還有所保留。有人認為，藏傳佛教在世界上影響最大的分支就是密教，但是密教後來在西方被變成了一個性的宗教。我記得有一次有記者採訪達賴喇嘛，問他為什麼密教現在在西方那麼流行，達賴喇嘛說這可能是因為藏傳佛教有密教……這就說明可能與這個因素有關係，而這與藏傳佛教本身沒有關係，是西方人把它想像出來的。

按照西方的傳統，特別是新教的傳統，幾個世紀以來，基督教視性愛為罪惡，而密教則將兩性的結合看成打開人生新境界的道路，故密教成為打擊基督教的偽善和假正經的有力工具，是對西方世界的十分及時和必要的治療。直接、激進的密教十分受 20 世紀 60 年代人的青睞，它給以暴力、毒

品和濫交為標誌的 60 年代經驗賦予精神上的和政治上的意
義，為其合法化提供了幫助。

　這是一個很長的過程，但其中有藏族喇嘛起的作用，其
中一個喇嘛就是西藏的瘋聖仲巴活佛。仲巴活佛在東方不是
很有名，在西方可以說是鼎鼎大名，這個人已經死了二十多
年了，可是在西方的影響還是非常大。有的人稱他是 20 世
紀最富創意、最理想的密教上師，也有人說他這個人就是個
瘋子，他的癲狂達到了極致。他實際上是噶舉派的，從康區
去的一個小活佛，1959 年離開西藏以後很快就到了英國，在
倫敦劍橋讀書，變成了劍橋社交圈的名流，開始教人修法。
但是因為後來發生了他和一個不到 18 歲的英國少女結婚的
醜聞，他又被迫去了美國，在美國很快建立了一個有世界影
響力的香巴拉中心，開始傳法。當時很多的西方名流都成為
他的弟子。這個人的一切行為和我們所想像的喇嘛都是兩回
事，他是世界各地頂級飯店總統包房的常客，出入坐賓士，
女弟子排著隊跟他雙修，他到後來變成酒鬼，上課的時候基
本上都得讓弟子抬上去才能講課，而且他主持的法會經常到
最後變成一個群交的 Party。可是這個人絕頂聰明，現在他
的很多著作在西方是學藏傳佛教的經典。他認為，他的瘋狂
是遊戲，是善巧方便、當頭棒喝，能夠領弟子們走出精神的
物質享樂主義的誤區。所以他自己寫了一本書，到現在是西
方的精神經典，叫《解剖精神的物質享樂主義》，他將弟子
們對精神性和宗教的過分執著稱為「精神的物質享樂主

義」。可是他的弟子們沒有被真正地領出這個誤區，做到一邊瘋狂地享受財富的增長和感官的滿足所帶來的物質性的喜樂，一邊尋找空山寂谷，關注心靈解放和精神超越。雖然他已經圓寂二十多年了，可是現在美國每個大城市都有香巴拉中心。

跟這個有關的，也是必須得提到的，也是把藏傳佛教和性拉上關係的一部書，叫《欲經》。這部書本身不是一部色情著作，至多可以被稱為情色著作。大家知道，在印度留下來的文本不多，所以它是研究印度古典人文歷史的一部很重要的著作，據說是公元前 7 世紀流傳下來的，真正成書是在 4 世紀。它講的是人怎麼相處，特別是男人和女人怎麼相處。它說，人生有法、利、欲和解脫四大目標。法指善行、美德，利指財利、饒益，即物質財富，欲指人生愛欲、欲樂的滿足，而解脫則指脫離輪迴，實現永遠的解脫。四者中間，法、利、欲乃世間之物，而解脫則是出世的東西，屬宗教範疇。於法、利、欲這人生三大目標中，德行最高，財利次之，欲樂最低，但三者缺一不可，都應該努力去追求。德行是人生的最高境界，但也是窮人無法消受得起的奢侈品。而貧窮決不是美德，它不但令人難以享受人生的喜樂，而且也令倫理、美德無法實現，所以只要無損於法，人就可以唯利是圖。同樣，只要無損財利，人就可以恣意享受男歡女愛。青少年當力求獲得知識和財利，以保障日後生活無憂；青壯年當專心享受欲樂，方不虛耗此暇滿人身；老之將至才

追求道德完美，以實現人生終極的解脫。雖然這跟共產主義相差很遠，但也絕對不是後人想像的那樣，是色情的、專門教男女行房事的書，裡面只有一章講的是男女六十四種情愛之術，但是這部書整個的是教男人怎麼和女人相處，是充滿了對女性尊重的一本書。

這部書在 20 世紀 30 年代，被西藏非常有名的另一個瘋僧更敦群培改寫成了《欲論》。大家知道，更敦群培非常有名，國內國外都有很多寫他的書，有一本書說他是 20 世紀西藏「人文主義的先驅」，地位非常高。這個人可以說是個天才，但是他的瘋狂也讓人非常吃驚。他是哲學家、史學家、詩人、畫家、遊記作家和社會改革家，他也為西方很多藏學家提供過服務，酒至半酣還能演示通梵文、巴利文、英文、日文等十三種語言的能力。同時這個人也是個瘋狂的酒鬼、鴉片鬼、色情狂。我在國外看過一部關於他生平的紀錄片，他在印度時的朋友說他幾乎每天都要去逛妓院。可是他也寫了很多非常有意義的著作，其中的一本就是《欲論》，可以說這本書是現代西藏的性啟蒙書。它跟《欲經》不一樣，《欲經》只有一部分是講男女關係的，可是它幾乎都是講男女房事的，但這部書同樣不是一部色情的書，更不是我們所說的那樣一部很下作的色情的書，而確實有很多人文主義的精神。特別是作為一個喇嘛，他能夠把世俗人生的喜樂告訴藏人，這是很前衛的事情。大家可能受到西藏情色化形象的影響，以為西藏人在男女關係上很開放，這完全是一種

妖魔化的形象，西藏社會本身就是一種男權社會，是一種神權政治的社會，男女根本就沒有平等可言。特別是在男女關係上面，女性根本就沒有享受到平等。更敦群培寫作《欲論》，我想這是他為了表示對女性的尊重，真正把人性、人本調到一個很高的位置上。可是，更敦群培在書裡面講得明明白白，這部書和藏傳佛教沒有關係。更敦群培本人可以說是一位反潮流的佛學大師，他自稱根本就不喜歡他所信仰的，或者說是他生來應該信仰的藏傳佛教，認為這些都是胡扯。他要用非佛教的東西，來啟蒙西藏人。可是非常有意思的是，他的這部《欲論》在 20 世紀 90 年代的西方，被美國最有名的藏學家之一 Jeffrey Hopkins 翻譯成了英文，改寫成了《西藏性愛的藝術》。Hopkins 先後出了兩本書，第一部講的是西藏愛的藝術，性愛、性高潮精神治療；講的是異性戀之間，怎麼來利用更敦群培的這部書，來提高自己性愛的藝術，達到精神解脫、精神治療的功效。因為他自己又是同性戀，他過了幾年又寫了一部《同性戀者的性愛六十四術》，把更敦群培那部書作了改寫，改寫成同性戀者的性愛指南。當然這是他的自由，他可以這樣做。可是，這是個非常不道德的行為。他本人是一位藏傳佛教的專家，他有這麼一種權威的身份，然而他完全無視更敦群培聲明的這部書是和藏傳佛教毫無關係的。他花了很多的筆墨，說這部書是藏傳佛教的一部經典，是讓人既享受人間的喜樂，又能達到精神解脫的一部寶典。在西方這部書又變得非常暢銷，影響很

大。這樣一部著作傳達給世人的意思是，藏傳佛教就是讓人既享受到現世的快樂，又可以得到精神解脫的一種宗教。這把神話化西藏提到了新的高度。

當然，關於神話化西藏的例子很多。大家知道好萊塢和西藏現在已經變成了非常有關係的地方。「3·14」事件以後、大地震以後，Sharon Stone 說了一些讓我們聽著很不爽的話，但實際上在好萊塢真正代表支持「藏獨」、支持達賴喇嘛的人不是 Sharon Stone，而是兩位男星。一位是 Richard Gere，大家可能知道這個人，最早演的電影有一部叫 *Pretty Woman*（《漂亮姑娘》），後來還演了一部跟中國有關係的，叫《紅角落》還是什麼。可以說，他這個人是一個在西方有很多女性粉絲的大明星。一邊風花雪月，閱盡人間春色，一邊自稱是達賴喇嘛的密友，每天要打坐、念佛。他出了很多書，也是在紐約「Tibet House」的創始人之一。有一年好像奧斯卡發獎的時候，他就在臺上講，希望鄧小平先生也在看這個奧斯卡頒獎會和應當怎麼改變西藏政策諸如此類的話。另外一位是功夫明星，叫 Steve Seagul，可能看電影喜歡功夫的人知道這個人，穿一身唐裝，完全以功夫片、而且是很低俗的功夫片出名的。這個人在達賴喇嘛在西方還沒有很紅的時候，就開始支持達賴喇嘛。現在據說他變成讓達賴喇嘛很頭痛的事情，因為到哪裡他都會出現，自稱達賴喇嘛的朋友，他的形象又那麼差，經常會起到很多相反的效果。所以，西藏可以說變成好萊塢的一個時髦，表示說自己

是一種很另類的、超越美國自身文化傳統的一個標誌。其實
另外還有一個人,叫 Uma Thurman,也是一個大明星。她自
己故事不多,可是她爸爸是一位傳奇性的人物,是哥倫比亞
大學的宗喀巴講座教授,叫 Robert Thurman。這個人娶的太
太就是剛才提到的那位 Timothy Leary、把《西藏死亡書》改
編成吃毒品的指南書的那個人的前妻。Thurman 這個人也是
為西藏神話在西方流行起了很大作用的一個人,這個人在
1997 年好像還被評為美國最有影響力的 25 位人物之一。這
個人早年是哈佛的學生,因為第二次世界大戰的時候家裡有
人死亡,很年輕的時候有隻眼睛被搞瞎了,大學裡面談戀愛
又發生波折,所以他後來就開始厭世,追求新的另類的精神
解脫。他在自己的文化裡找不到,後來有一次他去新澤西看
到一位蒙古喇嘛,一見到就兩腿發軟,開始拜倒在喇嘛腳下
皈依了佛門。後來蒙古喇嘛又把他帶到了達蘭薩拉,他跟著
達賴喇嘛正式出家,就這樣做了一年半的喇嘛,後來還俗
了,又回到哈佛大學,念完書,開始是在 Amhest 做教授,
後來到哥倫比亞大學,被稱為哥倫比亞大學宗喀巴講座教
授,在全世界傳播藏傳佛教。作為一位學者,他寫了很多
書,其中漏洞百出,經常基本年代都很成問題。可是作為一
位宗教宣傳家,他非常的有影響,非常的有力量。他把藏傳
佛教,特別是格魯派吹到世界上最高的一個精神境界。他作
了一個比喻,說藏傳佛教是心靈的科學,心靈的宇宙學,喇
嘛是心靈的宇航員,他們探索心靈所達到的高度,遠遠超越

了西方現代科學所能達到的高度。所以西藏的喇嘛，是現在最傑出的科學家。他寫了很多很多的書，那裡用所有讚美的詞彙，讚美西藏的喇嘛。他也曾經把《西藏死亡書》重新翻譯成英文，實際上《西藏死亡書》和格魯派沒什麼關係，是寧瑪派的著作。可是他把《西藏死亡書》也改造成為一部心靈科學的解脫生死最好的指南書。就是這位先生，我以前在美國上課的時候就和我的學生講，作為一個學者他並不合格，而且他所描寫的西藏是有問題的。後來他到我生活的那個城市來講座，我讓我的學生去聽他的課，回來以後問他們怎麼樣，他們都說他 wonderful，都被他吸引住了。他是一個非常有演講口才、有個人魅力的人。

所以，在我前面舉的所有例子的互相作用下，整個西藏和藏傳佛教被神話化了。西藏變成了一個理想當中的香格里拉，藏傳佛教變成使西方人既能夠滿足於個人世俗的喜樂，又能達到最終精神解脫的世界上絕無僅有的一種精神指南。我的結論就是，西方妖魔化和神話化西藏的歷史反映的是西方人的一部心靈史，是西方社會和文化的一部變遷史。妖魔化也好，神話化也好，他們所說的西藏與現實的西藏沒有多少關係，當今西方人對西藏的熱愛，不是對一個真實西藏的熱愛，而是他們對所虛構的、想像的西藏的熱愛。他們對西藏的這些先入為主的觀念，嚴重地妨礙了他們與一個現實的西藏的交往。說西藏人沒有現代人的七情六欲，說西藏人從來就是一個精神的民族，說西藏是一個綠色和平的標本，聽

起來挺好聽，但無助於顯示西藏的進步。這些形象，實際上都是他們人為地創造出來的。昨天我們還在討論西藏環境什麼時候開始變得特別嚴酷，沒有樹木，結論是至少在 17 世紀以後西藏就很少看見樹木了。根本不是像西方所宣傳的那樣，中國共產黨的大卡車，每天都在將在西藏砍下來的大樹搬運出來，所以把西藏變成現在這個樣子了。他們從 20 世紀六七十年代開始塑造出了一個綠色的西藏的形象，事實上綠色的西藏根本是不存在的，西方有學者研究西藏是怎麼變綠的，環保這個概念其實在過去的西藏是很少有的。

　　顯而易見，只有除去西方人強加給西藏的這些虛幻的東西，西藏才能回到現實中來。今天我們中國人也對西藏顯示了超乎尋常的熱情。希望大家不僅僅把西藏當做寄託自己夢想的地方，而是真正地關心這片高原潔地。我們關心的是一個現實的西藏，不要把西藏當做香格里拉，不要把西藏當成一個精神家園，把自己的夢想都寄託在那裡，而是要真正地關心、幫助西藏。

原載《文景》，2006 (10)

也談東方主義和
「西藏問題」

一

　　去年曾在《天涯》上讀到汪暉先生的大作
〈東方主義、民族區域自治與尊嚴政治〉，日前
又蒙汪暉先生以他修改中的長文〈東西之間的
「西藏問題」：東方主義、民族區域自治與尊嚴
政治〉見示，讀罷頗受震撼，受益良多。汪暉先
生並非專業的藏學研究者，卻寫出了專業藏學家
難以企及的專業之作，從中我不僅讀出了作者的
學養和學識，也讀出了作者的理性和良知。當今
世界由專業西藏學家寫成的討論「西藏問題」的
著作不多，我所知的僅有美國 Case Western Re-
serve 大學人類學教授 Melvyn Goldstein 先生十年
前出版的那本小書《雪山獅子與龍：中國西藏和
達賴喇嘛》（ *The Snow Lion and the Dragon: Chin-
a Tibet and the Dalai Lama,* Berkley: University of

California Press, 1999）。《雪山獅子與龍》無疑早已過時，而汪暉先生的這篇文章更可為東西方人理性地觀察和考慮「西藏問題」給予幫助和啟示，讓西方人聽到中國知識份子理智和有建設性的聲音，並為「西藏問題」的最終解決提供了一個新的思路和契機。

我以為汪暉先生大作最精彩的部分是他對當前東西視角下的西藏和「西藏問題」，特別是對西藏目前面臨的社會和宗教問題所作的深入觀察和分析。他在文中指出：「（在『3‧14 事件』之後）中國的媒體在對抗西方輿論的同時沒有將焦點集中於西藏社會的深刻危機，整個社會沒有以此為契機，深刻地反思當代中國社會的發展邏輯與西藏危機的關係。因此，隨著西藏危機轉化為搶奪奧運火炬的爭端，『西藏問題』被擱置一邊。」事實正是如此。「3‧14 事件」後，從媒體到大眾更樂於把責任推給達賴喇嘛和海外反華勢力的搗亂，卻很少有人認真地考慮「西藏問題」究竟是不是僅僅是一個外在的問題，還是以內在的、深刻的社會和宗教危機為背景的。要有效對抗西方輿論的誤導，我們更應該拿出應對西藏現實所面臨諸重大問題的報告和分析。汪暉先生從「世俗化過程中的宗教擴張」、「市場化、全球化與語言危機」、「日常生活方式的巨變」、「社會流動、移民權利和民族區域的社會危機」和「『承認政治』與多民族社會的平等問題」等幾個方面，分析了隱藏在表面與外部煽動的分裂活動相關的「西藏問題」背後的更為嚴重和深刻的社會和

宗教背景。他的觀察和分析鞭辟入裡、發人深省。「西藏問題」與搶奪奧運火炬不同，它遠非東西方之間一時的意氣之爭。西方媒體在「西藏問題」上一邊倒的輿論導向由來已久，回擊西方媒體之不公正的最好的方法就是還他們一個政通人和的西藏。而要做到這一點，我們首先必須清醒地了解西藏內部潛在的社會和宗教危機，找到化解這些危機的方法和途徑。

汪暉先生大作所討論的問題中，有些是我關心已久的問題，如東方主義和「西藏問題」，有些則是我近年才特別注意的問題，如中國的民族認同和民族區域自治問題。仔細閱讀汪暉先生大作對我來說是一個學習、回顧和思考的過程，受他的啟發我開始整理自己對這些問題原有的一些看法，嘗試進行更深一步的思考，並希望能夠參加這場由汪暉先生開始的、非常有意義的討論。這裡先將我對東方主義和「西藏問題」的理解和思考寫出來，作為對汪暉先生大作中相關討論的一點回應和補充。

二

「西藏問題」本來應該是一個中國的內政問題，但目前的「西藏問題」無疑是中國政府和百姓經常面臨的一個十分棘手的國際問題。這其中有著極為複雜的國際政治、社會和文化背景，而西方社會的東方主義傾向無疑是造成今天這個局面的一個不可忽略的重要因素。汪暉先生將對「東方主

義」的批判引入到他對位處東西方之間的「西藏問題」的觀
察和分析之中，這是一個十分有建設性的舉措。我覺得討論
東方主義對「西藏問題」的影響至少有以下兩個方面的意
義：第一，它可以讓國人明白到底為什麼西藏和「西藏問
題」會成為一個讓西方人如此動情、執著的問題。顯而易
見，大部分國人對個中緣由不甚了了，他們對此不是大惑不
解，就是認定受過那麼好教育的西方人對如此「落後的」西
藏，特別是西藏的「喇嘛教」有那麼大的興趣一定是包藏禍
心，其中一定有政治陰謀。事實上，如果沒有「東方主義」
這個勞什子，如果今天的西方人不把西藏當成「香格里拉」
——一個後現代的世外桃源、不把西藏當成他們生活中一個
非常重要的「他者」，世界上大概沒有任何一位政治家能有
如此之大的能耐，可以發動一個如此具有國際性的「自由西
藏」（Free Tibet）運動。

今天的達賴喇嘛儼然是一個世界級的精神領袖，可是，
在20世紀80年代以前並沒有很多西方人對他很感興趣，以
致他曾經非常絕望地宣布自己將是世上最後一位達賴喇嘛，
他不想再回到這個讓他充滿絕望的世界上來了。與他相比，
我們的偉大領袖毛主席顯然更有Charisma，受到了更多西方
人的追捧，他的粉絲中甚至也包括達賴喇嘛本人。達賴喇嘛
和西藏備受西方青睞不過是最近二三十年發生的事情。當今
的「新疆問題」對於中國來說一定不比「西藏問題」次要，
但世界上很多人不知道有維吾爾這樣一個民族存在，如果今

天有西方人對新疆問題格外關心，則很有必要了解他是否有不可告人的政治動機。而「西藏問題」不一樣，不管西方人對現實的西藏有多少的了解，西藏都是他們心中的最愛。「西藏問題」牽涉了當今世界上所有最重要的「話語」，如人權、博愛、和平、環保、非暴力、文化傳統的延續、男女平等、宗教自由、民族、文化自決等等。對於西方人來說，「西藏問題」是一個立場問題，事關政治正確與不正確。對於西藏的立場和態度表明你是否是一個先進和開明的現代人，它不需要任何的討論，也來不得半點的含糊。因此，我寧願相信參與「自由西藏」運動的大多數西方人並沒有要顛覆中國、損害中國的政治企圖，儘管他們對於「西藏問題」的立場是十二分的堅定。與其說西方人關心的是西藏，倒不如說他們是在關心和表明他們自己。認識到這一點，對於我們理解國際關係中的「西藏問題」很有好處。也只有認識到這一點，我們才能不動輒把所有對西藏感興趣、有好感的人全部當做自己的對手，甚至敵人，把所有與西藏相關的活動都看成政治陰謀。只有這樣，我們才不會草木皆兵，四面楚歌。

第二，揭露東方主義與「西藏問題」的關係可以使人明白，西方民眾受東方主義影響而對西藏表現出的這種超理性的熱情業已成為理性地解決「西藏問題」的巨大障礙。正是這種不理智的熱情，不但使得中西雙方在「西藏問題」上的理性對話成為幾乎不可能的事情，而且也使「西藏問題」的焦點徹底地偏離了方向。只有充分認識到這一點，中西雙方

才能理性地審視「西藏問題」的來龍去脈，冷靜地就「西藏問題」進行建設性的對話，並尋求最終解決「西藏問題」的有效途徑。

當西方人將過去的西藏想像成一個和平、自由、精神、博愛、智慧、慈悲、環保、男女平等、沒有階級、不分貴賤、非暴力、非物質的人間淨土，並把這個後現代的烏托邦的重建作為解決「西藏問題」的前提和關鍵時，「西藏問題」就已經偏離了本來的焦點，「西藏問題」的解決就遭遇了難以逾越的障礙。因為我們要解決的不再是現實的西藏所面臨的問題和危機，而是要完成一個不可能完成的使命，實現一個建立烏托邦的理想。東方主義的害處就是將西藏徹底的精神化，完全不把西藏當做一個物質的存在。而在現實政治中，他們又要求將精神化為物質，將一個莫須有的烏托邦轉變成西藏的現實。南轅北轍，莫此為甚。不說歷史上未曾有過這樣的一個西藏存在，未來的世界也一定不可能出現這樣的一個西藏。可是，達賴喇嘛非常積極地參與這些西方受眾十分熟悉和喜歡的「話語」的建設，到處聲稱他最關心的不是西藏是否能夠獨立，而是西藏傳統文化能否延續，他所設計的未來西藏的圖景正好是西方人想像中的精神烏托邦的再現，難怪他在西方世界如此地受歡迎。

顯而易見，只有讓西方人認識到東方主義的危害，跳出「香格里拉情結」，「西藏問題」才有獲得解決的希望。可是，要早已成為「香格里拉的囚徒」的西方人幡然醒悟並不

是一件容易的事情。美國官方一再表明他們的西藏政策並非要求西藏獨立，而是要讓中國政府和達賴喇嘛回到談判桌上，討論怎樣找到一個雙方可以接受的解決方案。但是，如果雙方要討論的預設前提就是如何建立一個香格里拉，那麼這種談判就註定不會達成理想的結果。與其說美國人是在尋求「西藏問題」的解決方法，不如說他們是在給中國政府出難題。西方人把西藏理想化為一個烏托邦的同時，還把中國妖魔化為一個與其對立的「異托邦」（heterotopia），一切好東西全由西藏和西藏人包攬，而一切壞東西則都由中國（一個漢人的國家）和中國人（漢人）買單。現今的西方人在很多時候、很多方面對中國和中國人表示出的不友好、甚至敵意，都與這種兩極的想像有關。東方主義對於我們的危害，不僅僅在於在「西藏問題」上令我們十分的難堪，而且還整個地損害了中國、中國人和中國文化的國際形象。

三

從汪暉先生的大作中不難看出，他曾經花了很大的力氣來弄清東方主義與「西藏問題」的關聯。通過從歷史和思想兩個層面入手而作的非常細緻的研究，他最終對西方的東方主義給「西藏問題」帶來的影響有了相當深刻的領會。毋庸置疑，他的這項研究，不管是從學術還是從政治的角度來看，都是相當了不起的成就。由於專攻藏學，近一二十年來，我對東方主義和西方後殖民時代的文化批評一直相當關

心，並深感我們東方人對西方之東方主義的批判往往不是太過激憤，情緒多於理性，就是流於皮毛，撓不到癢處。只有西方人對自己先人的批判才真正一矢中的、入木三分。從以前閱讀 Donald Lopez Jr. 編寫的《佛之主事者：殖民主義下的佛教研究》到去年夏天閱讀 Hugh B. Urban 的專著《密教：宗教研究中的性、守密、政治和權力》，都讓我確信西方人對自己文化的批判和清算遠比我們東方人做得深刻和尖銳得多。上述兩部著作分別對西方佛教研究中的東方主義和殖民主義傾向作了深刻的揭露和徹底的清算，將西方引進和研究密教與東方主義的關聯解讀得一清二楚。國人中很少有真正學貫中西的大家，對西方文化的了解很難達到像西方人自己一樣深刻的程度，所以，我們對西方的批評儘管壯懷激烈，卻很難一針見血。汪暉受瑞士學者 Martin Brauen 先生策劃的題為《作為夢幻世界的西藏——西方與中國的幻影》（Dreamworld Tibet-Western and Chinese Phantoms）的展覽的啟發（後來 Brauen 先生出版了專著，即題為《作為夢幻世界的西藏：西方幻影》（*Traumwelt Tibet-Westliche Trugbilder*, Zurich: Haupt, 2000；英文版 *Dreamworld Tibet: Western Illusions*, Bangkok: Orchid Press, 2004）），將東方主義作為研究西方視野中的「西藏問題」的切入點，用心觀察和研究了西方視野中的西藏和西藏文化，其成就令人欽佩。

不可否認的是，西方學者對東方主義與「神話西藏」的揭露和批判也早已走在我們的前頭。20 世紀 90 年代初，我

到西方留學，很快就非常吃驚地發現：那些對西藏所知不多的西方人表現出了比我這位專業的西藏學家對西藏更多的熱情。這曾讓我大惑不解，弄明白其中的玄秘花費了我很長的時間。1996 年春天，我在波恩大學的兩位同學 Thierry Dodin 和 Heinz Raether 在波恩組織了一個名為「Mythos Tibet」（神話西藏）的國際學術討論會，許多世界知名的西藏學家參加了這次會議，其中包括美國最著名的藏傳佛教權威 Jeffrey Hopkins 和 Robert Thurman 兩位先生。令人跌破眼鏡的是，這些西方的藏學權威們，其中還包括幾位在西方生活的知名西藏活佛和學者，紛紛一改常態，對他們平日高唱讚美詩的西藏和西藏文化發起了猛烈的批判。原來五世達賴喇嘛是個十分尚武、有強烈復仇情緒的武僧，西藏格魯派寺院中充滿了爾虞我詐，那些轉世活佛不見得真的都是菩薩轉世，西藏人並不是像他們平日所宣傳的那樣和平、智慧、慈悲、環保，這些形象都是西方人在不同的時候和不同的背景下幻想、設計和創造出來的。借用薩義德的話說，由於東方主義，西藏「在過去和現在都不是一個思想或者行動的自由主題」。「神話西藏」原本就是西方人自己的設計和幻想，和西藏毫無關係。現在到了該解構和清算那些由傳教士、啟蒙思想家、神智信仰者、遁世主義小說家、新時代人、嬉皮士和藏學家們聯手創造出來的這個「神話西藏」的時候了。這些報告聽來真是振聾發聵，於我無異醍醐灌頂，讓我終於搞明白今日西方人對西藏的這份熱情究竟緣何而來。會議次

年，「神話西藏」學術討論會的論文集——《神話西藏：感知、投影和幻想》（*Mythos Tibet: Wahrnehmungen, Projektionen, Phantasien*, Koeln: DuMont, 1997；後來它在美國的 Wisdom Pub. 也出了英文版，改名為 *Imaging Tibet: Realities, Projections, and Fantasies*, Boston, 2001）在科隆出版，它是西方學者集體清算西方「西藏熱」中的東方主義傾向的第一部很有影響力的著作。

當然，對東方主義和「神話西藏」作了最徹底的揭露和最無情的批判的著作是 Donald Lopez Jr. 先生的《香格里拉的囚徒們：藏傳佛教與西方》。Lopez 是美國密西根大學的藏學和佛學教授，是目前美國一位非常有影響力的佛教學者和文化批評家。他和前面提到的瑞士學者 Brauen 先生是同一時代的西藏學家，他們都經歷過從對西藏和西藏文化的狂熱崇拜到開始解構「神話西藏」的過程。Lopez 此前主編的《佛之主事者：殖民主義下的佛教研究》就對西方佛教研究中的東方主義傾向作了十分徹底的清算，其中他自己的文章〈拜倒在喇嘛腳下的外國人〉就是對他自己這一代人之西藏情結的解剖和批判。他大概也是最早從批判東方主義的角度來觀察「西藏問題」的西方學者，早在 1994 年他就發表過一篇題為〈新時代東方主義：西藏的例子〉（"New Age Orientalism: The Case of Tibet," *Tibetan Reuiew*, XXIX, 5, pp. 16-20）的文章。

Lopez 在《香格里拉的囚徒們》一書中，選擇了西藏的

七個最有代表性的文化符號（cultural icons）作為他考察、分析和解構「神話西藏」的切入點，這些文化符號有些是從西藏帶到西方的，而有些則是西方對西藏的設計，它們是：1.名稱──喇嘛教；2.書──《西藏生死書》；3.幻象──讓巴的小說《第三隻眼睛》；4.咒語──六字真言；5.藝術──唐卡；6.學科──美國的藏傳佛教研究；7.囚牢──達賴喇嘛和香巴拉的囚徒。通過這七個文化符號在西方被引進、設計、塑造、表述和誤解的經歷，Lopez 用極為引人入勝的筆法，外加眾多匪夷所思的故事，帶領讀者穿越了一座文化迷宮，回顧了歐洲、美國和西藏之間十分具有戲劇性的互動關係，揭露了西藏如何在西方浪漫主義、文化盜用、學術誤導和東方主義、殖民主義的大合唱中，終於失去其歷史、地理、時間、宗教和現實的根基，最終淪為一個精神的、虛幻的、非人間的香格里拉的過程。Lopez 不但揭露了西方傳教士、旅行家、神智信仰者、小說家、嬉皮士、藏學和佛學家們如何和達賴喇嘛及其支持者聯手，創造出了一個「神話西藏」──香格里拉的全過程，而且還十分尖銳地指出了香格里拉化西藏對於推動現實的「西藏事業」（Tibet Cause）所具有的十分嚴重的危害性。

在 Lopez 看來，這種想像出來的、神話般的西藏形象儘管十分迷人，但嚴重地掩蓋了西藏政治、歷史和宗教的極為複雜的現實意義。隨著一個精神的、虛擬的西藏的形成，一個現實的、物質的西藏便在人們的視野中消失。將西藏神話

化為香格里拉對於達賴喇嘛和流亡藏人的朋友們來説無異於
作繭自縛，他們在不知不覺中已淪為「香格里拉的囚徒」。
為了贏得西方信衆對他奪回西藏領土的支持，達賴喇嘛不得
不投其所好，將普世的慈悲、愛、非暴力和環保當做藏傳佛
教的核心來宣傳，而就像打坐、觀空和慈悲離不開用「人油
做的、以人頭髮為燈芯的供燈來做供養儀軌」一樣，和平和
暴力原本是藏傳佛教修習之不可分割的兩面。達賴喇嘛為西
方提供了一個「天使般的藏傳佛教」，而西方人則為他設計
了一個「主題公園式」的西藏。為了「解放他的祖國」，達
賴喇嘛必須允許藏傳佛教從它的本土漂移出去。達賴喇嘛及
其支持者目前向世界表述西藏的這種方式或終將走向實現
「一個西藏自治國之事業」的反面。

四

　　Lopez 先生的《香格里拉的囚徒們》很快成為轟動一時
的名作，贏得了一片喝彩聲。其影響遠不止於西藏學界，它
對整個西方後殖民時代文化批評都有相當大的刺激。Lopez
對西方人在構建「神話西藏」中表現出的東方主義傾向的批
判無疑句句中的，入木三分，讀來令人感覺痛快淋漓。可
是，他對「神話西藏」的解構和對那些直接參與了創造「神
話西藏」運動的幹將們的批評，也引起了很多人的不安和憤
怒，其中尤以受到 Lopez 激烈批判的哥倫比亞大學宗教系宗
喀巴講座教授 Robert Thurman 的反應最為激烈。這位當時名

列全美最有影響力的二十五位大人物之一的Thurman先生忍無可忍地站出來，痛斥Lopez「責難受害者」（blame the victims），指責他為虎作倀，已經和 Tom Grunfeld 和 Melvyn C. Goldstein 兩位先生一起站到了中國辯護者的隊伍之中。

　　Thurman 把 Lopez 和他們兩人相提並論顯然不妥。Grunfeld 和 Goldstein 敢為中國說話，故較受國人重視，然在西方學界則備受側目。他們在 20 世紀 90 年代初就「西藏問題」發表了不少較為客觀的言論，企圖在黑白之間尋求一種中間的灰色地帶，顯示出正直學者的良心和勇氣。然而，或許是因為北京對他們兩人的過分友善使他們在西方學界的地位變得頗為尷尬，其影響力不大。而 Lopez 與他們完全不同，儘管他對解構西方「神話西藏」的貢獻比前兩位先生影響大得多，但他毫無要為中國辯護的意圖，他顯然更著意於打倒在他之前的那些藏學權威。要說美國藏學研究的領軍和代表人物毫無疑問首推 Robert Thurman 和 Jeffrey Hopkins。這兩位鼎鼎大名的藏學教授在 20 世紀 60 年代先後皈依藏傳佛教，並與達賴喇嘛結下了很深的交情，成為達賴喇嘛和流亡藏人在美國的代言人。他們不遺餘力地在西方製造西藏，特別是藏傳佛教的神話，Thurman無疑是當代西方最傑出的藏傳佛教宣傳家，他把西藏喇嘛吹捧為心靈科學的宇航員，聲稱藏傳佛教在心靈科學上的成就已遠遠超出了西方太空研究所取得的成就。而 Hopkins 則更是走火入魔，曾經將本來與藏傳佛教毫不相關的、由瘋僧更敦群培撰寫的《欲論》改

寫成藏傳佛教的性愛和精神寶典，聲稱修習藏傳佛教可以讓人同時獲取肉體的喜樂和精神的解脫。由於 Lopez 和 Hopkins 有師生之誼，故筆下留情，但他對 Thurman 則極盡諷刺、挖苦之能事，難怪 Thurman 如此大人物也不得不親自披掛上陣，用非常政治化的語言、上綱上線地把 Lopez 痛批了一頓。

以 Lopez 為代表的西方藏學家解構「神話西藏」的努力，無疑對 20 世紀 90 年代末西方世界持續升溫的「西藏熱」有一定的降溫作用，對那些狂熱的西藏發燒友們也多少有點醒腦的功效，當他們繼續執著地把「神話西藏」當做自己的精神寄託時，間或也不得不捫心自問一句：「我們還是香格里拉的囚徒嗎？」但需要指出的是，這樣的效果實際上只能說是解構「神話西藏」的副產品，Lopez 等西方學界的新權威們不遺餘力地抓住西藏這個特例，猛烈地批判東方主義，解構其先輩構建的「神話西藏」，其最直接的目的無非是要打倒其先輩的學術權威，從而樹立起他們自己的權威身份。在這個過程中，「東方」或者「東方主義」不過是他們用來達到這個目的的工具，它們早已內化成為西方文化的一部分，和東方無關。與我們東方人批判東方主義與東西之間的政治、文化和學術等多方面的衝突有直接的利害關係不同，對他們來說，這更多的是一場西方內部的知識、思想和學術的遊戲，與東方和東方人的痛癢無關。他們對東方主義的激烈批判並不表明他們能夠改變、甚至摒棄其先輩的東方主義態度，從而更客觀、更正確地對待和理解東方。相反，

他們在很多方面比他們所批判的前輩走得更遠，在與東方交往和互動這一層面上，他們往往與東方更加隔膜、更加乖刺不入。換言之，他們比其先輩更加「東方主義」。在解構東方主義影響下的西方東方學術研究的同時，他們並沒有提出一套更好的理解和研究東方的方法，而往往將髒水和嬰孩一起潑掉，在解構東方主義的同時差不多把東方也一起給解構掉了。正如 Thurman 所指出的那樣，Lopez 聲稱破解「神話西藏」是為了加強「西藏事業」，可他的書中「沒有任何東西可以使任何人以任何方式喜歡西藏」。

對於這一點，Lopez 們或者真的沒有自覺，抑或非常不願意承認。據 Lopez 自述，有一次他應邀參加國家公共廣播電臺組織的針對《香格里拉的囚徒們》的辯論。當發現受邀來和他當面辯論的竟然是流亡藏人的代表時，他感到非常詫異，甚至委屈。因為，在政治上 Lopez 從來就站在達賴喇嘛及流亡藏人一邊，一直關心著「一個西藏自治國之事業」的實現，所以他原本以為會有一位反對「藏獨」的中國人站出來和他交鋒。Lopez 似乎沒有意識到自己對西方「神話西藏」的解構實在已經走得太遠，已經同時把西藏和西藏文化也給無情地解構掉了，而這顯然傷害了正在西方積極尋求支持的流亡藏人們，故引起了他們及其像 Thurman 這樣的支持者的強烈的不解、不安和不滿。Lopez 歸根到底最關心的還是他自己的利益，而且沒有意識到他的利益不見得總和他熱情支持的達賴喇嘛和流亡藏人的利益完全一致。總而言之，

Lopez 等人對東方主義和「神話西藏」的批判於西方的東方學界可以說是一場具有顛覆意義的革命，但他們的出發點並不是要為解決東西之間的「西藏問題」提供幫助，儘管其研究結果對我們理解東西之間「西藏問題」的複雜性有許多令人茅塞頓開的啟發。

五

除了《香格里拉的囚徒們》之外，與批判東方主義和「西藏問題」有關聯的西方著作還有不少。如果有人對西方文學作品中的西藏形象有興趣，則 Peter Bishop 先生寫於 20 世紀 80 年代末的《香格里拉的神聖神話：西藏、遊記和西方的聖地創造》（*The Sacred Myth of Shangri-la: Tibet, Travel Writing and the Western Creation of Sacred Landscape*, Adarsh Books, 2000，這是修訂版，初版於 20 世紀 90 年代初）是一本從理論到實證都很出色、非常值得一讀的好書。作者對西方大眾傳媒和文化批評理論的運用和建樹甚至超過後出的包括 Lopez 的作品在內的大部分相關著作，他對西方人如何塑造「聖地」（Sacred geography）的描述和批判給人以很多的啟迪，對後人破解香格里拉的神話有開創性的意義。Bishop 先生後來還寫過一本叫做《權力之夢：藏傳佛教和西方的想像》（*Dreams of Power: Tibetan Buddhism and the Western Imagination*, Athlone Press, 1993）的書，對榮格等西方思想家對西藏佛教的誤讀作了頗為深刻的批判，它們無疑也給 Lopez 等學者後來所作的類似研究以很深的啟發。美國加利福尼亞大學伯克萊校區新聞學院院長 Orville Schell 先生的《虛擬的西藏：從喜馬拉雅到好萊塢尋找香格里拉》（*Virtual Tibet: Searching for Shangri-la from the Himalayas to Hollywood*, New York: Metropolitan Books, 2000）一書，對美國通俗文化，特別是好萊塢電影中所見的西藏形象的塑造及其背景和影響作了非常直觀的揭露和批判，揭示當代西方人心目中的西藏實際上只是一種「虛擬的現實」（virtual reality）。

最近，又有 Dibyesh Anand 先生的著作《地緣政治的異國情調：西方想像中的西藏》（*Geopolitical Exotica: Tibet in Western Imagination*, University of Minnesota Press, 2008）問世，它首次從國際關係研究的角度檢討西方對西藏和西藏人的異國情調化了的表述和與中國有關的西藏地位問題的爭議。它集中探討了西藏在西方 20 世紀電影、小說、遊記和回憶錄等大眾文化媒介中所表現出來的特殊的文化形象，揭露了所謂「異域西藏」（Exotica Tibet）和「西藏特性」（Tibetanness）被人為地建構起來的過程，以及這些建構對那些被表述者們的影響。Anand 先生對目前主流國際關係理論和實踐的狹隘的做派提出了挑戰，批評這個學科的基本定位依然主要立足於西方。他通過對傳統國際關係理論所能提供的詞彙的仔細檢討來分析與中國有關的西藏地位，討論了包括帝國主義、歷史、海外散居、表述和認同等在內的與西藏有關、但迄今在國際關係研究領域內尚未得到較好的理論

處理的種種問題。

　　作為思想史學者的汪暉在他的文章中對西方哲學家的西藏觀作了頗為深入的探討和研究，同樣的研究以前也有西方人作過，其中以現居日本京都的瑞士禪學學者 Urs App 先生最近發表的一篇長文最為詳盡。這篇文章題為〈哲學家們的西藏：康德、黑格爾和叔本華〉（"The Tibet of the Philosophers: Kant, Hegel, and Schopenhauer"），收錄在他太太 Monica Esposito 主編的《十九、二十世紀的西藏形象》（*Images of Tibet in the 19th and 20th Centuries*, Ecole francaise d'Extreme-Orient, 2008）一書的第一卷中。這本新出的論文集又是一本集中批判東方主義和東西方西藏形象的作品，其中也收錄了包括我在內的東方學人對東方文化傳統中的西藏形象的觀察和研究。東方主義作為一種思想方式，絕對不是西方人的專利。西方研究中國少數民族的人類學家們曾經提出過一個叫做「內部的東方主義」的概念。研究漢人文化傳統中的西藏和藏傳佛教形象或可以為我們理解何謂「內在的東方主義」提供很好的注腳。

　　《十九、二十世紀的西藏形象》一書中有不少可讀的好文章，其中有些文章對以前流行的一些說法作了修正。譬如 Isrun Engelhardt 有關納粹與西藏關係的著作就很有新意，作者十餘年來專心研究納粹與西藏的關係，她的這篇文章〈西藏的納粹：一個二十世紀的神話〉（"The Nazis of Tibet: A Twentieth Century Myth"）和她最近發表的其他幾篇文章一

起致力於解構目前在坊間頗為流行的有關納粹和西藏的神話。她的研究表明,至少希特勒本人實際上並沒有對西藏真有那麼大的興趣,這種説法本身是一個應該被破解的神話。十餘年前我曾經和 Isrun 一起在慕尼黑巴伐利亞州國家圖書館中查閱過希特勒和熱振活佛之間來往信件的原件,不曾想到她此後一直在研究這些信件和它們在西方被故意誤解和誤傳的故事(Isrun Engelhardt, "Mishandled Mail: The Strange Case of the Reting Regent's Letters to Hitler," PIATS 2003: *Proceedings of the Tenth Seminar of the International Association for Tibetan Studies*, Oxford),她的研究成果和結論給人很多的啟發。

對於納粹與西藏的關係,汪暉在文章中提到了那位在西方大名鼎鼎的西藏專家、《西藏七年》的作者 Heinrich Harrer 先生的納粹身份問題。非常有意思的是,據和他同時期在西藏逗留、並在國民政府駐藏辦事處供職的漢人學僧邢肅芝先生透露,這位日後成為世界頭號「西藏通」和達賴喇嘛密友的 Harrer 先生,還曾經是每兩周要到駐藏辦事處彙報他所收集到的情報和每月領取一百五十元大洋月俸的國民黨線人。這聽起來是有點匪夷所思[1],可見這位被好萊塢神話化為英雄的人物,他的人生其實有很多不光彩的地方。對解構今天西方流行的「神話西藏」作過貢獻的學者還有不少,像

---

1   事見邢肅芝口述,張健飛、楊念群筆錄:《雪域求法記:一個漢人喇嘛的口述史》,北京,三聯書店,2003。

德國洪堡大學的 Toni Huber 教授曾經寫過一篇題為《西藏人是如何變綠的？》的文章，不但解構了西藏人的「綠色」環保形象，而且還揭露了西方是如何和流亡藏人一起創造出這一形象的具體過程，是一篇非常有意思、有啟發的好文章。

六

若從薩義德先生於 1978 年發表《東方主義》一書算起，西方學界對東方主義的批判至今已有三十多年的歷史了。西方藏學家們拿起「東方主義」這把「批判的武器」，把矛頭對準「神話西藏」，清算東方主義給西藏和西藏文化帶來的危害，也已有十多年的歷史了。但作為一種思想方式，東方主義依然無處不在，遠沒有從我們的視野中消失，它對今日國際上的「西藏問題」依然有著巨大的影響。要徹底清除其影響恐非一朝一夕之事。我們今天批判東方主義，弄清它對「西藏問題」的直接影響，不是指望西方人幡然悔悟，立馬改弦更張，而是要讓我們自己對西方的「西藏話語」有更清晰的了解和認識，從而積極而有建設性地參與到這種「話語」的互動和建設中去，最終打破西方在「西藏問題」上的話語霸權，為「西藏問題」的解決找到有利的時機。

「話語權」是近年來國人新創和常用的一個詞彙，但說者似乎並不理解什麼是「話語」，常把「話語權」和「說話的權利」混為一談。事實上，「話語」（discourse）不是簡單的「說話」（speaking），按照福柯的說法，「話語」是

指談話時說話者將其理念或訊息以可以辨認而由組織完整的方式傳遞給聽者的過程，它泛指人類社會中所有訊息之有形或無形的傳遞。社會的各個層面都存在其特定的「話語」，它們互相推衍連結，形成一個話語結構。在這一話語結構下，所有知識的獲取，及其思維行動的方式都有一定的軌跡可尋，由此產生一個特殊的文化和認知體系，即所謂「知識領域」。「話語」不是一個僵化靜止的過程，其兩端，即說話者與聽話者之間常常產生複雜的變化。每一個「話語」下的意指結構千頭萬緒，其本質永遠是動態的、有所企圖的。「話語」具有排他性，被「話語」所包括或排斥的事物狀態永遠處在相對立的競爭局面中，它隱含了權力，甚至暴力的過程。

當今世界充斥著各種各樣的「話語」，它們是構成國際社會文化的基石。「話語」可以控制人類一切思維行動，擁有影響乃至左右世界的巨大力量。但「話語」不像「說話的權利」，是可以用武力、強權或者金錢爭奪、收買得到的一種權利。如果說者沒有能力用聽者聽得懂的語言、可以理解和接受的方式，將所要傳遞的訊息和理念傳遞給聽者，這就表明說者沒有能力完成建立一種「話語」的過程或者參與一種現存「話語」的建構。反之，如果能夠建設性地介入、參與到這些「話語」的互動之中，並積極地去影響、甚至改變這種「話語」的發展方向，就擁有了使這些「話語」為自己利用、服務的一種能力。否則，就只能受這些「話語」的牽

制、左右，甚至被它們巨大無比的力量打垮。說到底，世上並無所謂「話語權」，有的只是能否建立、介入和駕馭「話語」的能力（ability）和既存「話語」的強大的「話語霸權」（the hegemony of a discourse）。

中國作為一個地域大國和經濟強國顯然已經不再缺乏在世界任何地方說話的權利，但由於我們長期缺乏與西方主流話語互動、對話的機會和機制，因此我們還沒有足夠的能力，用相同的語言、以他們能夠理解和接受的方式和西方人對話，進而充分地參與和介入到世界主流話語的互動和運作之中，更沒有辦法積極地影響和引導這些話語的變化和發展，以打破西方的話語霸權。與此相應，我們以前既不熟悉西方這一套現存的在東方主義影響下的「西藏話語」體系及其運作規律，沒有機會和能力介入這些既有話語的互動和運作之中，更沒有能力建立起一套有利於自己的新的話語結構，所以在「西藏問題」上難免受西方話語霸權的牽制而時常顯得笨嘴拙舌、動輒得咎。不管是大力度地宣傳我們在西藏進行現代化經濟建設所取得的巨大成就，還是言辭激烈地批判達賴喇嘛及其追隨者分裂中國的狼子野心，都因為和西方主流的「西藏話語」背道而馳而顯得我們多半是在對牛彈琴，完全無的放矢，宣傳的效果往往適得其反，根本得不到西方受眾的理解和支持。這種受西方強大的話語霸權的牽制、壓迫而左右失據的尷尬局面，不但大大損害了中國人的國際形象，而且也把自己和別人都逼得似乎只剩下極端一條

道路可走。

　　與此相反，達賴喇嘛和西方人親密合作，創造出了一套與西方諸主流話語非常合拍的「西藏話語」，牢牢地掌握著國際上運作「西藏話語」的主動權和發言權。達賴喇嘛在西方大受歡迎的一個很重要的原因，就是他對西方諸主流話語有極好的把握，所以説出來的話對西方受衆來説是句句中聽、聲聲入耳。當代「神話西藏」決不是西方人一廂情願的創造，達賴喇嘛和流亡藏人的積極配合功不可没。在歐美新時代人用力「東方化」西藏的同時，達賴喇嘛也很賣力地、巧妙地「自我東方化」，不但將西方人對西藏的精心設計照單全收，而且還自我設計、創造、改變，乃至竄改西藏的傳統，以迎合西方人對西藏的熱望，最終塑定了一個人人嚮往的精神、智慧、慈悲、和平、自在、平等、綠色、環保的西藏形象。隨著西藏一變而為香格里拉，達賴喇嘛也一步跨出中世紀，成為引領後現代世界的精神領袖。當代世界的「西藏話語」就是圍繞著達賴喇嘛這一位來自東方的長老、智者、聖人和香格里拉的神話建立起來的。在打破達賴喇嘛和香格里拉的神話以前，這套「西藏話語」力大無比，可以掀起全球性的「自由西藏」運動這樣巨大的風浪，讓正全力以赴發展經濟、使包括西藏在內的所有地區盡快實現現代化的中國人錯愕不已、措手不及。

　　然而，正如Lopez所擔心和警告的那樣，「神話西藏」對於達賴喇嘛和他的支持者來説無異於作繭自縛，他們在創

造香格里拉神話的同時，即已淪為「香格里拉的囚徒」。他們主創的這套「西藏話語」也為他們自己的思想和行動設定了難以逾越的樊籬。他們原本或希望不惜以一切手段，包括訴諸武力，建立一個獨立、自治的西藏國家，而現在不得不滿足於以和平、非暴力的手段，建立一個可供後現代西方人懷舊、頤情、修身、養性的主題公園。更令Lopez們擔憂的是，一旦達賴喇嘛和香格里拉的神話被打破，西藏又該走向何方？又是誰會來關心這片美麗的雪域？我相信到時候一定是我們（藏裔、漢裔）中國人會還給世界一個美麗、富饒、和平和綠色的西藏。而眼下我們迫切需要做的就是要打破西方人和達賴喇嘛聯手製造的香格里拉的神話，推翻西方在「西藏問題」上的話語霸權，同時警惕國人不對西藏作香格里拉式的二手炒作，不走「自我東方化」的老路，開放、自信地把一個真實的西藏展示給世界，並把我們對一個將現代和傳統、物質和精神完美結合的未來西藏的規劃和設計，用西方人聽得懂的語言和可以接受的方式，傳遞給他們。我們不只是要和西方人合作建立起一套新的「西藏話語」，而且還要吸收、借助全世界的智慧、特別是西方處理現代化和保護傳統文化這對矛盾的經驗來建設一個神話般美麗、真實的西藏。

原載《天涯》，2010 (4)

東方主義話語與西方佛教研究

一

　　自薩義德《東方主義》一書於 1978 年問世以來，東西知識界同時擁有了一種檢討西方東方學研究的強有力的武器。東方主義像是一面照妖鏡，許多曾備受推崇的東方學大家在它的面前紛紛原形畢露。東方主義理論對於澄清西方探究東方文明過程中出現的種種迷誤、劃定西方之東方學研究的局限、解構西方東方學的權威、消除文化帝國主義給東方文化帶來的災難等均有無可估量的積極影響。

　　由於我所學專業恰好屬於西方傳統的東方學範疇，故初入學術殿堂就得師尊耳提面命，讀、譯了不少西方東方學家們的著作，對他們的學術能力和成就從心底裡佩服。深知即使治東方的學問，要超越西方學者的成就亦不是一件容易做到

的事情。正是這一認知令我從學二十餘年來一直生活在西方
東方學的陰影之下，常有泰山壓頂之感。20世紀90年代初，
我赴歐洲留學，師從西方的東方學家，從此直接生活在東方
主義陰影的籠罩之下。歐洲人處處可見的文化優越感，尤其
是那些東方學家們葉公好龍的勁兒時常令我有窒息之感，多
年間心中的鬱悶實難為外人道。直到有一天讀到薩義德的
《東方主義》一書，終於不但有了可以恰當地名狀、指稱這
一文化現象的詞彙，而且還擁有了可以有力地反擊那些「好
似龍而非龍者也」們的「批判的武器」，常年鬱結於胸中的
塊壘才算卸去，心中那份愜意亦殊難為圈外之人形容。近十
年間，每當讀到批判東方主義的犀利文章，我都忍不住要手
舞足蹈起來，有時也會隨喜發些快意之談。

可這樣的文章讀多了，胸中鬱結的憤懣發洩出來了，卻
又忍不住懷疑起來：當下對東方主義的批判是否有點矯枉過
正了？那些借東方主義話語來批判其先輩的西方學者實乃項
莊舞劍，他們的著眼點完全不在東方，關心的亦純粹是西方
的問題；他們在努力解構東方主義影響下的東方學研究時，
不但往往亦把東方本身給虛無化了，而且還圖謀樹立他們自
己對於東方的新的霸權。而東方學者對東方主義的批判不但
容易意氣用事地全盤否定西方東方學研究的成就，而且為了
凸現西方對東方的誤解，還會有意無意地誇大東西文化間的
不同和相互理解的困難，甚至不惜「自我東方化」。不管是
西方學者，還是東方學者，他們在借用東方主義話語痛快淋

滴地解構西方的東方學研究時，很少有人著意於建構一種西方理解東方的新的、積極的方法，這使人對東西文化互相理解、溝通的可能性感到深刻的絕望。一位身兼東方主義和文化帝國主義所有典型特徵的德國漢學家就對中國人所謂「老外不懂中國」的說法忍無可忍，乃至十分刻薄地發問：如此說來，「只有狗理解狗，殺人犯理解殺人犯」了。

　　確實，掌握了東方主義這一「批判的武器」之後，我們在西方的東方學作品中隨處可以發現或隱或顯的東方主義傾向，可這不應該成為全盤否定西方之東方學的理由。二十餘年前，當我開始接觸西方東方學論著時，尚不知有東方主義這勞什子。這些作品最吸引我的地方是它們對具體問題的那種精緻、深入的考證和討論。在實證性的考據之學被譏諷為「象牙塔裡的學問」而遭擯棄的年代，正是這些著作讓我漸漸懂得什麼叫學問和應該如何做學問。薩義德晚年在反思和回應他人對其東方主義學說的批評時指出，西方之東方學研究的最大貢獻是那些數量巨大的實證性研究作品。不管那些東方學家的政治立場如何，他們遵循西方優秀的語文學、文獻學傳統，對來自東方的各種文字的文獻所做的大量、細緻的整理工作，是人類文化史上一筆不可多得的財富。我從西方東方學著作中受惠最多的無疑就是從這一類著作中學到的有關東方的具體知識和他們處理文獻的那一套精緻的方法和一絲不苟的精神。

　　其實，儘管西方人每每從他們自己的文化傳統出發，帶

著先入為主的世界觀來發現和解釋東方，所以他們對東方的理解多半打著明顯的西方印記，但這種發現和詮釋的過程並非完全沒有今日西方知識界正努力提倡的跨文化對話所具有的積極意義。從一種完全不同的視角和背景出發，來審視、評論一種他者文化，往往會得出讓「只緣身在此山中」的人意想不到的高見，這是一個極為淺顯的道理。中外學者都對韋伯的《儒教和道教》一書從方法論到資料的可信性等提出過種種的非難，但若以為韋伯對漢文化的解釋、領悟全無可取之處，或者對韋伯對他種文化的深邃的洞察力視而不見，堅持要把他列為外行的話，那麼此人可真的是「老外」了。對於西方的東方學作品我們還是採取「取其精華、去其糟粕」的態度較為妥帖。

二

引出上述感慨的是我十年前讀過、日前又重新翻讀了一遍的一本舊書，題為《佛之主事們：殖民主義下的佛教研究》（*Curators of the Buddha: The Study of Buddhism under Colonialism*, The University of Chicago Press, 1995，以下簡稱《佛》）。此書由六篇論文組成，出版者將它當做「西方佛教研究的第一部批評史」，稱該書「是將殖民時代和後殖民時代文化研究的深刻領悟應用於這一領域的第一部作品」，它「按年代順序記錄了在帝國意識形態背景中佛教的學院式研究在美洲和歐洲的出現，為這一學科提供了一個早該完成

的譜系，且為它長遠的重新構想鋪平了道路」。

《佛》的六位作者自覺現在該是清算西方佛學研究中的東方主義傾向，並為這一學科的將來作重新構想的時候了。誠然，這種清算確實早該進行了。佛教作為東方文明的一項重要內容，由於東方主義，它在過去和現在都不是一個思想或行動的自由主題。大家知道，佛教能夠作為世界宗教的一種而為西方人接受花了相當長時間，相反西方學者建立他們對佛學研究的絕對權威卻並沒有花多長的時間。早在英國維多利亞時代，其東方學家們就已經大言不慚地聲稱佛教只存在於他們的書桌之上，因為佛教不是一個活的傳統，而原始的佛教文獻是只有他們才有能力解讀的巴利文和梵文佛經。當下雖然佛教已經成為可供西方人自由選擇的相當受歡迎的一種另類信仰，佛教研究也已成為西方大學和其他學術機構中比較宗教研究學科的一個組成部分，可在這個領域內，亞洲人，不管是學者，還是佛教徒，依然沒有多少話語權，國際佛學研究協會的主事者多半是歐美學人。美國宗教學會今年年會的主題之一是中國佛教，但主事者中沒有一位是中國人。總之，東方人依然沒有能力來表述佛教這一種東方的文化傳統，這個任務還必須由西方人來承擔。無疑，西方的佛學研究是受東方主義毒害很深的一個重災區。

《佛》的作者顯然都對東方主義理論有深刻的領會，自己又都是西方佛教研究領域內冉冉升起的新權威人物，感覺到了清算佛教研究中的東方主義傾向的迫切性，於是毫不留

情地舉起了東方主義這把利劍，刺向了 20 世紀西方佛教研究中幾位最炙手可熱的大人物，輕而易舉地推翻了西方佛教研究史上的幾塊豐碑，讀來令人耳目一新。此書的編者Donald S. Lopez Jr. 是美國密西根大學亞洲語言和文化系的佛教與西藏研究教授，是一位十分活躍的藏傳佛教研究者和西方學術、文化批評家。他的成名之作《香格里拉的囚徒們：藏傳佛教與西方》（*Prisoners of Shangri-la: Tibetan Buddhism and the West*, The University of Chicago Press, 1996）運用東方主義理論，揭露了西方人如何將一個物質的西藏一筆筆地抹去，然後將它塑造成一個精神化了的烏托邦——香格里拉的背景和過程，描述了西方與西藏文化遭遇史上一幕幕有趣且發人深省的場景。Lopez 作為一位藏傳佛教學者，最拿手的學問是對藏譯《心經》的研究，但他對文化研究中的理論探索有著持久的愛好和敏感。此前 Lopez 曾編輯過一本題為《佛教詮釋學》（*Buddhist Hermeneutics*, Honolulu: University of Hawaii Press, 1988）的文集，討論佛教各傳統如何在卷帙浩繁、然非釋迦牟尼佛一人所說的大、小、顯、密諸乘佛經中重獲其微言大義，並予以正確解釋的種種原則。目前，他正主編一套題為「佛教與現代性」（Buddhism and Modernity）的叢書，其中的第二種是他的新作《瘋子的中道：藏僧更敦群培對現實的反思》（*The Madman's Middle Way: Reflections on Redlity of the Tibetan Monk Gendun Chopel*, Chicago: Chicago University Press, 2006）。

　　Lopez 稱《佛》中的六篇論文是「一部西方佛教研究之文化史中的六章」，其中的每一章都通過對這一領域內的一種特別的「陳詞濫調」（idees resus）的成因的透徹分析，為完成這部尚未寫成的歷史作出了貢獻。這種特別的「陳詞濫調」包括：禪純粹是一種體驗；藏傳佛教或是被污染了的，或是最神聖的；佛像源出於古希臘、羅馬；亞洲人內向；古典文獻優於俗語文獻；等等。這些論文通過對佛教研究這門學科賴以立足的基礎的挖掘，取得了對理解這一學科之建立過程的新的深刻領悟。它們將注意力集中在西方最重要的幾位「佛之主事們」身上，這些人物不但對於佛教能在西方成為學術研究的對象舉足輕重，而且還肩負著保護、解釋、治療佛教的職責。儘管他們都是在歐洲殖民勢力主導大部分佛教亞洲地區時從事佛教研究的，但本書的副標題「殖民主義下的佛教研究」主要還不在於要彰顯佛教研究是在殖民主義的影響下被創造和繁榮起來的這樣一個明顯的事實，而是在於要表明將西方佛教研究的歷史放在一個更大的殖民和後殖民文化研究的範疇內來理解，將佛教研究這一學科在歐美的出現放在帝國意識形態這樣的背景中來考察的重要性。

　　要將佛學研究的歷史作為後殖民時代文化研究的一個組成部分來探討，勢必要借鑒東方主義理論，但 Lopez 認為他們並不能將薩義德對東方主義的批評性分析直接運用到佛教研究這一個案中，因為東方主義處理的是歐洲人對中東伊斯蘭世界的表述，它並沒有考慮到亞洲過去和現在的文化。構

成東方主義之基礎的恐懼或者著迷很大程度上是因為伊斯蘭世界與西方世界在空間上的鄰近性，而佛教世界地處地球的邊緣，對西方世界不構成任何威脅。19 世紀東方主義的直接的政治角色，即東方文化的模式化形象被歐洲強權用來作為殖民東方的工具，於佛教研究這一個案中亦沒有得到明顯的表露，因為當印度淪為大英帝國的殖民地時，佛教在印度本土早已不復存在。19 世紀西方的佛教學者多半是冬烘先生，很少有人曾出任殖民官員，甚至很少有人涉足亞洲。儘管如此，任何一部東方主義的通史都將因一部西方佛教研究的文化史而得到補充或者變得更為複雜。佛學研究對東方主義的貢獻並不在於它對亞洲佛教徒的公開的政治霸權，而在於一個被稱為「佛教」的實體的創造，在於其歷史的建構，以及一部佛的傳記的創造，而佛本身業已成為一種東方精神氣質之範例時而受到讚揚、時而受到譴責。正是這個被創造出來的「佛教」和「佛陀」在「浪漫的東方主義」中扮演了極為特殊的角色，後者以對失落了的智能的嚮往，對早已過去了的古典時代的構建，對伊甸園語言的尋找和對現代東方的貶低為特徵。

三

　　《佛》中的第一篇論文題為〈上座部佛教研究中已取和未取的道路〉，作者 Charles Hallisey 是哈佛大學神學院的教授，主攻南亞佛教文化史，目前與他太太、前國際藏學會主

席 Janet Gyatso 一起主持美國宗教學會（AAR）的佛教部。
Hallisey 此文檢討了地方土語文獻（vernacular literature，指
非巴利文、梵文的南亞當地語佛教文獻）作為歐洲學者研究
南亞佛教之中介的興衰過程。他以歐美南亞佛教研究的開山
鼻祖 Thomas W. Rhys Davids 為例，說明歐美早期佛教學者
為何起先重視，而後唾棄這些地方土語文獻。Rhys Davids 於
1876 年為《不列顛大百科全書》撰寫的詞條「佛教」中，曾
向讀者推薦了四種參考書，其中兩種是地方土語文獻，即錫
蘭語和緬甸語文獻，另外兩種才是巴利文和梵文佛本生故
事，這表明他曾給予地方土語文獻與古典文獻同等的重視。
待到了 1910 年，當他再次為《不列顛大百科全書》重撰同
一條目時，不但增補了大量有關佛本生的巴利文、梵文和藏
文文獻，而且還將巴利文、梵文文獻稱為古典文獻，將地方
土語文獻稱為現代作品，明確表明古典文獻的價值遠勝於現
代作品。無疑，Rhys Davids 區分和評判古典文獻和現代作
品的方法與貫穿 19 世紀歐洲學術界對文本本源及與其相應
的歷史性的追求直接相關。在這種追求之下，亞洲文明史的
寫作通常是通過認定他們的來源、古典時期和衰落階段來完
成的。亞洲文明的衰落階段，或被稱為「近代時期」，通常
是以腐敗、無能為標誌，而且總是不可避免地就發生於當
下，所以順理成章地被利用來為歐洲在這些地區的殖民統治
張目。東方學家通常憑藉一個學術的系譜來為東方代言，其
任務就是要表述東方，因為東方沒有能力來表述他們自己。

現代佛教社團註定没有能力撰寫一部準確的佛陀傳記，這個
任務只能由歐洲學者來替他們完成。將古典文獻置於地方土
語文獻之上是完成這一表述和被表述過程中的一個重要環
節。隨著佛學研究訓練的愈益職業化，對於歐美前輩佛教學
者而言曾經十分重要的地方土語文獻及其注疏漸漸變得一文
不值，而掌握了出色的巴利文、梵文文獻處理能力的新一代
佛教學者就牢牢地控制了對佛教的表述權，乃至對整個佛教
的控制權。

　　Rhys Davids 所重視的「歷史性的方式」（the historicist
approach）顯然受到了被薩義德稱為「文本態度」（textual
attitude）的一個東方主義的普通程序的影響。這個程序於整
個 19 世紀左右了佛教研究，甚至亦左右了東方主義。有人
將「文本態度」這個概念發展成為「文本化」（textualiza-
tion）理論，具體到佛教研究，即通過這個「文本化」過
程，佛教的本質已經不能直接在東方所表現出來的東西中被
見到，它只能通過西方學者對佛教文本中的過去的控制而被
發掘出來。我們或可在 Rhys Davids 有關撰寫佛本生的「歷
史性的方式」中來體會「文本化」的過程：一部客觀的佛陀
傳記乃南亞佛教團體之所缺，但他們無法自己找回這個東
西。只有歐洲的佛教學者才有能力通過文獻學的研究來重構
這部佛之本生。於是，歐洲人便對佛的生平，乃至對佛教的
起源有了絕對的話語權。歐洲人為完成這項任務而作的文獻
學研究取得的明顯成功，加深了他們這樣的印象：他們現在

所見的佛教是一個長期的退化過程的最終結果。

「文本化」是令西方東方學家紛紛掉入「浪漫的東方主義」的泥潭而無法自拔的一個重要原因。一個沉溺於東方古典文本，處處以古典文本對照現代東方之現實的學究，情不自禁「發思古之幽情」，實在不足為怪。然而，以為勉強能讀懂幾部未經訓練的東方人不容易讀懂的東方古典文本，就覺得自己比東方人更懂他們的文化，所以急急忙忙地站出來要替他們說話，這實在是一件很可笑的事情。

《佛》中的第二篇論文題為〈奇蹟屋內：佛教藝術與西方〉，作者 Stakley K. Abe 是杜克大學藝術和藝術史系的教授，主攻中國早期佛教藝術史。此文檢討了 19 世紀開始一直延續至今的圍繞印度犍陀羅佛教造像中出現希臘藝術特徵這一事實而產生爭論的來龍去脈，向讀者演示希臘人曾活動於犍陀羅地區這一個本來非常簡單、明瞭的事實，如何被牽涉進了諸如種族混合、擴散、退化和對源頭的佔有等等諸多複雜的概念。而這種爭論的進一步發展竟達成了這樣的共識：犍陀羅的佛像不僅是在希臘藝術影響下製造出來的，而且它們還是最早出現的佛像，佛之擬人化的表現形式是受希臘文明的影響。正因為有這種希臘源頭，所以犍陀羅佛像不只是最早的，而且亦是最完美的佛的表現形式，所有後出的佛像只不過是它們的拙劣的模仿品而已，是一個從根源逐漸退化的過程的產物。希臘文明在東方的影響就像是轉輪王的輪子，一旦轉動起來就不可抵擋。西方最著名的中亞探險

家、考古學家斯坦因（Aurel Stein）篤信此說，進而認為希臘藝術的影響還曾一直往東擴展，達到中國西北的敦煌地區，甚至還提出犍陀羅藝術是所有後出的東亞和中亞佛教藝術的基礎。這樣的說法實際上解構了斯坦因中亞探險及其考古發掘工作的所有意義，因為中亞實際上並沒有什麼還沒有被西方的利益和需要已經預見的東西可以讓斯坦因去發現。斯坦因艱苦的考古發掘工作可以被理解為西方早已經開始了的一場有關犍陀羅希臘佛教藝術的討論的最終結果。在這場討論過程中所創造出來的東西最終通過斯坦因在中亞的努力得到了考古學證據的證實，如此而已。

《佛》中的第三篇論文題為〈日本民族主義的禪〉，作者 Robert H. Sharf，現任加州大學伯克萊校區佛教學教授，代表作是《接受中國佛教：〈寶藏論〉釋讀》（*Coming to Terms with Chinese Buddhism: A Reading of the Treasure Store Treatise*, Honolulu: University of Hawaii Press, 2002）。Sharf 此文不但解構了被世人目為一代禪學宗師的鈴木大拙，而且亦解構了至今在西方依然很受歡迎的禪，因為鈴木宣傳的禪是地道的日本殖民主義和西方東方主義相結合而生產出來的一個怪物。為了適應日本明治以來的現代化進程，塑造日本的「民族精神」，鈴木巧妙地創造並向世界推出了一種純日本式的、經驗性的禪。它既不是佛教的一個流派，甚至也不是一種宗教，而是一種超越歷史的、直接的體驗。Sharf 揭示了這種獨特的禪觀的形成過程，說明西方有關禪的知識不

是通過西方語文學家的作品，而是通過在一種動盪的政治大
氣候中幾種類型不同的人物之間的互動構建起來的，其中包
括像鈴木這樣的日本的禪辯護士和像 Paul Carus 這樣的美國
的「科學宗教」的倡導者。那些日本的禪辯護士們多數和禪
宗寺院沒有很深的關係，他們的主要關心點亦不是將禪傳入
西方，而是要將禪從明治時代對佛教的一片譴責聲中拯救出
來。近代日本的批評家們為了要構建日本的自我認同，即一
種在明治和後明治時代於本土意識形態中被稱為「日本人
論」的東西，有意將佛教解釋為一種外來的「他者」。作為
對這種批評的回應，西方人所知的禪應運而生。與歐洲東方
主義者宣布真正的佛教已在亞洲無可挽回地消失不同，日本
的佛教辯護士們奮力爭辯，說佛教的真正精神雖然已不見於
亞洲的其他地區，但它卻依然獨一無二地存在於日本。這種
對日本獨家擁有佛教精神的宣揚正好與日本變成一個強大的
亞洲殖民勢力同步，所以鈴木等人對禪與日本人論的鼓吹正
好為日本殖民主義者的泛亞洲殖民野心提供了意識形態上的
準備，後者正是以建立泛亞日本帝國、恢復佛教精神為其殖
民侵略擴張目的的。

　　Sharf 此文不僅證明了這樣一個事實，即種族主義、本
土主義和民族至上主義的意識形態也存在於亞洲，而且還追
溯了憑藉自我的創造同時亦創造了「他者」的過程，在這個
過程中，認知的（epistemic）暴力成為不可避免的後果，這
種暴力使亞洲人民飽受日本軍國主義的蹂躪。這種與鈴木等

宣傳的禪緊密相連的意識形態不只是「傳統」與「現代性」之間一種假定的衝突的結果，它更是一個殖民主義話語被吸納入本土民族主義意識形態的事例。

當東方人從西方回歸故土，開始自己的殖民計畫時，這種東方化的殖民主義話語變得空前的強有力。將禪表述為與西方哲學沒有任何關聯、只有日本人才有的、純粹的體驗，代表了後期殖民主義歷史上的另一個重要時刻，即受西方教育的東方精英們嘗試借助殖民者的種種範疇來證明他們自己的文化產品的優越性。Sharf 有如此犀利的眼光，能如此入木三分地看透鈴木禪觀中的殖民主義本質，委實難能可貴。遺憾的是，鈴木這種對禪的表述至今依然常為其西方聽眾不加批評地全盤接受。想起國人長期以來對鈴木大拙及其所宣揚的禪的追捧，禁不住不寒而慄。

《佛》中的第四篇論文題為〈Giuseppe Tucci 或法西斯時代的佛教學〉，作者 Gustavo Benavides 是義大利 Villanova 大學神學和宗教研究系的教授。圖齊（Tucci）是 20 世紀西方東方學界的一位巨人，是 20 世紀，乃至有史以來最著名的西藏學家和傑出的佛教學者。Benavides 此文沒有對圖齊的學術研究進行批評，而是對他作為一位與墨索里尼法西斯政權有密切聯繫的法西斯主義者的東方觀念作了分析。文章著重於分析圖齊於墨索里尼當政時期所發表的一些演講和隨筆，特別是他在 1941 至 1943 年間在為加強日本和義大利兩個法西斯政權間的聯繫而出版的月刊《大和》（*Yamato*）上

發表的一系列文章。圖齊的這些作品主要借助於鈴木大拙的
著作，凸現了他對作為對現代主義否定的回應而產生的禪和
受禪影響的日本武士道精神的深深著迷。文章揭示了圖齊著
作中顯現出的介乎語文學之「科學的」觀察和浪漫的東方主
義的懷舊式的論斷之間的張力，並說明了這種特別的東方建
構被用做反擊現代主義的武器來武裝法西斯份子的緣由。耐
人尋味的是，圖齊並沒有在自己獨步士林的印度和西藏佛教
中，而是在他從鈴木那裡學來的禪中，即在日本的民族主義
意識形態中，找到了對一種生死如一、超越時間的王國的最
好表述。Benavides 並沒有簡單地將圖齊看做一位藏學、佛
學研究的大佬，而是將他看做一位 20 世紀上半葉歐洲宗教
學術討論的參加者，在這場討論中，對一個失落了的農耕世
界的懷戀引出了諸如人造性和真實性這樣的話題，真實性即
意味著對永恆的體驗。東方在地理上與這個永恆的王國相對
應，圖齊試圖通過對東方的探索來填充一個保衛國家意識形
態的軍械場。一位傑出的學者，同時卻也是一位法西斯主義
份子，他的東方學研究背後有著深刻的法西斯主義背景，這
個事實讓我們這些對他的學問極為崇拜的後輩學人感到萬分
的遺憾。圖齊顯然不是西方唯一的一位學術先進、政治反動
的人物，他的老友、德國乃至世界最著名的蒙古學家Walter
Heissig 先生據稱亦曾是一位納粹份子。而像以《旅藏七年》
而名聞天下的奧地利登山客 Heinrich Harrer 則不但曾經是一
位納粹份子，而且亦曾是被國民黨駐藏辦事處收買的特務，

不管他在西藏的經歷日後被他自己和他的追隨者們吹噓得如
何天花亂墜，其齷齪的過去和卑劣的人格當為正人君子所不
齒。

　　《佛》中的第五篇論文題為〈東方智能和靈魂救治：榮
格和他的印度東方〉，作者 Luis Gómez 亦是美國密西根大
學亞洲語言和文化系的佛教研究教授。他既是一位優秀的佛
學研究專家，亦是一位有造詣的心理學家，乃評點西方知名
分析心理學家榮格（C. G. Jung）之佛教觀的不二人選。榮
格以同情東方宗教，特別是佛教著稱，於 1936 至 1944 年間
寫過一系列對佛法的評論，其中包括對《西藏死亡書》、
《禪宗佛教入門》等書的評注，以及有關轉世、瑜伽、坐
禪、壇城、心性等佛教概念、儀軌的詮釋。Gómez 此文首先
分析榮格對一個巨大而不加區分的東方的極端矛盾心態，提
出榮格實際上是 19 世紀西方關於東方意識的種族主義理論
的繼承者和精心製作者。榮格認為東方人「從來沒有失去過
與原始根源的聯繫」，具有一種「集體內向的態度」，陶冶
著「原始的心靈」，且正走回到「自然的母體深處」。他設
定有一種「特殊的亞洲意識心理學」，把亞洲人置於歐洲人
常態的限定之外和之下。他堅持要為東方代言，然常常在認
同和異化之間左右搖擺。他一貫地將亞洲宗教塗抹上異國色
彩，警告歐洲人不要去修習那些定義不明的瑜伽。

　　Gómez 還檢討了榮格為何敢於評注他並不在行的亞洲文
本，然後建立他自己的殖民經濟的過程。榮格認為亞洲的原

材料雖有價值，然不經加工則不但無用，而且危險。所以他先將那些來自亞洲的原材料從它們原有的文化和歷史關聯中搬離出來，然後對它們進行加工，為歐洲人生產出種種理論，再用這些理論來治療歐洲人心靈上的毛病，最終將亞洲的原料併入了一種對歐洲人來說既親密又具異國風情的集體無意識中。榮格還常常將諸如壇城等亞洲的象徵符號返銷回亞洲，向亞洲人解釋這些象徵符號和靈魂的真正本質。榮格從未被歷史或者被他閱讀的文本嚇住，似乎只有他一人可以對文本理解的正確性作抉擇。他利用他手中的亞洲文本的權威性來證明他擁有進入一種傳統的特殊權利，然後再依此來證明他對這種傳統具有權威性。總之，亞洲的心理治療能力只有憑藉榮格的理論才能夠起作用，榮格充當了東西間必不可少的中間人角色，他既是診斷者，又是治療者。

　　《佛》中的最後一篇論文題為〈拜倒在喇嘛腳下的外國人〉，作者是本書的編者 Lopez。此文檢討了西方將藏傳佛教作為研究對象的四個緊要時刻，揭露外國人拜倒在喇嘛腳下的真實原因。第一個拜倒在喇嘛腳下的西方人是一位在拉薩住了五年的義大利耶穌會神父，Ippolito Desideri，為了要向喇嘛們證明他們信仰的教條的謬誤，說服喇嘛們改宗天主教，這位神父自覺應該首先理解藏傳佛教中最深的教法。五年的學習使 Desideri 幾乎成了一位佛教的大德，他用藏文撰寫了一部長達五百多頁的題為《白頭喇嘛 Ippolito 向西藏賢者請教宿世和空性見地》的論書。第二位拜倒在喇嘛腳下的

西方人是被後人稱為「藏學之父」的匈牙利人 Alexander
Csoma do Körös（喬瑪），他來東方的本意是為了尋求匈牙
利人的根，最後卻停在了拉達克，編寫了西方歷史上第一部
藏文文法和藏英字典。第三位拜倒在喇嘛腳下的西方人是大
英帝國的殖民官員 L. A. Waddell，他曾在大吉嶺買下了一座
藏傳佛教寺院，專門讓喇嘛們為他表演各種儀軌，對藏傳佛
教作了很具體的研究。但他覺得他依然沒有發現藏傳佛教的
秘密，所以加入了榮赫鵬的英國侵略軍，打進了聖城拉薩。
第四位拜倒在喇嘛腳下的其實是一群人，即 Lopez 等於 20
世紀 70 年代晚期在西方大學內以佛教為主修的整整一代研
究生們，他們紛紛來到印度的流亡藏人喇嘛中間，發願要保
存西藏文化。顯然，這四位、或四代西方人都沒有真的拜倒
在喇嘛的腳下。Desideri 雖然對藏傳佛教作了相當精深的研
究，但他西藏之行的目的是為了要讓喇嘛們放棄他們自己的
信仰而皈依天主。Csoma de Körös 創立現代藏學研究是被殖
民主義者利用的結果，他原本不過是一位「天才的業餘愛好
者」，但因受英國東印度公司殖民官員 William Moorcroft 的
委託和資助，才到喇嘛中間學習藏語文，出色地完成英國殖
民政府交給他的「沉重職責」。Waddell 則是一位地道的殖
民主義者，他研究藏傳佛教得出的最後結論是：藏傳佛教根
本不是佛教，而是「喇嘛教」，藏傳佛教的修行儀軌不過是
可笑的默劇，藏文佛教文獻絕大部分無聊透頂，是用詞彙堆
積起來的荒野，是一堆過時的垃圾。而 20 世紀 70 年代末以

來成熟起來的西方新一代藏傳佛學家們是一夥自命不凡的東方主義者，以為拜倒在喇嘛腳下幾年，聽到幾句喇嘛們世代口耳相傳的秘訣，並將它們筆錄下來，就可以擔當起佛的傳人的角色、肩負起保護佛法於不墮的千秋大業了。維多利亞時代將藏傳佛教表述為所有佛教傳統中最退化的、離佛祖所說的簡單的倫理哲學最遠的一種傳統，到了 Lopez 時代，這種表述被完全顛倒了過來，藏傳佛教被描述為一個未經翻譯過的佛教文本的巨大寶藏，是佛教最純淨的、最直接的傳統。但不管是將藏傳佛教說成最受污染的還是最純淨的一種傳統，其本質並沒有多少不同。說其污染，是為了要消滅它，說其純淨，是因為它馬上就要消失了，只有西方的佛教學生才能把它們搶救出來，並把它們轉移到西方的課堂中去，所以他們不但是佛的主事者，而且還是佛的真正傳人。

四

對於我等修佛教學、中亞學、西藏學的學生來說，Rhys Davids、斯坦因、圖齊、榮格和那幾位拜倒在喇嘛腳下的外國人都是行內的巨擘，心中的偶像，讀《佛》一書，眼見得豐碑塌落，偉人失色，內心的感受真可謂驚心動魄。對西方殖民主義和後殖民主義文化的大背景，我們很難像《佛》的作者們那樣有如此透徹的了解，故也難對西方佛教研究史作出如此犀利的批判和深刻的反省。我由衷地欽佩他們能有此道德勇氣，如此不留情面地解剖他們的前輩和自己的學術道

路。雖然《佛》算不上是一部完整的西方佛教研究批評史，但它通過對這幾個最有代表意義的人物、學術流派和傳統說法的評點，勾勒了這一學科的大致譜系。它使我們對西方佛學研究史有了一個大致的了解，亦給我們重新認識自己在佛學研究中的位置提供了一個全新的觀察角度。我們不應該妄自菲薄、盲目崇拜西方學術權威，更不應該把鈴木大拙所宣揚的禪這種渣滓當做精華來接受和推崇。

像許多重在解構的後現代作品一樣，雖然《佛》對以往歷史的解構痛快淋漓，特別是對「文本化」傾向和歐洲文化中心論的批判，以及對佛教研究與殖民主義的關係的揭露均力透紙背，可在作這種顛覆性的解構的同時，它對佛教研究這門學科的長遠的重新構想卻少有建樹。書中對權威人物之政治理念和行為的否定濃墨重彩，但對他們的學術經歷和著作意義的肯定則輕描淡寫。讀完這一部激動人心的著作之後，我們依然不知道那些地方土語文獻對於佛教研究的價值究竟何在，亦不知道佛教藝術研究應該走什麼樣的道路，在揭露「文本化」傾向的危害時，我們是否依然應該重視西方文獻學研究的巨大成就，懷疑榮格對亞洲宗教的加工純粹就是一個投機商人的經濟運作而沒有任何溝通東西文化的積極意義，圖齊宏富的學術著作因為其法西斯背景就變得一文不值了。值得提醒的是，讀著《佛》中對西方佛學研究史的激烈批判，佛教在我們的眼前亦變得越來越模糊，甚至虛無起來。解構了鈴木大拙的禪之後，我們並沒有看見禪的真相，

相反對真正的禪亦不免心生嫌棄。在解構拜倒在喇嘛腳下的
外國人的同時，喇嘛作為佛之傳人的地位亦被連帶著解構掉
了。記得《香格里拉的囚徒們》一書出版之後曾引起了一些
讀者的強烈不滿。對此 Lopez 曾表示大惑不解，一再強調他
的本意和出發點完全不是為了批評西藏和西藏文明。然而，
在 Lopez 揮動其生花妙筆、激情四溢地描繪和批判他的先輩
和同僚們如何將一個現實的、物質的西藏抹掉，而代之以一
個精神的、虛擬的西藏的同時，亦把一個實在的、富有文化
傳統的西藏給虛無化掉了。怪不得被 Lopez 指責說應為當代
西方神話化西藏負責的哥倫比亞大學宗喀巴講座教授 Robert
Thurman 反唇相譏，稱 Lopez 此書「指責受害者」。西方人
妖魔化、神話化西藏，這當然不是西藏人自己的錯。對誤解
西藏之歷史的揭露並非一定就是正確理解西藏的開始，而對
神話化西藏的批判則容易讓人對被神話化了的對象亦產生懷
疑和厭倦。再回到西方佛學研究批評史這一主題，我們既不
應該全盤否定以往的學術成就，亦不應該不關心這門學科的
長遠建構，更不應該造成這一學科的對象──佛教本身的虛
無化。要知道今天的佛教依然是一個活著的傳統！

原載《文景》，2007 (4)

說跨文化誤讀

　　初次到美術學院，感覺非常榮幸。來之前以為是一個很小範圍的交流，沒想到居然有那麼多的人來捧場，有點誠惶誠恐。今天我講的題目是「跨文化的誤讀」，重點講一下我們漢人是如何誤讀藏傳密教的。大家或許知道，1987年初，《人民文學》上發表了一篇小說，題目叫〈亮出你的舌苔或空空蕩蕩〉，是馬建寫的關於西藏的一部小說，引起了很多的爭議。今天我就從這部小說講起，來看我們漢文化是如何整個地誤讀藏傳密教的。

　　講到跨文化的誤讀，我想每個人其實都有一些經歷，我們看一種異文化，如果對這個文化的背景不是很了解，就可能會產生很多的誤解。記得 20 世紀 70 年代末、80 年代初，我們的宣傳老是講蘇聯「老大哥」的生活是多麼的艱苦，多麼的不好，他們連白麵包都吃不起，只能吃黑麵

包，平常也沒有魚可以吃，只有到了星期五才能吃到魚。大概到了80年代中期，大學裡流傳了一位在蘇聯工作了很多年的外交官寫的內參，說蘇聯人吃黑麵包根本不是因為窮，吃白麵包的才是窮人。現在大家都知道了，黑麵包是一種健康的標誌。中國人喜歡吃的那種甜絲絲的白麵包，西方人是不吃的，它不健康，有錢人都吃黑麵包，因為它纖維比較粗，有益於健康。再說平日不吃魚，根本不是沒有魚吃，而是因為星期五在蘇聯是宗教節日，規定大家要吃魚，平常魚多的是，不存在只有週五才能吃到魚的問題。反倒是我們在那個時代既沒有白麵包，也沒有魚吃。當時說蘇聯人吃不到白麵包、只有週五才能吃到魚，本來是為了宣傳，但由於犯了跨文化誤讀的錯誤就變得很有諷刺意義。

　　一個人新到某地，對當地的情況、習俗不了解，往往會產生種種可笑的誤解。也是20世紀70年代末、80年代初，當時來中國留學的西方人不是很多，他們中間就有很多人對中國的事情產生了很多可笑的誤解。記得當時有位留學生跟我們中國學生有一些交流，有一次他對我們說：「你們中國人真夠開放的。」我說：「怎麼開放了？」他說：「中國人怎麼同性戀那麼多，而且那麼公開，那麼不受限制？」我覺得他的話可笑得不得了，我們當時還真不懂同性戀是咋回事呢，怎見得中國同性戀那麼多？他說：「你看街上男孩子跟男孩子拉著手，女孩子跟女孩子勾肩搭背的人多多啊！」原來他把在街上手拉手走路的同性朋友全當成同性戀了，匪夷

所思。七八十年代男孩子、女孩子喜歡在街上拉著手牽著走的人確實很多，但這和同性戀又有什麼關係？然而，在西方這樣親密的舉動一般只有在同性戀人中間才會發生，所以這位剛到中國的老外就把中國人朋友之間的友愛當成同性戀了，這也是一種跨文化的誤讀和誤解。

這樣的事情今天依然經常發生，東方人去西方也常常會碰到這樣的事情，鬧出笑話。譬如說德國人有一種文化，叫天體文化（FKK，直譯「自由身體文化」），有不少地方，男男女女都會聚集到那裡去，裸體曬太陽，裸體游泳等等。對這種文化不了解的人，以為這幫人在一起幹什麼下流的勾當，或者認為這些人都是沒有道德的，這也是一種跨文化的誤解。多年前我在德國時讀到《法蘭克福彙報》上的討論，說現在的德國需要「新鮮的肉」，為什麼需要「新鮮的肉」呢？原來像德國慕尼黑的英國公園一類的地方，以前每年 4 月份開始，德國人，從爺爺、奶奶開始到兒子、女兒，帶著孫子、孫女都會到那裡去，天體休閒、野餐等等。可現在這樣的人越來越少了，德國的天體文化看來要消失了。為什麼從事天體文化的人會越來越少呢？其中一個重要的原因就是亞洲的遊客逐漸增多，他們一到那裡眼睛就瞪得老大，還瘋狂地照相，讓那些喜歡天體的人感覺很不舒服，就不去了。所以有人出來呼籲要保持傳統，需要「新鮮的肉」。這不光對繼承德國的傳統文化有益，而且對德國的旅遊事業也是一件有益的事情。在此奉勸亞洲的遊客們，以後到類似的地

方，千萬別再大驚小怪的，因此而讓一種那麼有傳統的文化消失，實在是一件很罪過的事情。

以上我舉的這些例子都是一些很小的事情，無關緊要，是一些有趣而無害的誤解或者誤讀。但是，很多不同文化間的誤解並不都是這樣只可笑、而沒有多大害處的，或者說只是無意間因為對他者文化完全不了解而引起的。不少誤讀和誤解或有更深、更複雜的背景，甚至有些並不是真正的不了解，而是有意的誤解。在這種表面看來非常幼稚的誤解背後，有著根深蒂固的文化和社會背景。很多時候要揭露這種文化間的誤讀，或者要澄清這種誤讀，以便對一種他文化有一個正確的理解，常常是一件十分困難的事情。我自己在國外生活了十六年，經常被人誤解，也常常誤解他人，對這種跨文化的誤讀深有感觸。我也一直在尋求一種正確地閱讀、正確地理解與自己的文化背景不同的人和事情的方法。不管是作學術研究，還是在日常生活當中，我都非常注意這個問題。

關於跨文化的誤解和理解，或者說跨文化的對話，目前關心的人很多，也出現了各種各樣的理論、很多很有意思的說法。然而，我覺得對我啟發最大的，也是說得最簡單、明白的，是一位義大利學者兼暢銷書作家、文化名人艾柯（Umberto Eco）先生的話。可能大家聽說過這個名字，他寫過一部很有名的小說叫《玫瑰的名字》（*The Name of the Rose*）。艾柯先生是義大利波羅那大學（Bologna）的教授，是一位研究符號學的學者，他對文化的詮釋和跨文化的理解

有很多自己的想法，也寫了不少相關的文章。其中有一篇讓我很受啟發的文章，實際上是他作的一個報告，題目就叫做：〈從馬可‧波羅到萊布尼茲——跨文化誤解的故事〉（From Marco Polo to Leibniz: Stories of Intercultural [Intellectual] Misunderstandings）。它是艾柯先生 1996 年在哥倫比亞大學義大利高等研究院作的報告。大家如果想看這篇文章的話，可以在網上找到。我在人大上課的時候總是希望學生們去把這篇文章找來看看，這實在是一篇非常有啟發的好文章。

艾柯先生的主要觀點是說，我們人類總是帶著一些「背景書」（Background Books）來遊歷和探索這個世界的，這並不是說我們必須隨身攜帶著這些書籍，而是說我們總是帶著來自我們自己的文化傳統的、先入為主的世界觀，去探索這個世界。我們出去看這個世界的時候，並不是腦子裡面一片空白，而是早已經充滿了各種各樣的背景書籍，充滿了從自己的文化傳統中吸收進來的東西（我們的腦袋就像電腦一樣，使用以前就早已經被格式化好了，有你自己對這個世界的很多看法——沈按），所以我們總是帶著這些看法去看這個世界。非常有意思的是，往往我們出遊的時候，就已經知道我們將要發現的是什麼，我們將要看到的是什麼，因為我們自己文化中的那些背景書早已經告訴我們，什麼是我們應該發現的。不僅如此，這些背景書的影響是如此之大，以致無論旅行者實際上所發現的、見到的是什麼，一切都必須借助它們才能夠得到解釋。

　　你到一個地方，你看到一樣東西，很多時候，你看到的都是你自己想知道的，或者已經知道了的東西。而且，所看到的這些東西，只能用自己腦子裡原有的背景知識來給它們作解釋。艾柯先生在他的報告中列舉了不少很有意思的例子，其中有一個說的是馬可‧波羅的故事。今天世人依然在爭論馬可‧波羅到底有沒有到過中國，原因之一是他的遊記裡面有很多不可信的故事。譬如，馬可‧波羅在他的遊記中提到了一種叫獨角獸（unicorn）的動物，大家知道，在這個世界上根本就沒有獨角獸這樣一種動物。可因為整個歐洲的傳統都告訴這個沒有多少文化、年僅 17 歲的義大利商人馬可‧波羅，在東方有一種歐洲沒有的動物，叫獨角獸，它是白色的，很溫順。馬可‧波羅到東方後顯然就一直在用心尋找這種獨角獸，他在中國沒有找見，最後終於在爪哇找到了。這是一種口鼻之間長角的動物，他覺得這種動物一定就是歐洲人所說的獨角獸了。但馬可‧波羅畢竟是一個幼稚和誠實的人，他必須把真相告訴他的同胞們，這個真相就是他看到的獨角獸和歐洲具有上千年傳統的說法不一樣，獨角獸實際上不是白的，而是黑的，它們的皮像水牛，它們的蹄子大得像大象的蹄子一樣，它們的角居然也不是白的，而是黑的，它們的舌頭很尖，頭看起來與野豬的頭差不多。其實馬可‧波羅看到的不是獨角獸，而是犀牛。

　　馬可‧波羅犯類似的錯誤不止一次，例如《馬可‧波羅遊記》中多次提到了一個「約翰長老的王國」，這又是一個

本來子虛烏有、但被西方人演繹得有鼻子有眼的故事。艾柯先生在報告中也提到了這個故事，但沒有多談（他後來專門寫了一本小說，名 *Baudolino*，專門講這個故事），在此我不妨多說幾句。大家或許以前沒有聽說過這個「約翰長老」的故事，這個故事用現在的話說是十分的不靠譜，可它在東西交流史上卻有很重要的意義。12世紀後半葉，有一封異乎尋常的東方來信流傳到了西方，信是一名叫做「約翰長老」（Priest John）的東方的國王寫給西方的教宗的，說是在遙遠的東方，在穆斯林佔領區之外，亦在十字軍試圖從異教徒手中奪取的那些國家之外，有一個十分繁榮的基督教王國，他的國王叫做「約翰長老」。他是國王中的國王，不論是財富，還是權勢，他都超過世界上任何一位國王。世界上有七十二個君主向他進貢。他是一位虔誠的基督徒，保護和供養所有在他仁慈統治下生活的真正的基督徒。「約翰長老的王國」地域遼闊，往東穿越三個印度，直至沙漠，迫近東方的邊境，往西則到達 Babylonia Deserta，以巴別塔（the tower of Babel）為界。王國境內充滿了珍禽異獸和奇石異寶，整年每週兩次天上降下神賜的嗎那，王國內的臣民不需要勞作，每人可以享受五百年的長壽。每到一百歲，只要喝從一棵樹根中湧出的泉水三次，就可以返老還童。生活在「約翰長老的王國」內的子民從不撒謊，從不通姦，邪惡的人從來就不會得勢。

這封信大概是某位好事、又喜歡作偽的文人的惡作劇，

但卻對歐洲中世紀的歷史產生了極為深遠的影響，甚至對日後西方基督教世界向東方擴張也有相當重要的意義。在隨後的幾個世紀裡，這封信被一次次地翻譯成各種不同的文字，被一次次地給予新的解釋。總而言之，在東方有一個名為「約翰長老的王國」的強大的基督教王國這個消息在歐洲傳播得非常的廣泛，當穆斯林勢力在中東崛起，造成對西方世界威脅的時候，這樣的消息對西方人非常有吸引力，他們期待「約翰長老」很快就會從東方向西推進，與西方人一起合擊穆斯林勢力。從那時開始，歐洲人也一直在尋找「約翰長老」，等待「約翰長老」早日到來。當成吉思汗的蒙古勢力崛起的時候，他們天真地以為成吉思汗就是「約翰長老」，蒙古軍西征迫近歐洲時，他們以為他們等待已久的「約翰長老」終於到來了。十多年前，我在德國讀過一本德文書，書名叫做《蒙古西征》，而副標題是「歐洲中世紀思想史」。這本書講的是歐洲人如何期待、認識蒙古西征的歷史，他們所設想和理解的蒙古西征，和實際發生的蒙古西征完全不一樣，所以屬於歐洲中世紀觀念史（思想史）的一部分。歐洲人對「約翰長老」的尋找經歷了好幾個世紀，包括達賴喇嘛在內的人都曾經被認為是「約翰長老」。最終這個地理的想像變成了一項政治的工程，東方有「約翰長老的王國」這樣一個基督教國家的存在，尋找「約翰長老」這樣一位潛在的同盟，成了西方基督教世界向東方擴張的藉口。「約翰長老的王國」變得無處不在，當葡萄牙的航海家準備向非洲探

險、擴張時，他們就把「約翰長老的王國」轉移到了衣索比亞。

馬可·波羅來到東方後，他顯然也像尋找獨角獸一樣，一直在用心地尋找著「約翰長老的王國」。功夫不負有心人，馬可·波羅一路從甘肅、青海到蒙古一帶，經常遭遇「約翰長老」的痕跡，見到「約翰長老」的部屬，所以在他的遊記中有許多有關「約翰長老」的描述。當然，他所見到的「約翰長老」的部屬，與傳說中的「約翰長老」毫無關係。它們是蒙古克烈部落，這個部落的首領名叫王罕，聽起來倒是有點像約翰，而且這個克烈部落確實是基督徒，信奉聶思托里教，是景教徒。只是王罕並沒有傳說中的「約翰長老」那麼強大，他早已被成吉思汗的黃金家族擊敗了。

總之，如果我們拿馬可·波羅的經驗來理解艾柯先生的「背景書」理論的話，這兩個故事實在都是不可多得的好例。儘管馬可·波羅不是一個有學問的人，但在他來中國以前也已經知道他所要找的和將要見到的東西了。結果，他找到了、見到了所有他想找、想見的東西，即使那些東西實際上根本就不存在。而那些他沒有想到，或者說歐洲的傳統沒有期望他要找到、見到的東西，他當然可以視而不見，或者熟視無睹。2005 年夏天，我在上海參加一個學術會議時碰到了英國大英圖書館中文部館員吳芳思（Francise Wood）女士。吳女士是世界上最主張馬可·波羅沒有到過中國的西方知名學者之一，她寫過一本書，題目就叫《馬可·波羅到過

中國嗎？》（*Did Marco Polo Come to China?*），她曾經和
已故南開大學歷史系教授、中國最著名的馬可‧波羅研究專
家楊志玖先生多次展開過激烈的爭論。她提出了許多可以證
明馬可‧波羅沒有到過中國的理由，其中有：《馬可‧波羅
遊記》中從來沒有提到過中國的長城，從來沒有提到過中國
人用筷子，從來沒有提到過中國人喝茶，也從來沒有提到過
中國女人裹小腳等等，但是他竟然提到了「約翰長老的王
國」，也就是說，他提到了中國沒有的東西，卻沒有提到中
國最普通、最顯眼的東西。我對吳女士說：讀了艾柯先生的
文章後，一點都不覺得她書中所說的那些問題是問題了，因
為歐洲人沒有期待馬可‧波羅告訴他們中國有長城，中國人
喝茶、用筷子、裹小腳等等，所以馬可‧波羅沒覺得這些是
什麼大不了的事情、一定要寫下來。相反，歐洲的傳統告訴
他，東方有獨角獸，有「約翰長老的王國」，所以他一定要
找到它們，把它們寫下來。再說，馬可‧波羅本來就說得很
明白，他在遊記中所記錄下來的東西不及他在東方見聞的萬
分之一，遺忘那四條並不奇怪。

　　當然，專門研究馬可‧波羅及其遊記的學者可以從其他
角度來解釋馬可‧波羅為何忽略了長城、茶葉、筷子和小腳
等中國的國貨。《美國國家地理》有一位叫 Michael Yamas-
hita 的先生，曾經沿著馬可‧波羅當年的路線重走了一遍，
拍了一部很有意思的紀錄片。當他到達嘉峪關，見到馬可‧
波羅當年所能夠見到的古長城時，不禁感歎：The Great Wall

wasn't great！大家現在當然覺得長城很雄偉，但我們今天所見到的長城，大部分是明代重修的長城，而馬可‧波羅那個時代能見到的古長城根本就不雄偉。這幾年間我幾次到過嘉峪關，要不是經人點明，我一定對那段若隱若現的秦古長城視而不見，根本不會覺得它有多 great！它與我們想像中的世界奇觀相差太遠。《馬可‧波羅遊記》中沒有提到長城實在一點也不奇怪。當然，我不敢說上述這些就完全可以證明馬可‧波羅一定到過中國了，儘管我自己確實相信他到過中國，待會兒我會講一個具體的例子來說明我為什麼相信馬可‧波羅到過中國。

說到這裡，我想起多年前曾經被熱炒、引起了很多爭議的另一本書，叫做《光明之城》（*City of Light*），很多人相信它是一部比《馬可‧波羅遊記》更早的歐洲人寫的一部東方遊記。我沒有認真地關心過相關的爭論，對這本書的來龍去脈也沒有多少了解，只是有一個偶然的機會我讀到了《光明之城》的漢文譯本。大概是出於對東方主義的本能的警覺，還沒讀上幾頁我就覺得這一定是一部今人的偽作，因為它反映出的是當今最典型的東方主義背景中的中國形象。《光明之城》中對中國的描述在兩個方面著墨最多，一個是中國的古典哲學，另一個是中國古代的色情業。一位比馬可‧波羅更早來到中國的歐洲人竟然可以經常性地大段地引述中國古代經典文本，非常專業地和中國士人討論中國的哲學思想，如此深入、細緻地了解中國的風月場所，這未免有

點太匪夷所思了吧！我們還是更應該相信那位沒有多少文化的、幼稚、誠實的馬可‧波羅。

　　讓我們再回到艾柯先生的「背景書」理論，「背景書」給我們認識這個世界帶來了很多障礙和限制，由於我們總是帶著「背景書」來看這個世界，所以我們常常只是尋找可以證明我們已經知道了的東西的證據，而不願意發現對我們來說是全新的東西。在此我不妨再舉一個我親身經歷的例子：1996 年夏天，我幫助美國的一位朋友到我的家鄉去拍攝一部紀錄片中的一個小部分。這部紀錄片後來變得非常有名，據說在中國很多城市的地攤上都能買到，它的主題是《中國：一個世紀的革命》（*China: A Century of Revolution*），其中第三部分叫做《紅旗下的蛋》（*Born under Red Flag*），講「文化大革命」以後到 20 世紀 90 年代中期中國社會的變化。在我家鄉的小村莊裡，我的那位美國朋友開始對我的幾位鄉親、鄰居們作訪談，但很快我就發現這樣的訪談很難順利進行下去。我覺得我的老鄉們都很淳樸，他們講的都是真話，可是我的那位美國朋友根本就聽不進去，不斷向我抱怨說他們是共產黨員，不說真話。實際上，那位美國朋友根本就不是要來聽真話的，而是想要從我的老鄉們那裡證實她已經知道的關於中國農村的知識，用我老鄉們的嘴把她想要聽到的話說出來。譬如，她問我的一個鄰居：「你們這個鎮經濟搞得不好是不是因為你們這個鎮的幹部貪污腐敗啊？」我的鄰居回答說：「不是。還有許多其他更重要的原因，譬如

離城市遠、老百姓思想不開放等等。」但她聽不進去，非要老鄉承認我們鎮的領導幹部貪污腐敗。我的鄰居急了，反問道：「你看我們隔壁鎮的經濟遠比我們搞得好，難道他們的幹部就不腐敗了嗎？腐敗並不是中國唯一的問題，我們這個鎮沒有搞好不見得最主要的原因就是腐敗，而有許多其他具體的原因。」我終於發現要讓她相信這一點確實很難，她來到我的家鄉以前中「背景書」的毒已經太深。從這個例子可以看出，今天西方媒體要做到公正、客觀是一件非常困難的事情。外國記者到中國來往往都已經帶著一腦門的官司，他們感興趣的都是他們自己國內的受眾期待從他們那裡聽到的東西，而不見得一定是在中國真實發生的故事。

　　2007 年夏天，我帶了 65 位美國學生去絲綢之路考察。他們都是剛到中國來的美國高年級大學本科生，出發前我就跟他們講，到中國來最好用自己的眼睛去看中國，最好不要受腦袋中裝的「背景書」的影響。出去一個多星期的時候，我問他們：「你們至今看到的東西跟你們原來腦子裡的中國形象有什麼不同嗎？」他們的回答五花八門，都非常有意思。有一位女孩子說，來中國以前覺得中國到處都是間諜、特務，可是到今天怎麼還沒有人來赤化她？另一位學生說，他來中國以前覺得中國現在好得不得了，全部跟紐約、洛杉磯差不多，中國馬上要比西方更加強大，是西方的一個威脅。可走了這些地方卻發現中國很多地方的生活還不如美國的 18 世紀，很多地方還是非常落後的，跟原來他在美國知

道的東西不一樣。我鼓勵他們盡快去除他們帶著的那些「背景書」，千萬不要老是尋找可以證明自己已經知道的東西的證據，而要真正了解、理解新的東西。

說了那麼多，還沒有說到今天我要談的正題。

今天我想講的是漢族文化如何整個地誤解了藏傳密教。大家知道，現在藏傳密教在全世界都非常的流行，活佛非常吃香，活佛數量之多，也史無前例。在西藏歷史上，活佛其實並不是很多，並不是每一位穿喇嘛服裝的人就是活佛。在漢族傳統文化當中，對藏傳佛教、對活佛一直有一種誤解，這種誤解延續到當代。而馬建的那部叫做〈亮出你的舌苔或空空蕩蕩〉的小說對這種誤解也該負有責任。前面說過，1987年初，《人民文學》一、二兩期合刊發表了這部小說，它以紀實的手法，描述作者遊歷西藏的一些見聞，裡面的內容涉及天葬、一妻多夫、灌頂、男女雙修等與藏傳密教相關的東西，激起了在京藏胞的強烈抗議。政府當即以它醜化、侮辱藏胞，破壞民族團結為理由，下令收回所有已經發出的刊物，禁止它繼續發行、流通，責令《人民文學》編輯部公開檢查，給予主編劉心武停職檢查的處分。劉心武後來不寫小說，開始研究《紅樓夢》，或許跟這個有關係，如果現在還在當主編，他就沒有時間研究《紅樓夢》了。

當時我已經開始研究藏族歷史，突然有一天從中央人民廣播電臺的早點新聞聯播中聽到了這件事，大為震驚，趕緊到圖書館趁它還沒被收回以前找來一看。看過以後，覺得這

部小說非常不好，或許是因為自己學藏學的緣故，我很能感受到藏胞為什麼憤怒。可是正因為這部小說受到了政府的批判，它卻贏得了許多的讀者。當時中國有一個很奇怪的現象，只要一受到政府批判，作家就開始吃香起來。記得當時有一幅漫畫，作家反趴在椅子上，露出屁股，說你打吧，你一打我就吃香了。當時的實際情形就是如此。很多小說你不批它的話，大家不會去看，但如果政府一批判，大家立刻就有興趣。馬建的這部小說可能是「文化大革命」以後第一部禁書，這反而使它很有影響，所以現在還有很多年輕人在網上下載這部書，有人說這是他生平看過的第一部禁書，或者說第一部性啟蒙書。可以說，直到現在，這部小說對我們漢人理解藏族和藏族文化依然還有很大的影響。

不用多說，一部文學作品在普通讀者中的影響力從來就是那些正兒八經的學術著作或者宣傳品所沒有辦法企及的。不光在中國是這樣，西方也是一樣。20 世紀 50 年代，在英國的愛爾蘭，一位從來沒有到過西藏、甚至很少走出他居住的村莊的一個怪人，突然寫了《第三隻眼睛》、《星期二》和《強巴醫生》三部系列小說，自稱是一個藏人的轉世，本來是一位轉世活佛，後來經歷了戰爭，去了日本，又回到西藏，後來當了醫生，再後來到了英國。當時西方幾位大牌的藏學家看了這幾部小說以後，都義憤填膺，罵這位作家無恥地作偽，其中包括那位因出版《西藏七年》而大名鼎鼎的奧地利人 Heinrich Harrer，他公開批評此人說假話，還要跟他

用藏語公開對質。這位愛爾蘭作家當然不可能會説藏語，可是他的這三部小説一直到現在都對西方普通讀者了解西藏和西藏文化有很大的影響。很多西方人，包括那些和我一起在波恩大學攻讀西藏學博士學位的德國、法國同學都説他們對西藏最初的了解就是通過閱讀這三部小説得來的。這些書對西方神話西藏的形成起了推波助瀾的作用。從這個例子可以看出，文學作品對大衆的影響力到底有多大了。

那麼，馬建這部小説到底寫了一些什麼東西呢？這部小説由五個故事組成：第一個故事題目叫〈女人藍〉，講一位17歲的藏族少女米瑪的悲慘故事。米瑪年幼時曾遭繼父蹂躪，少女時跟一位漢族電話兵偷情，然後又嫁給了當地的兩位藏族兄弟，最後死於難產，死後被天葬。第二個故事叫〈多木拉湖的微笑〉，講的是一位外出讀書的藏族學生，回到海拔五千米以上的高原，卻找不到「逐水草而徙」的家的故事。其主旨本來是表達處於城市與草原兩種文明之間的藏族青年所面臨的兩難處境，而作者卻多次有意無意地點出這位青年與他日趨成熟的妹妹之間難以隱藏的性張力，還帶出了仙女與山神的性愛傳説。第三個故事〈光臀八齒小蠹〉説的是一位極度變態的男人與他的母親、女兒之間三代亂倫，並導致他女兒淪落街頭、任人蹂躪的悲慘故事。第四個故事〈金塔〉講述的是一位青年工匠與他的尼泊爾籍的師父、師母間的故事，造金塔是故事的經，多角的性愛是故事的緯，它的結局可謂驚心動魄。第五個故事〈灌頂〉説的是年僅15

歲的女活佛在接受金剛杵灌頂時當眾與她的上師雙修，然後被放在冰河中打坐，終因心性受到干擾，失卻平日修拙火瑜伽的功力而被活活凍死的故事。

所有這些故事給人的印象是：第一，西藏確實和我們生活的地方完全不一樣，充滿了異域情調；第二，性好像充滿了西藏的每一寸土地，西藏好像到處都在發生那些不倫的、最後要導致毀滅的性行為。這些東西無疑都是作者想像出來的，沒有多少真實性，根本就沒有真實地反映20世紀80年代西藏的實際情況。我不是研究文學的，看過之後並沒有多去注意這部小說和小說的作者。後來，我在國外學習了很多年，知道西方人過去曾經如何地誤解西藏，而現在他們又把西藏說得像香格里拉一樣美好，所以我經常考慮為何西方人會把西藏誤解成這樣？而回過頭來，我也開始在想：我們漢人又是怎麼理解西藏和西藏文化的呢？或者說，我們又是怎樣誤解西藏的呢？於是又想到了這一部有爭議的小說，開始從學術的角度來研究這部小說了。

這部小說的作者馬建，現在是生活在西方的一位「流亡作家」，很堅持他的激烈立場，寫了不少小說，其中有一本的標題叫做《你拉狗屎》，給人的感覺是他對這個世界上任何體制性的東西都充滿了怨恨。馬建後來說過，他離開中國以後碰到很多西藏人，他們都沒有把他的小說當成一種對他們的侮辱或者誤解，所以他的小說受到批判不過是一場歷史的誤會。我想這恐怕不見得是事實，也許他碰到的西藏人沒

有對他說真話。即使今天,一位受漢文化影響較深的現代的西藏人,如果讀到這部小說,肯定還會感到不舒服,甚至痛恨。這不是一場歷史的誤會,它確實是對西藏文化的嚴重誤解和誤導。相反,把當時的馬建當成一位前衛的作家,或者說一位「異己分子」倒有點像是歷史的誤會。他對西藏文化的那些觀念事實上一點也不前衛,相反非常落後。下面讓我們來試著對這部小說作一些學術的分析。

首先,我們不妨用艾柯先生的「背景書」理論來考察馬建的這部小說。一個顯而易見的事實是,馬建 20 世紀 80 年代去西藏的時候,他小說裡寫的那些故事,絕大部分都是他不可能看到的東西。他的小說採用寫實的手法,以致後來的諾貝爾文學獎得主高行健當年曾稱讚它「是一部偉大的現實主義作品」。可他當時去西藏的時候,他在同樣經歷了「文化大革命」後的西藏,實際上是不可能看到那些他所著力描述的事情的,很多時候他是巧妙地利用時間的倒錯,把發生在 14 世紀或者更早時候的事情,寫得好像他親眼目睹似的。而那些他根本不可能看到的東西,是從哪裡來的呢?無疑,它們就來自馬建腦袋裡的「背景書」中。漢族傳統文化裡面,有一些情色化西藏的東西。

其次,我們從東方主義理論對西方有關東方的作品的批評中可以得到很多啟發。晚近歐美學者用東方主義理論對西方的文學作品、遊記進行批評,他們的方法值得我們借鑒。大家或許讀過薩義德的《東方主義》這本書,知道整個西方

人對東方的了解都有很深刻的殖民主義和帝國主義的背景。西方對東方的描述和認識遠非客觀、正確，像西方的遊記作品對異質文化的表述從來就不是不加選擇的，作者總是有意無意地側重於描述某些現象，而忽視另外一些現象，而且這種描述每每與被表現之文化本身對這些現象的解釋大異其趣。在這種選擇中起關鍵性作用的並非作者眼前的異質文化，而是他們背後自身社會在特定時代的政治、文化格局，以及作者個人在這個格局中所處的地位。選擇對哪些現象作描述，是作者自己的選擇，對這些現象如何作解釋，也與被描述的那個文化無關，而與其自己的文化有關。

晚近一二十年間，中國學者對批判西方的東方主義十分熱衷，有時甚至到了矯枉過正的地步。實際上，東方主義作為一種思想方式和文化現象，並不是西方人的專利，東方人同樣會犯類似的錯誤。曾經有一些研究中國少數民族的西方人類學家，在研究中國 20 世紀 80 年代出現的所謂「尋根文學」和其他文學、藝術現象時，提出了一個「內部的東方主義」的概念。那個時代的中國作家和藝術家都特別熱衷於描述少數民族婦女，說他們自然、率性、能歌善舞，很多人熱衷於到少數民族地區去采風，對苗族、傣族地區特別有興趣，對潑水節也特別喜歡，時時傳達出少數民族在很多方面比我們漢族要開放，不像我們這樣受封建思想約束太厲害等等訊息。這樣的現象實際上都是因為那些作家、藝術家對我們漢族自己的文化不滿意，非常想打破新中國成立以來相當

嚴酷的性禁忌和性壓抑，所以採取了從邊緣向中心突圍的迂迴戰術，把他們自己嚮往的這些東西設計到少數民族的身上，用少數民族的能歌善舞和純真、天然來反襯我們漢人生活的無聊和虛偽。他們描寫的少數民族風情，有很多並不真的是事實，而是他們的設計，是他們自己所希望的東西的投影。就像西方人看東方人，一會兒好，一會兒壞，這跟東方本身沒什麼關係，而跟他們需要一個什麼樣的東方形象很有關係。馬建的這部小說，可以說是「內部的東方主義」的一個經典例子，馬建有意把西藏「東方化」，他描述的實際上是一個他所希望的西藏形象，而不是一個真實的西藏。與馬建同時代，雲南有一批畫家專畫少數民族風情，其中有位畫家叫袁運生，他曾畫過一幅潑水節的畫，其中有女性裸體的形象。這幅畫後來掛在了北京首都機場，此事變成了一個很大的文化和政治事件，很多人反對，說首都機場是我們國家的門戶，怎麼能掛一幅裸體畫呢？ 這一類的畫從那時到今天，一直非常流行，它們在海內外的成功或都與「內部的東方主義」有密切的關係。

那麼，接下來我們要問的是：馬建的「背景書」又是什麼呢？ 請聽我慢慢道來！據說馬建曾是一位佛教居士，他對漢族傳統文化中對藏傳密教的理解／誤解應該有所了解，因為漢文化對藏傳佛教的色情化已經是由來已久的事情了，最早要追溯到元朝宮廷中流傳的「秘密大喜樂法」。按照元代留下來的記載，從印度和西藏來的喇嘛給元朝的末代皇帝傳

授的這種「秘密大喜樂法」，也叫「雙修法」，或者叫「多修法」，皇帝常常在宮廷中集中一夥人，其中包括他的兄弟和大臣，廣採天下良家婦女，或者三四人，或者更多，與皇帝及其寵臣們一起在宮中修這個「秘密大喜樂法」，這聽起來就像是一夥人集體淫亂。據說當時皇帝和大臣們都樂此不疲，宮廷常常派人出去採集漂亮的婦女，特別是所謂「擅男事者」，其中高麗女子最受歡迎。

這個故事傳播很廣，近代荷蘭漢學大家高羅佩（Robert van Gulik）先生寫作他的名著《中國古代房內考》時也把這一段在《元史》中出現的記載轉錄了進去，使這段醜聞在海外也聲名遠揚了。有意思的是，這位傑出的漢學家在翻譯這段有關「秘密大喜樂法」的記載時還犯了個有趣的錯誤，他把原來是一位蒙古王子的名字的「八郎」，意譯為「八名男子」，再把他們與後文提到的「十六天魔舞」中的「十六天魔」（女子）配對，形成一個男人配兩個女人的修法。大漢學家也會犯這樣的小錯誤，很好笑，或許也是「背景書」在從中作怪，這當然是題外的話。

元朝留下這個「秘密大喜樂法」的故事，後來就成了整個漢文化傳統將藏傳佛教色情化、性化的一個主要來源。中國後世流行的古典小說裡面，凡講到房中術，倒賣春藥什麼的，總會與胡僧或西藏喇嘛搭上關係。西藏喇嘛的形象，從元朝開始就被色情化了。這嚴重地影響到我們對藏傳佛教的正確理解，大家一定會問藏傳佛教是不是就等於修「秘密大

喜樂法」這樣的東西？當然不是！現在離元朝已經六百多年，我們對藏傳佛教的理解和研究也比前人進步了不知多少，但我們至今沒法確定這個「秘密大喜樂法」到底是修哪門子的法。可是，這個故事對情色化西藏的影響已經是非常非常的深遠，要把它從我們漢人的傳統文化中徹底抹去看來是很難了。

那麼，藏傳密教到底是怎麼回事呢？我不否認藏傳密教裡面確實有男女雙修一類的修法，但是藏傳佛教是不是就等於男女雙修呢？當然不是。20世紀90年代初，西方出現了一部很有名的書，是研究藏傳佛教社會的，書名叫做《文明的薩滿》，作者提出西藏文化有兩個非常突出和不同的方面，一個是高度的文明，藏傳佛教從佛教哲學這個角度來看，一點不比我們漢傳佛教差，我們可以驕傲地說漢傳佛教有玄奘這樣的大師，可在藏傳佛教裡比玄奘不差，甚至比玄奘更高的喇嘛多的是，譬如宗喀巴大師等。藏傳佛教中的因明學、中觀哲學等，其成就遠遠超過漢傳佛教。藏譯佛經質量也遠遠比漢譯佛經高，漢譯佛經經常是不知所云，而藏譯佛經非常準確、規則。昨天我參加了北京論壇的一組關於語言的小組討論會，來自史丹福大學的 Paul Harrison 教授講，就是鳩摩羅什翻譯的《金剛經》裡面也有很多的錯誤，而在漢譯佛經中鳩摩羅什的翻譯基本上是頂級的了，他的翻譯還有很多錯，就不用說其他的譯文了。與漢譯佛經相比，藏譯佛經要準確得多，而且數量也更大。所以從這個角度來講，

藏傳佛教的文明程度一點都不比漢傳佛教差。然而，除了文明這一面外，藏傳佛教還有另外一面，就是「薩滿」的一面，也就是漢傳佛教中沒有的密教這一面。而密教當然不是什麼野蠻、落後的東西，而是西藏文明給世界人文精神作出的獨一無二的貢獻。密教來源於印度，但它在印度基本失傳，只有藏傳佛教保存和發展了密教傳統。也有人以為，密教和中國的道教有關係，但這樣的說法還缺乏足夠的證據。密教也曾經在漢傳佛教中有所傳播，還從漢地傳到了日本，但都是一些非常基本的、屬於準備階段的修法。真正像西藏密修的無上瑜伽派的東西，在西夏和元朝以前的漢地和其他地方根本沒有。

那麼，什麼是密教呢？難道密教就是像房中術一類的淫戲嗎？當然不是。藏傳佛教與漢傳佛教都屬於大乘佛教，其差別只是一個是顯教，一個更重密教而已。那麼，顯教和密教的差別又在哪裡呢？要把它說清楚，三言兩語絕對是不行的。簡單說來，顯教就是要求修佛的人戒除貪、嗔、癡，消除煩惱，最後成佛。顯教道，就像是去人欲，存天理，因為人的生死、煩惱都來源於貪、嗔、癡所謂「三毒」，即欲望，以及無明，即愚蠢。戒除了欲望和無明，你就可以脫離輪迴，涅槃成佛了。而密教，並不讓人著意地去戒除貪、嗔、癡等煩惱，因為人的這種煩惱或者欲望不是隨便能夠戒除得了的，所以修佛的人應當採取更積極的、以毒攻毒的辦法，將貪、嗔、癡化為道用，使它們成為成佛的道路。

　　佛教的發展從小乘到大乘再到金剛乘，即密教，成佛的途徑有了巨大的變化。小乘的修行非常艱難，別說成佛，就是要修成羅漢，也必須在寺廟裡面修上七世才能成功。到了大乘就沒有那麼困難了，你自己修不成不要緊，菩薩會來救你，佛也會來救你。只要你念觀音的名字，有苦有難的時候，觀音就會來救你。觀音有千手千眼，無所不見、無所不能，是救苦救難、大慈大悲的大菩薩；漢傳佛教徒口中時時刻刻都在念：南無阿彌陀佛，到你死的時候，阿彌陀佛就會派觀音菩薩來帶你到他的西方極樂世界中去。到了密教，則更容易了，貪、嗔、癡並不是什麼壞東西，你不必要把它們都戒掉，你只要想法把它們都轉變成修法的道路，它們就會變成修法的方便。你有欲望，不必壓抑住，你把欲望實現了，同時也就超越了這個欲望，你就成佛了。所以，包括男女雙修在內的密教修法，在顯乘是嚴格禁止的，到了密乘不但不需要禁掉，而且變成一種修佛的境界，一條更方便、更快捷的成佛道路。這就是密宗和顯宗的主要區別。

　　那麼，為什麼要有顯宗和密宗？為什麼有的人修小乘，有的人修大乘，有的人要修密乘呢？這只因為如來設教，隨機應變而已。什麼叫隨機應變呢？別以為隨機應變就是投機取巧，機會主義。漢文中的很多詞彙都是從佛教中來的，只是後人忘了它本來的出處，不知它本來的意義了。隨機應變的「機」是「化機」的意思，指的是你我等可以被佛教化的對象，隨機應變說的是佛和菩薩可以隨應「化機」的根器而

作變化。如果你很笨，佛就化身應變成教授來教你；如果你是一個老農民，佛就應變成生產隊長來管你；如果你是病人，佛就化身為醫生來救你；等等。所有的化機都可能成佛，所以佛、菩薩要化現成各種不同的人物來拯救你，用不同的方法來把你引上成佛的道路。我們知道達賴喇嘛是觀音菩薩的轉世，班禪喇嘛是阿彌陀佛的化身，在我們中間或許還有其他很多的佛和菩薩，他們隨機應變，在用各種方式拯救我們，只是我們大家不知道而已。由於每個化機的根器、智力不同，所以佛用各種不同的教法來教你，有的人受小乘法，有的人受大乘法，還有的人修密乘法，殊途而同歸。密教和顯教沒有高低之分，只是隨機不同而已。總而言之，藏傳佛教裡面的這些密教的修法，並不是像漢人所想像的那樣，是藉著宗教之名，行淫欲之實。

十分遺憾的是，元朝宮廷中所修的「秘密大喜樂法」作為一種密教修法的宗教意義從來就沒有被人注意過，從元代開始，漢族士人就把它當成「房中術」、「淫戲」的代名詞。元代西藏喇嘛的名聲一定很壞，所以連馬可·波羅說起西藏人來也與漢人一個腔調。就色情化西藏而言，中西文化異曲同工。現在西方到處可以碰到藏傳佛教徒，記得多年前曾有記者問達賴喇嘛：為什麼那麼多西方人信藏傳佛教？達賴喇嘛略帶調侃地說：也許是因為他們聽說過我們的宗教中有男女雙修這樣的事情。真希望這只是一句調侃的話而已，但西方文化傳統中確實存在像漢文化中情色化藏傳佛教一樣

的誤解，這個誤解追根溯源要回到馬可‧波羅這裡。雖然，馬可‧波羅肯定沒有到過西藏，最多到了甘、青等藏族地區，他對西藏的描述更多是道聽塗說來的，可他居然說西藏人是世界上最不講道德的人，性行為非常隨意，家中有客人來，母親一定會把女兒送給客人享用，年輕女子與越多的男人睡覺就越光榮，越容易嫁出去，所以馬可‧波羅忍不住要鼓勵他家鄉的青年男子們都到西藏去，白享這樣的福分。這樣的故事一直流傳到現在，不久前我還在網上看到幾乎一模一樣的故事，說得有鼻子有眼睛，說是到羌族朋友的家裡做客，朋友媽媽也把自己的女兒獻出來，交給他這位客人云云，我想這多半是好事者的性幻想。

元朝士人之所以不遺餘力地渲染藏傳佛教的色情成分，其中或還有一層難言的苦衷。元朝漢人處於外族統治之下，剛開始非常的痛苦，有很多南宋的遺民，又寫詩，又填詞，抒發心中的苦悶。過了一段時間，他們慢慢開始接受蒙古入主中原這個事實，努力說服自己，蒙古人確實得了天命，元朝得了正朔，所以他們想方設法要把蒙古人的野蠻統治，改化為漢人的儒家統治。可是，他們的努力非常不成功，要讓蒙古人接受漢文化不是一件很容易的事。但蒙古皇帝卻非常喜歡喇嘛，讓喇嘛當了帝師，每省都要建帝師廟，祭拜西藏喇嘛，其地位甚至超過了聖人孔老夫子，這怎麼能讓漢族士人們忍受得下去呢？更有甚者，元朝還出了個江南釋教總督、河西僧人楊璉真珈，他怙勢跋扈，居然把南宋皇家的祖

墳都給挖了出來，還把南宋皇帝的頭割下來，做成一個藏傳佛教的法器，就是可以用來喝酒的酒杯，如此傷天害理，是可忍，孰不可忍？

正因為如此，漢族士人對西藏喇嘛非常痛恨，然痛恨又該怎麼辦呢？最好把他們妖魔化。如何妖魔化呢？一個最容易的辦法就是把他們色情化。按照漢人的寫史傳統，歷朝的末代皇帝之所以成為亡國之君，都是因為荒淫無恥。元朝宮廷中的「秘密大喜樂法」正好又給亡國之君的荒淫提供了一個史無前例的、有滋有味的新佐料。這個荒淫可不是一般的荒淫，而是西藏喇嘛鼓搗的妖術。事實上，儘管藏傳佛教在元朝傳播很廣，但漢人對藏傳佛教的了解非常有限。唯有元朝宮廷中的這段秘史，卻為後世士人津津樂道。明朝江南才子唐伯虎寫過一部色情小說，名曰《僧尼孽海》，其中有一回就叫〈西天僧、西蕃僧〉，他把《元史》中的那段故事添油加醋了一番，並把它搬到了江南士人特別痛恨的楊璉真珈頭上，把他描寫成了一個十惡不赦的淫棍。然而，唐伯虎雖然想要告訴讀者西藏喇嘛是如何淫的，可他對此是十足的外行，最後竟然拿漢人的房中經典《素女經》中的「龍飛、虎行、猿搏、蟬附、龜騰、鳳翔、兔吮、魚游、龍交等號為採補抽添之九勢」來附會西藏喇嘛修的「秘密大喜樂法」。這正好又應驗了艾柯先生的說法，對一種他文化的東西，只有借助「背景書」才能給以解釋。為了說明藏傳佛教的荒淫，必須借助漢人的房中經典，而實際上他對藏傳佛教一無所

知。總而言之，藏傳佛教自元朝開始就被漢族士人妖魔化、色情化了。當然，藏傳佛教並沒有因此而在漢地失傳，相反從明到清，很多皇帝都非常熱衷於學、修藏傳佛教，明清來漢地傳法的西藏喇嘛比元代還要多，包括「雙修法」在內的密教修法也開始在漢地民間流傳。與此同時，對密教的這種色情化的描述和批評史不絕書，愈演愈烈。這些就是馬建寫作〈亮出你的舌苔或空空蕩蕩〉時的「背景書」。馬建不見得全部讀過上面提到的這些書，但漢人對藏傳佛教的這些偏見一定給他留下過深刻的印象。而他的小說又使漢族文化對藏傳佛教的色情化達到了一個前無古人的新高度。

　　讓我們再回到馬建的這部小說上來。這部小說之所以吸引人的眼球，一個很重要的原因是它的題目非常玄妙，讓人難以捉摸。據說馬建本意是讓編輯在這兩個題目當中選定一個，或者叫「亮出你的舌苔」，或者叫「空空蕩蕩」，結果編輯把它們原封不動地保留了下來，形成了很奇異的效果。至今「亮出你的舌苔或空空蕩蕩」變成了現代漢語中一個很特殊的詞彙，當代寫家想要表達一種若有若無、難以名狀的感覺時，乾脆就叫它「亮出你的舌苔或空空蕩蕩」。實際上，要是我們從後現代的角度來解讀這個題目的話，倒是蠻可以讀出一些積極的意味來的。大家知道，西方人把西藏看成香格里拉，一切美好的東西都在西藏，慈悲、智慧、男女平等、綠色和平、寬容、非暴力等等。按照西藏的風俗，西藏人見到他所尊敬的或比較有地位的人都會伸出舌頭，以表

示敬意，所以「亮出你的舌苔」表現的是西藏老百姓的善良和謙恭的美德。而「空空蕩蕩」則更是大乘佛教最重要的一個概念，所謂「空即是色，色即是空」。美國最著名的藏傳佛教研究專家 Jeffrey Hopkins 先生曾出版過一部研究藏傳佛教的名著，就叫做 *Meditation on Emptiness*，譯為《觀空》，很形象地總結了藏傳佛教的特點。所以「空空蕩蕩」可以作為西藏人智慧的一個象徵。如果馬建當年就是在這個意義上給他的小說取名「亮出你的舌苔或空空蕩蕩」的話，那他可真的是非常前衛，很了不起。

遺憾的是，馬建後來自己給的解釋與此完全不一樣。他說他寫〈亮出你的舌苔或空空蕩蕩〉表達的是那種病人張著嘴巴看病，傻不棱登，麻木不仁的樣子，絲毫沒有任何智慧和善良的意思在內。從這一點看，馬建當時對西藏和藏傳佛教的理解，和從 20 世紀五六十年代開始一直到 80 年代中國大眾傳媒對西藏的宣傳和批判幾乎同一口徑，都覺得西藏是一個非常落後的地方，藏傳佛教是愚弄和欺騙人民的鴉片和被政治利用了的工具。他小說中透出的西藏觀念沒有任何先進的東西，更談不上前衛。將藏傳佛教政治化，或者把藏傳佛教當做騙人的把戲，在漢族的文化傳統中有很多「背景書」可以借鑒，在此也不妨多談幾句。

自從藏傳佛教傳入內地開始，絕大部分漢族士人就根本不相信這是一種可與漢傳佛教媲美的嚴肅的宗教，而寧肯相信它是蠱惑皇帝的妖術。但是，偏偏又有那麼多的君主，其

中不乏賢明有為的君主，如元朝的忽必烈、明朝的永樂、清朝的乾隆等等，他們都喜好藏傳佛教。於是，他們就不得不找出另外的理由，從此就有了政治利用說，竭力宣揚皇帝們尊崇藏傳佛教只是政治利用的權宜之計。因為西藏非常難制伏，藏人刀架在脖子上都不會屈服，但只要喇嘛說上幾句話，他們就言聽計從了。對付蒙古人也是如此，所以國家必須重用這些國師、喇嘛，讓他們去制服這些野蠻的西藏人和蒙古人，這樣政府就不用大動干戈了，可省下很多的軍費開支。朝廷為喇嘛們多花點錢，給他們很高的地位，其實好處多多，只有傻瓜才真的以為皇帝是真心喜歡他們的宗教。

把這層意思說得最直言不諱的是清朝的乾隆皇帝，他晚年發布了一篇著名的《喇嘛說》，公開聲明他優待喇嘛、黃教，純粹是為了利用他們來制服蒙古人。可事實並非如此，乾隆皇帝顯然是一位非常虔誠的藏傳佛教徒。乾隆皇帝非常與眾不同，他一直想做一位普世的君主，而不像元朝的皇帝堅持只要做蒙古人的大汗。因此，乾隆想盡辦法要做大清帝國境內所有民族的文化英雄。大家知道，乾隆曾六次南巡，每到一個地方，他都會題詞、寫詩，表明他這個滿族的皇帝對漢文化同樣運用自如，是一位很有文采的聖武皇帝。而在西藏喇嘛面前，他又是一位虔誠的藏傳佛教徒，經常和喇嘛們在一起披覽、翻譯藏傳佛經，還被認為是文殊菩薩的轉世，是智慧的化身。但是，即使像乾隆皇帝這樣有為的君王，他的言論、行為也不是可以隨心所欲的，而是要受到很

多限制的。這種限制不是來自軍事的或者經濟的束縛,而是一種「話語」的束縛。

當下的中國人老是提「話語權」,事事處處都要和別人爭奪「話語權」。實際上,「話語」和「說話」並不是一回事,所謂「話語」(discourse)指的是一系列表示說法(en-ouncement)的符號組成的一個整體,一種說法不只是由很多符號組成的一個整體,而且是能夠使這些符號與對象、主體和其他說法組成特殊的、可以重複出現的關係的一個抽象物。一種「話語」組成一系列這樣的主體、客體和其他說法的關係。例如,種族、人權、女性、恐怖主義等都是當今世界最有影響力的幾個「話語」。你連說話的權力都沒有,當然就創造不出一種「話語」來,但不是你有說話的權力就一定能形成一種有利於你的「話語」。而一種「話語」一旦形成,就會成為一股非常巨大的社會力量,影響和左右你的思想和行為。乾隆要做普世的君王,他就必須既是漢族文化傳統中的「聖武皇帝」,又是藏傳佛教徒眼中的「文殊菩薩」。而不管是當「聖武皇帝」,還是做「文殊菩薩」,它們各自作為一種「話語」,分別都有一系列不同的說法、規範和各種主客體間的聯繫。這兩種「話語」之間免不了有矛盾衝突,你的言語、行為符合一種「話語」,很可能就和另一種「話語」相悖,這就是「話語」對乾隆皇帝的束縛。你既然是漢族的聖武皇帝,你就應該以孔孟之道來治理天下,豈可去信仰這野蠻、荒誕的藏傳佛教?這就是乾隆皇帝不得

不違心地宣稱他花那麼多時間去讀藏經、修藏法，只是為了更好地統治這些藏人和蒙古人的最重要的原因。

此外，把藏傳佛教當成騙人的把戲，也是古已有之的事情。古今中外一直存在一種「巫化」藏傳佛教的傾向。我剛才提到過「文明的薩滿」這個說法，但藏傳佛教的這個特徵並不是說喇嘛就是「薩滿」、藏傳佛教就是「巫術」。可是，在我們漢族文化傳統裡面，藏傳佛教一直難逃被巫化的命運。過去，藏傳佛教被稱為「喇嘛教」，與西方人所稱的lamaism一樣，充滿了貶義。美國密西根大學教授Donald Lopez Jr.先生在他的大作《香格里拉的囚徒》一書中，專門有一章，討論lamaism這個詞。他說一直到20世紀80年代，喇嘛教這個詞都是一個非常貶義的詞，被認為是離原始佛教最遠、最荒誕無稽的東西，而這一誤讀的始作俑者就是我們漢人，漢文文獻中最早出現喇嘛教一詞是清朝初年。這個說法不夠確切，我找到的「喇嘛教」這三個字最早的出處比他所說的清代還要早一百年，是明朝萬曆年間宰相張居正在他寫的《番經廠碑》中第一個使用「喇嘛教」這個詞彙的。但張居正並沒有把它當成一個很貶義的詞來用，他只說番經來自烏斯藏，即今喇嘛教，是被達摩視為曲支旁竇者，他的意思只是說來自烏斯藏的喇嘛教是佛教的一個分支，作為宰相的張居正當時撰寫這個《番經廠碑》，本身是支持藏傳佛教的一個表現，但這並不表明喇嘛教在漢族文化傳統中就不是一個貶義詞。

「巫化」藏傳佛教的一個重要特徵就是神通化喇嘛和藏傳佛教，將喇嘛說成個個神通廣大的神僧。這個傳統也是從元朝開始的，其中最有名的故事，就是喇嘛引進的摩訶葛剌神，即大黑天神。蒙古人普遍信仰大黑天神，甚至把大黑天神視為國家的護法神。元代文獻中有許多關於大黑天神大顯神通的故事，例如蒙古人與南宋的戰爭中，幾次都是因為大黑天神顯靈，降下穿黑衣的天兵天將才打敗南宋軍隊的，攻打襄陽、常州和杭州的戰役無不如此。所以元朝建了很多的摩訶葛剌廟，到處可以見到摩訶葛剌像。

西藏喇嘛有神通大概是元朝婦孺皆知的事情，所以馬可‧波羅在他的遊記中也告訴讀者世界上最厲害的魔術師就是來自西藏的「八哈失」（意為法師）。前面我提到我相信馬可‧波羅確實到過中國，現在我告訴你們為什麼。在《馬可‧波羅遊記》裡面提到一件事情，就是蒙古皇帝每年夏天都要到上都去避暑，一路上總有喇嘛給他誦經、念咒，所以哪怕周圍其他地方有暴風驟雨，凡大汗經過的地方一定是風和日麗、陽光燦爛。近十年前，我在寫作一篇有關元代番僧形象的文章時，在《佛祖歷代通載》所收錄的《丹巴國師傳》中見到了幾乎和馬可‧波羅所說一模一樣的故事，當我要把這段記載翻譯成英文時，發現二者的用辭也幾乎完全一致。儘管丹巴國師的這個故事發生在馬可‧波羅離開中國一二十年之後，但顯然他不是第一位為蒙古大汗護駕的西藏喇嘛。馬可‧波羅要是沒有到過中國，他又從哪裡如此準確地

聽到了這樣的故事呢？

　　神化喇嘛的故事，在明清兩代漢人筆記中時有出現。例如明人筆記中曾經提到活佛轉世的故事，說西藏的國王死的時候會告訴他的父母，某年某月某日他會在某地轉生，會像釋迦牟尼一樣從肋下出生，生下三天就能說話，五六個月就暴長成人，可以登臺說法，往世來生無所不曉，只是這個新王的面貌不似舊王，人稱之為活佛。國王有魔力，只要一施咒，別人就動彈不得，所以人人對他非常敬畏。還有人記載，某位居住在北京的西藏國師，告訴弟子他會在某月某日圓寂，到時竟然沒有死，他的弟子覺得很難為情，只好把他打死，以保持他的神僧形象。這樣的故事太多，這裡就不再多講了。需要提請大家注意的是，漢人對這類故事津津樂道，主要是為了巫化喇嘛，並沒有把它們當成喇嘛修法所取得的成就，而多半是把它們當做方技和騙人的把戲來理解的。被這些神通故事一渲染，藏傳佛教就變成了與薩滿教差不多的東西了。當然也有很多人就是對喇嘛的神通也極不買帳，譬如明成祖請五世噶瑪巴活佛、大寶法王到南京為他的父母做超薦大法會，也為他篡奪帝位討個說法。整個法會，靈異迭現，被後人稱為「南京奇跡」，不少著名的文人作詩、作畫，以紀其盛。可當時就有一位翰林院的言官對此大不以為然，當眾調侃，說大寶法王既然神通廣大，那麼應該通漢話，為何還要用翻譯呢？現在國家到處都有災難，風不調雨不順，如果法王真有神通的話，他為什麼不能幫幫國家

的忙呢？甚至還有人大不敬地說：藏傳佛教最神聖的六字真言「唵嘛呢叭嗎吽」本意就是「俺把你來哄」，聞者居然紛紛點頭稱是。可見，把藏傳佛教當騙人把戲者大有人在。

前面說了那麼多，無非是要說明馬建的這部小說〈亮出你的舌苔或空空蕩蕩〉實在是有很多「背景書」做底子的。當然，馬建的小說決不是對上述「背景書」的簡單重複，而是在 20 世紀 80 年代中國社會、政治之特殊背景中推陳出新的一部「新背景書」。顯然，馬建在離開北京去西藏以前，就知道他想要見到的和將要見到的是什麼了。他希望見到的西藏是一個跟北京完全不同的異域，所以他的這部小說刻意要描寫的就是西藏的異域情調。他曾經在一次訪談中說，他當時在北京感到非常鬱悶，受到很多的限制，讓他無法忍受，所以他要去西藏，去尋求一種跟內地完全不一樣的新東西。他的小說刻意描寫的也正是他認為與內地不一樣的新東西。可是，正是他小說裡面的這種「異域情調」，不但傷害了深受漢文化薰陶的在京藏胞，而且也深刻反映出了作者自己的思想觀念受他所處那個時代的政治、社會和文化格局的限制。他一直把西藏當成一個異域來描寫，卻忘了西藏 1959 年以來就變成祖國大家庭的一員，同樣經歷過「文化大革命」，藏胞受到漢族文化和生活方式的影響很深，而且在極左思潮影響下佛教的修習受到嚴重衝擊，他怎麼可能見到他所期待見到的那些「異域情調」呢？他小說中描寫的這些東西，只可能是根據他頭腦中儲存的「背景書」而作的文學創

造。

應該說，20世紀80年代對一部描述西藏之異域風情的小說的期待是非常迫切和明顯的，當時大報小報經常出現介紹西藏的洗澡節一類的報導，說男男女女一起光著身子去拉薩河洗澡什麼的，讓人覺得西藏人確實和我們不一樣（順便說說，或許是因為想見識洗澡節的遊客越來越多，每年去拉薩河洗澡的人越來越少了，西藏也需要「新鮮的肉」，才能將這個傳統保持下去）。也有介紹天葬、一妻多夫制等西藏風俗的報導，但這些報導基本上都是一種很正面、也很表面的介紹，表述的主題是藏族同胞如何自然、率性。而不像馬建那麼直截了當地把性作為西藏的第一主題來描述，有意無意地把氾濫和不倫的性行為描寫成西藏社會的一個典型特徵。應該說，馬建選擇性作為這部小說的主題，並不是他在西藏實實在在地看到了那麼多的性，而是為了以此來衝擊他試圖擺脫的在北京的那種生活。當時有一批作家，搞尋根文學，尋根竟然尋到西藏，甚至尋到南美去了。當時像我這樣的門外漢對此真有點摸不著頭腦，現在才明白過來：這多少與80年代中國文人企圖打破幾十年來嚴酷的性禁忌的強烈渴望有關。當時很多文藝工作者都躍躍欲試地要用筆墨和膽量做試驗，看自己能走多遠，而馬建無疑是他們中間走得最遠的一位典型代表。

馬建無疑確實走得有點太遠了，在對性的描寫上，〈亮出你的舌苔或空空蕩蕩〉太不同凡響了，恐怕是中國當代文

學史上絕無僅有的，以前從來沒有看到過這麼大膽、這麼驚心動魄的性描寫，怪不得到現在還有年輕讀者把它當成性啟蒙書來讀。大概是作者為了追求前衛和突破，所以他對性的描寫，每個故事的展開，都非常的戲劇化，給讀者以極強的感染力。可他忘了，這樣的突破會引起政治問題。作者把西藏的性當做一種異域情調來描寫，但是這「異域」本來就是我們的一部分，藏胞就生活在你我之間。很多生活在北京的藏胞，接受的是和我們一樣的教育，思想觀念和我們沒有多少差別。生活在元代的西藏人，看到馬可‧波羅對自己生活習俗的歪曲，或許可以不問不管；而今天生活在我們中間的藏胞，是跟你我一樣的文化人，他們怎麼能容忍將他們的故鄉描寫成一片泛性的熱土呢？

如前所述，馬建選擇性作為描述的主題與他自己在北京的文化背景有關，同樣，他對他所描述的這些現象的解釋也與西藏文化本身的背景大異其趣，而與馬建自己的文化有關。他對西藏之宗教和生活現象的解釋，都不是從藏族文化自身的語境當中去理解的，他將他所描述的現象，即具體的民俗，從西藏民族文化的傳統和體系中肢解出來，從漢文化的系統和價值出發進行闡釋和創造，對西藏民族文化造成了巨大的損害。像天葬、一妻多夫、密教修習等藏族的風俗習慣，在藏族自身的社會文化語境中，自有其形成的條件、特殊的社會、文化意義和合理性。只有把他們搬離出原有的社會文化語境，把它們移植到漢文化的社會和文化語境中，它

們才變成了落後、不倫和腐朽的東西。舉例來説，在馬建的筆下，「密教的性」（Tantric sex）成了一種色情表演、一場酷刑，他把一種秘密、嚴肅的宗教行為放在一種世俗的公共場域加以嘲諷，可以説這是一件非常不厚道的事情。然而，在甚深廣大的藏傳密教體系中，「雙修」是智慧和慈悲雙運，是成佛的捷徑，是一種偉大的方便！

馬建的小説中對性的具體描述可以稱得上是前衛，可隱藏在其背後的性觀念卻非常的傳統。他筆下描述的所有的性愛，都不是正常、健康的性愛，相反都是十分變態、違反道德的性愛，最終也都導致毀滅。這樣的性觀念顯然與作者描述的西藏文化相差甚遠，卻與馬建企圖突破的自己的文化非常接近。馬建本來是因為受不了北京的沉悶而去西藏旅行的，然而，他把北京的觀念帶到了拉薩。在他的筆下，藏族同胞似乎尚未完全脱離野蠻時代，藏族信奉的宗教也不過是喇嘛的精神專制，藏胞的迷信則凸現出他們的麻木和愚蠢。馬建對藏胞的亂倫和混亂的性關係的著力描述，最能反映出他對西藏社會的看法。我們這一代人深受恩格斯《家庭、私有制和國家的起源》的影響，對社會進化理論深信不疑，相信家庭就是衡量文明進步的尺度。馬建小説中對亂倫和兄弟共妻等等混亂的家庭關係的描述，很容易讓我們想到中國歷史教科書裡面對少數民族那種「蒸母報嫂」習俗的描寫和説明，用這一種與漢文化最相抵觸的社會現象來説明西藏的愚昧和落後是一種非常有效的手段。

　　馬建這部小說最後引起了嚴重的政治危機，這恐怕是作者和編者未曾料想到的。有人將這部小說的發表歸結為編者的開明，對此我不以為然。在當時那個年代大概不至於有人勇敢到為了發表這樣一篇小說而拿自己的政治前途開玩笑。有可能的是，從作者到編者都太專注於這部小說對打破 20 世紀 80 年代過於沉悶的兩性文化可能具有的衝擊意義，而完全忽略了它可能對藏族同胞造成精神傷害而具有潛在的政治風險。更能說明問題的是，這部小說中所表現出來的對西藏社會、文化，特別是對藏傳佛教的批評態度，與當時大眾傳媒對西藏舊制度和藏傳佛教的批判沒有任何的抵觸。馬建用小說的手段，批判西藏落後的文化和宗教現象，看起來並沒有什麼特別的不妥當，所以沒有想到會引發如此嚴重的政治危機。被他們忽略、然而最終給他們帶來麻煩的一個事實是，西藏實際上已經不是和北京完全不同的「異域」了，「他者」早已經生活在我們中間。小說中那些對於西藏社會和宗教文化遠非客觀和真實的描寫，對於深受漢族政治、文化浸淫的藏胞而言，豈止是「一種侮辱」。儘管與當時漢族知識份子習慣於將中國的貧窮落後歸咎於中國古老的文化傳統一樣，當時的藏族知識份子對其民族信仰的藏傳佛教傳統亦多持激烈的批判態度，但他們無法容忍他們的漢族「老大哥」繼續將他們的故鄉想像成一個十分原始、落後的「異域」，並對他們已經有了巨大改變的社會和宗教傳統作如此「情色化」、「巫化」的描述。我們相信馬建創作這部小說

的目的決不是要侮辱、傷害西藏同胞，然而它的發表對西藏民族文化和民族自尊的傷害卻確實是前所未有的。雖然政府對西藏原有的制度和宗教傳統依舊持嚴厲的批判態度，但它決不能容忍一部文學作品損害民族的團結和國家的統一。對馬建和他的小說的批判決不是「一場歷史的誤會」。

　　謝謝大家！

本文是 2007 年秋於中央美術學院所做同名講座的演講稿，
原收入李少文主編：《不止於藝──中央美院「藝文課
堂」名家講演錄》，北京，北京大學出版社，2010。

誰是達賴喇嘛？

一

於當今的西方世界，達賴喇嘛可以説是一位
家喻户曉、婦孺皆知的人物。他不是明星，但勝
似明星。儘管如今的達賴喇嘛常常要謙虛地告訴
他的崇拜者：「我只是一位簡單的僧人」（I am
a simple monk），但誰都知道這位僧人可不簡
單。他雲遊四方，八面風光，為世人指點迷津，
為世界指引未來。西方人對一位東方人如此頂禮
膜拜的歷史最近的大概也要追溯到啟蒙時代浪漫
化中國的法國人對康熙皇帝的崇拜了。自殖民時
代以來，西方人從來都是東方人的主人和導師，
不管是物質還是精神，西方人都要高東方人一
等。唯有這一回，一位來自東方的佛教僧人——
達賴喇嘛，卻成了智慧和慈悲的化身，是他們追
求精神解脱的導師，是他們心目中最崇敬的智者

和聖人。

　　大家知道，達賴喇嘛本來是來自西藏，確切地說是來自青海安多藏區的一位轉世活佛。他到底是人還是神？或者說他既是人，又是神？世上沒有人能夠說得清楚。古往今來，能同時擁有神和人兩種身份的人本來沒有幾個，而達賴喇嘛或是其中最著名的一個。當年德國大哲學家黑格爾先生曾對此大惑不解：達賴喇嘛既然是人，何以又是神？神人怎能和合成一體？這裡面一定有不可告人的名堂！可是，黑格爾先生的後人們今天似乎都相信神和人是可以合而為一的，他們真心地將達賴喇嘛等西藏活佛奉為神明，對他們頂禮膜拜。有敢冒天下之大不韙，放言說 70% 的西藏活佛不見得真的就是活佛，甚至主張要將活佛轉世制度放進博物館的，反倒是幾位在西方鼎鼎大名，但覺得自己並不真的就是活佛的大活佛。

　　1996 年夏天，時任「西藏流亡政府」「總理」的桑東活佛在德國波恩大學中亞語言文化研究所作報告時，告訴聽眾們說他小時候不努力學佛念經，他的老師就告訴他說他們一定是找錯了靈童。從那時起，桑東活佛就自覺他不是真的活佛，一生中也從來沒有和他的先輩有任何精神的聯繫。他還說像他這樣的活佛很多，恐怕有活佛總數的 70% 之多。他的這段話讓當時在座的聽眾驚詫莫名，面面相覷。而公開主張將西藏活佛轉世制度搬到博物館中去的則是來自康區的大活佛扎雅羅丹喜饒先生，他既是波恩大學中亞語言文化研究所

的教師，是研究藏傳佛教藝術的專家，又在德國擁有自己的私廟和眾多的信徒，是一位在歐洲很有影響的活佛。或許是從現身的遭遇出發，扎雅活佛認為活佛轉世制度早已經完成了它的歷史使命，現在該是進入博物館的時候了。像扎雅活佛這樣不但遠離本土好幾十年，而且早已還俗、娶妻生子的大活佛，真不知道以後他還會不會再轉世，也不知道他該在哪裡轉世。

實際上，就是達賴喇嘛本人對他既是人又是神的轉世活佛的身份也並不是自始至終都那麼肯定和樂於接受的。據說達賴喇嘛在 20 世紀 70 年代初曾多次對人說過：轉世的活佛小時候非常可愛，長大了就反而令人失望。就像嬰兒的牙齒一樣，剛長出來時非常可愛，可長大後它們就爛了。到了 1977 年，絕望中的達賴喇嘛曾通過德國《明星》（Stern）週刊的記者向世界宣布說：他將是這世界上最後一位達賴喇嘛了，他不想再次轉世為人，重新回到這個讓人痛苦的世界了，他想來世轉生為一棵小草、一塊小石頭等等。此言一出，世界嘩然。達賴喇嘛的信徒們無法相信這位活佛真的就要扔下他們不管了。沒有了達賴喇嘛，他們在這個污濁的世界將無依無怙，受苦受難，難有解脫痛苦、超越煩惱之日。他們將在六道中無窮無盡地輪迴，受盡生、老、病、死之苦難，並在冷、熱、號叫、寂寞等地獄中受盡折磨和煎熬。

其實，說達賴喇嘛是活佛，並不是說他真的是活著的佛。佛不生不滅，哪有什麼活著的佛和死了的佛？稱西藏的

轉世喇嘛為活佛，英譯作 living Buddha，本來只是明代開始漢人送給他們的一個不很恰當的俗稱。據傳明朝武宗皇帝聽人說起：「烏斯藏僧有能知三生者，國人稱之為活佛」，於是難抑心中的好奇，特派以太監劉允為首的巨大使團前往烏斯藏迎請。不料活佛竟然不給皇上面子，躲起來避而不見。明廷耗盡了天下之財，也未能請到這位活佛。而這位人稱活佛的僧人實際上是第八世噶瑪巴活佛米久多吉。《明史》中還提到了另一位西藏的活佛，說「時有僧鎖南堅錯者，能知已往未來事，稱活佛。順義王俺答亦崇信之。萬曆七年……俺答亦勸此僧通中國。乃自甘州遺書張居正，自稱釋迦摩尼比丘，求通貢。……由是中國亦知有活佛。此僧有異術能服人，諸番莫不從其教，即大寶法王及闡化諸王亦皆俯首稱弟子。自是西方止知奉此僧，諸番王徒擁虛位」。這位名鎖南堅錯的活佛，實際上就是第三世達賴喇嘛，也是西藏歷史上第一位擁有達賴喇嘛這個名稱的人，賜給他這個名稱的人就是那位蒙古王爺順義王俺答汗。三世達賴曾受俺答汗勸說而求通貢明廷之事也非虛傳，他給張居正的求貢信今見於張居正先生的文集之中。而當時的張大人竟然以大臣無外交為理由拒絕了他的請求。顯然，《明史》中的這段記載中有誇大不實之辭，當時的達賴喇嘛絕非西藏的宗教領袖，「大寶法王及闡化諸王亦皆俯首稱弟子」一說也屬子虛烏有。相反，正是因為以大寶法王為首的噶瑪噶舉派長期打壓新興的格魯派，鎖南堅錯才不得不向外發展，力圖在蒙古人中間擴大影

響，以獲取後者對格魯派的物質和軍事支持。後來，五世達賴喇嘛挫敗噶瑪噶舉派的強勢，終於在西藏建立起了格魯派相對獨尊的地位，也正是借助了和碩特部蒙古王子固始汗的軍事支持。

二

實際上，西藏人自己對轉世的喇嘛、上師並無活佛這樣的稱呼，他們對活佛的官方稱呼是 sPrul sku，音近「朱古」，意為「化身」。佛有「法身」、「報身」和「化身」三身，「法身」是根本，住於法界，常人見不到。「報身」是受用，住於佛國淨土，如阿彌陀佛，住在西方極樂世界，有情若有緣來世投生淨土，才有機會見到他們。而「化身」是應現，他們就住在我們這個世界中，像釋迦牟尼佛，他們是有情可以直接親近的化身佛。活佛轉世的本意就是從化身佛的概念發展出來的，儘管西藏的轉世活佛絕大部分實際上都不是佛的轉世，而是觀音菩薩的轉世。今天，西藏人，包括信仰藏傳佛教的漢人習慣於稱呼轉世活佛為 Rin po che，即港臺音譯成「仁波切」者。而所謂 Rin po che 者，本意為「大寶」，不過是信眾對轉世喇嘛們的尊稱。通常被認為是西藏歷史上第一位轉世活佛的三世噶瑪噶舉派上師讓瓊多結早在 14 世紀就被人稱為 Rin po che，所以他的轉世、五世噶瑪噶舉派上師被大明永樂皇帝封為「大寶法王」，他曾在南京廣顯神通，聲名赫赫，他在中原的勢頭遠過於同時代的格

魯派創始人宗喀巴大師。

　　我們知道，大乘佛教有別於小乘佛教的最大特色就是菩薩崇拜，它在佛陀之外引進了可以隨機應化的菩薩這一理想型的概念。菩薩大慈大悲、大願大力，為了救苦救難、普度眾生，他們不但擁有千手千眼，能見一切苦厄、能救一切苦難，而且還主動放棄涅槃成佛的機會，心甘情願地留在這個極不清靜的世界上。只要輪迴不空，他們絕不涅槃。這些菩薩對於引導有情眾生走上成佛解脫之路的功德遠遠超過早已經涅槃了的佛陀釋迦牟尼，所以對觀音菩薩的信仰和崇拜成了東亞大乘佛教的一大特色。然在西藏，信眾對觀音菩薩的崇拜較漢傳佛教信眾尤甚百倍。傳說阿彌陀佛曾勸釋迦牟尼佛不要那麼快就涅槃，而應該先去調伏西藏這片尚未得披佛光的蠻荒之地。然而，釋迦牟尼佛覺得他在人間的使命已經完成，調伏西藏的事業只能留待後人了。不得已阿彌陀佛只好派遣他的心子觀音菩薩前往西藏，並將西藏作為觀音菩薩的「化土」。於是觀音菩薩攜兩位度母前往雪域，先造藏人，後傳佛法，先化身為轉輪王，建立世間王法，再化現為轉世活佛，引領藏人走上成熟解脫之道。

　　自古及今，觀音菩薩在西藏的化身難以計數，而達賴喇嘛只不過是其中之一。然而，今天這個世界上還在輪迴中受苦受難的有情眾生比佛陀釋迦牟尼在世時又多出了何止千百倍，他們需要更多的菩薩來照應、來拯救。這大概就是當今世界西藏的「仁波切」到處受人歡迎、受人景仰的主要原

因。而作為大慈大悲的觀音菩薩轉世的達賴喇嘛情何以堪，竟然在20世紀70年代就要扔下這麼多等待拯救的有情衆生不管、自個成佛了呢？

　　世間萬有、諸法皆空，色即是空、空即是色。世間八風，本來一味，菩薩又何必如此在意呢？諸法無常，緣起果熟，世界瞬息萬變，孰個真能知已往未來三世之事？經過了20世紀六七十年代那一段艱難困苦的歷程，到了80年代，達賴喇嘛突然時來運轉，不但他自己的人生從此變得精彩起來，而且傳承藏傳佛教的千秋大業竟然在西方世界擁有了一個越來越廣闊的舞臺。當年阿彌陀佛囑託其心子觀音菩薩擔起重任，將西藏作為自己的化土，本來是因為西藏是世界上最蠻荒、最没有人氣的地方，是一個連釋迦牟尼佛都已經有心而無力調伏的地方。而今天從這個蠻荒的地方走出來的觀音菩薩轉世——達賴喇嘛將要調伏的，或者如有的西方學者所説的那樣，他要「精神殖民」（spiritually colonize）的將是整個世界。

　　隨著西方，特別是美國新時代運動的蓬勃發展，藏傳佛教成為可供西方人作另類選擇的一種非常受歡迎的外來神壇（alternative altar），幾十年間，在西方水漲船高，勢不可擋。而西藏隨之被神話化為世界上碩果僅存的世外桃源——香格里拉，成為世界上所有追求精神解脱者嚮往的最後一塊淨土。在這種社會文化背景之下，達賴喇嘛成了可供西方人作另類選擇的一個非常有影響力的精神領袖，他所代表的藏

傳佛教成了西方精神超市中的搶手貨。西方信眾中大概並没有多少人知道達賴喇嘛的實際身份不是活著的佛陀，而是數量多到不可計數的觀音菩薩於世間的轉世之一，達賴喇嘛的「化土」本不應該是西方，而是西藏，他們不遺餘力地抬舉他、追捧他，並希望通過他的引導而走上成熟解脫的道路。於是，達賴喇嘛終於成為一名世界級的精神大師和國際社交界的一位特殊明星，從此他不再是西藏的達賴喇嘛，而是世界的達賴喇嘛。

三

　　大概外面的世界越精彩，個人的煩惱、痛苦就越難以名狀，也越難以消解。於是，人生就越發無奈，需要菩薩救度的人也就越來越多。以撰述暢銷世界的《西藏死亡書》而一夜成名的索甲活佛曾在書中對佛家的六道輪迴作過非常有趣、也十分後現代的解釋。他將美國的加州和澳洲的某些地區劃為天道，那是一個没有痛苦、只有永不改變的美和極盡享受之能事的世界，而天神就是那些高大、金髮的衝浪人；而阿修羅（非人）界則經常出現在爾虞我詐的華爾街和華盛頓或者倫敦政府的走廊內；而餓鬼則是那些雖然富可敵國，卻永不知饜足，渴望吞併一家又一家大公司，且永不休止地在法庭上表現其貪欲的人。不管是天界，還是阿修羅和餓鬼道都比我們普通人生活的這個塵世（人道）離佛國（道）淨土遠得多，所以那些住在加州、澳洲、華盛頓、倫敦的天

神、阿修羅和餓鬼們一定比生活在西藏的有情（藏胞）更加期待和需要達賴喇嘛和索甲這樣的大活佛來拯救，希望活佛們能用佛陀、菩薩的神力將他們引上成熟解脫的道路。知道了這一點，活佛們真的是浴火重生，再也不可能放下西方世界的天神、阿修羅和餓鬼們不管，而逕自化為一棵小草、一顆石子了。

記得多年前西方媒體曾經報導中國前國家主席江澤民先生在接見美國前總統柯林頓的時候提出了這樣一個問題，大意是說他曾經訪問過歐美的很多地方，發現這些地方有很多受過非常好的教育的西方人都非常熱衷於信仰藏傳佛教，為什麼？江主席的這個問題或許是想向柯林頓總統表達這樣一層意思：閣下所治國家中那麼多受過那麼好教育的子民何以會如此熱衷於信仰藏傳佛教呢？這背後恐怕有其他什麼別的動機和目的吧？不知道能言善辯的柯林頓總統當時是如何應對的。但有一點江主席當時或許未曾注意到：信仰藏傳佛教的西方人事實上從一開始就是一些受過非常良好的教育，即使在西方國家也應該都算是非常先進、非常前衛、非常複雜、非常精緻（sophisticated）的一類人，藍領的工人階級或者住在貧民窟的窮人首先要關心的是飽暖，反而沒有那麼強烈的、精緻的精神追求，也無法真正領會藏傳佛教的甚深精義。

實際上，從 19 世紀西方最有影響力的女性、靈智學派的創始人、被人稱為宗喀巴大師轉世的俄國半仙布拉法斯基夫人，到世界最著名的大旅行家之一法國女傑大衛‧妮爾，

再到今天美國哥倫比亞大學的宗喀巴講座教授 Robert Thur-
man 先生、好萊塢最風花雪月的大明星 Richard Gere 先生等
藏傳佛教在西方最有名的代言人，又有哪一位不是超越時
代、不世出的先進人物呢？按照索甲活佛的說法，在普通人
眼裡是人間天堂的加州或澳洲實際上比我們生活的這些依然
貧窮和落後的地方離佛界淨土更遠，而高大、金髮的衝浪
手，華爾街股市的操盤手，乃至華盛頓、倫敦的政治家不是
天神，就是阿修羅（非人）、餓鬼，也比世界上那些依然饑
寒交迫、窮困無助的芸芸眾生離佛陀更遠，也更需要得到菩
薩的救度和保佑。無怪乎，當今的西方世界竟然比達賴喇嘛
的本土更需要達賴喇嘛，而作為觀音菩薩化身的達賴喇嘛也
終於將整個西方世界當成了他新的「化土」。

我們知道，菩薩的一大功能就是能夠「隨機應變」，這
個「機」當然不是指「機會」，而是指「化機」，指的是你
我等在世間苦苦等待菩薩調伏、拯救的有情眾生。「隨機應
變」的意思就是說，菩薩能夠根據他需要調伏、拯救的化機
們的具體情形，作出隨應的變化，以最合適、方便的姿態化
現人間。既然西方有如此眾多的化機等待拯救，作為觀音菩
薩轉世的達賴喇嘛當然不應該再堅持非要成為最後一位達賴
喇嘛了。於是，他最終改變了想法，發願輪迴不空，繼續化
現人間，重新回到這個曾經令他不想歸來、如今又不忍離去
的世界，以無盡的慈悲和智慧來拯救失去了依怙的三界有情
和芸芸眾生。日前曾有報導說，達賴喇嘛告訴世人他的轉世

也有可能是一位金髮碧眼的西方人，看來這一回達賴喇嘛又要「隨機應變」，完成一次史無前例的大轉身，以最適合、最方便調伏世人的樣子重新回到這個世界了。

四

顯而易見，當年黑格爾先生對活佛轉世制度提出的尖銳的質疑和批評是因為他對大乘佛教的菩薩隨機應變的思想毫無所知，所以沒法理解人與神之間是可以建立精神聯繫的。儘管肉身分明是不同的人，其精神卻可以一成不變，傳承自同一個人（菩薩）。實際上，儘管目前西藏出現的活佛越來越多，各有各的傳承，且分屬於不同的教派，但他們中的大部分是同一位菩薩，即大慈大悲、救苦救難的觀音菩薩的轉世。歷史上的噶瑪噶舉派黑帽系活佛和格魯派黃教的達賴喇嘛曾經為了爭奪對衛藏地區的霸權地位而長時間地處於敵對狀態，甚至有過非常激烈和殘酷的暴力衝突，但他們本來卻都是觀音菩薩的轉世，「本是同根生，相煎何太急」。幸運的是，今天的達賴喇嘛和大寶法王再也不需要為爭奪他們在西藏的政教地位而反目成仇了。

很多年前，達賴喇嘛曾經通過 CNN 告訴世人，他和他的先輩們一直保持著神秘的精神聯繫，當他打坐入定達到深處時，他就可以自如地和他的先輩對話，而這些先輩中常和他對話的是第一、第五和第十三世達賴喇嘛。對西藏政教歷史稍有了解的人都知道，達賴喇嘛提到的這三位先輩都曾是

雄才大略、很有作為、在西藏歷史上寫下了宏偉篇章的人物。算起來現在的達賴喇嘛已經是第十四世了，如果從佛陀在世年代算起，曾經來到這個世界救苦救難的、屬於這一支觀音菩薩轉世系統的活佛已有近六十位了，真不知道現世的達賴喇嘛是不是都可以和他們建立起精神的聯繫？達賴喇嘛中還有一位不愛江山愛美人的情歌王子，即第六世達賴喇嘛倉央嘉措，生前放浪形骸，最後不知所終，他的情歌至今受人喜愛和傳唱，但他的苦難身世至今令人扼腕，真希望現世達賴喇嘛也能夠與這位浪漫而不幸的先輩對對話，傳達世人對他不盡的愛戴和緬懷之情！

1959 年，十四世達賴喇嘛離開西藏，流亡印度，迄今已經五十餘年。今天的達賴喇嘛無疑是西方人眼中唯一可以和西藏認同的象徵，可他與生活在中華人民共和國境內的六百多萬藏胞失去政治和宗教的聯繫也已經五十餘年了。西方人習慣於稱達賴喇嘛為西藏的政治和宗教領袖，這種說法於當下而言當然沒有多大的實際意義。即使就歷史上的達賴喇嘛而言，說他是西藏的政治和宗教領袖也未免言過其實。自吐蕃王國最後一位贊普朗達磨滅佛、吐蕃王國隨之解體以後，西藏再也沒有成為一個統一的政治實體。飽受割據、分裂之苦的西藏百姓或曾期待再次出現像吐蕃第一位贊普松贊干布這樣能夠統一和統治整個西藏的轉輪聖王，但這個願望從來就是水中月、鏡中花，沒有真正實現過。松贊干布曾被後人列入達賴喇嘛這一轉世系列中，人們或曾希望達賴喇嘛能夠

成為可與松贊干布媲美的轉輪聖王，可即使是西藏歷史上最有政治影響力的兩位達賴，即第五世和第十三世達賴喇嘛，他們也絕對算不上是能夠號令整個西藏的政治領袖。更何況更多的達賴喇嘛不但沒有成為有政治影響力的轉輪王，甚至自己還成了殘酷的政治和教派鬥爭的犧牲品，例如前面提到過的六世達賴喇嘛倉央嘉措。

從宗教的角度看，藏傳佛教有寧瑪、薩迦、噶舉和格魯四大教派，還有其他為數眾多的小教派，像夏魯、覺囊、斷派等等。通常每個教派各有各的宗教領袖，各種教法和修習也都有各自的傳承系統。格魯派作為藏傳佛教四大教派中最後形成的一個教派，其進入西藏政治歷史的舞臺從 15 世紀初才開始，而五世達賴喇嘛確立格魯派在西藏政教體系中的霸權地位是 17 世紀中期的事情。在此以前，薩迦派和噶舉派是西藏最有政治和宗教影響力的兩大教派。可以說，歷史上的達賴喇嘛從來就不是藏傳佛教各教派公認的、獨一無二的宗教領袖，即使在格魯派教內，除了達賴喇嘛，還有班禪喇嘛，他們至少也是同樣等級的宗教領袖。按照格魯派自己的傳統，班禪喇嘛是阿彌陀佛的轉世，是真正意義上的活佛，至少在宗教上的地位要高於為其心子觀音菩薩轉世的達賴喇嘛。

當代西方人稱達賴喇嘛是西藏的宗教領袖，但即使在西方，達賴喇嘛也只是在 20 世紀 80 年代末才漸漸成為一名世界級的精神導師和當今佛教世界最有影響力的代言人物的。

在此以前，許多其他教派的大師在西方擁有比達賴喇嘛多得多的信眾，像寧瑪派的敦珠法王、噶舉派的仲巴活佛和十六世噶瑪噶舉派黑帽系活佛等大師，他們在海外藏傳佛教信眾中的影響力都不遜於達賴喇嘛，仲巴活佛創立的「香巴拉中心」成了遍佈世界的一個巨大網路。總之，說達賴喇嘛是舉世公認的西藏宗教領袖有點言過其實，與歷史和現實都有很大的差距。

五

值得一提的是，達賴喇嘛確實曾經有一次被人抬高到了「天下釋教」領袖的地位，但那個「天下」只是清王朝的「天下」，而不是我們今天所說的這個世界。中國人曾經愚蠢地以為世界就是我們中國人的天下，直到西方的「堅船利炮」使中國差點成了別人的天下。明清交替之際，五世達賴喇嘛曾經遠途跋涉，親往清廷朝覲。清朝的順治皇帝賜給五世達賴喇嘛這樣的一個封號，稱：「西天大善自在佛所領天下釋教普通瓦赤喇怛喇達賴喇嘛」[1]。入主中原不久的清朝皇帝顯然是為了籠絡主動來朝的五世達賴喇嘛，並借助他的

1　此所謂「普通」即是「聖識一切」、「一切智」的意思，是達賴喇嘛最初的尊號，與藏文 thams cad mkhyen pa 對應；而所謂「瓦赤喇怛喇」是梵文 Vajradhara 的音譯，譯言「持金剛」。「一切智」和「持金剛」都是佛的眾多尊號中的一個。「達賴」是蒙文詞彙 Dalai 的音譯，意為「大海」，與藏文 rgya mtsho 對應，所以從第二位達賴喇嘛開始，每一位達賴喇嘛的名字中都有 rgya

宗教影響力來加強清朝對蒙古和西藏的統治，所以慷慨地賜給五世達賴「領天下釋教」的特權，並扶植達賴喇嘛成為衛藏（即西藏中部）地區的政教領袖。以達賴和班禪喇嘛為領袖的格魯派在西藏的政治和宗教領域的霸權地位，是借助蒙古固始汗的軍事實力和清政府的積極支持而建立起來的。

　　儘管如此，格魯派的這種強勢地位遠遠沒有達到使其頭領成為西藏政教合一的領袖的程度，他們不但處處受清政府的箝制，以致連達賴和班禪喇嘛靈童的遴選都要通過清朝皇帝「金瓶掣籤」來決定，而且也受到了藏傳佛教其他各教派的強烈反抗和抵制。雖然五世達賴喇嘛曾經非常強勢地迫使像覺囊派等小教派的一些寺院改宗格魯派，但最終無法建立起格魯派的統一天下。西藏近代有提倡宗教圓融的所謂「不分派運動」（ris med，或音譯為「利美運動」），由寧瑪、噶舉、薩迦等各派許多著名的上師聯合發起和推動，先在漢藏邊境的安多、西康地區開展，而後在整個西藏蔚然成風，成為一個影響深遠的思想文化運動，推出了一批非常有影響力的「不分派」大師，成為十分有影響力的藏傳佛教領袖人物。說到底，「不分派運動」並不真的是所有教派團結起來、圓融無二，而是一場所有其他教派聯合起來抵抗格魯派一派強勢的運動。由此可見，說格魯派的領袖人物之一——達賴喇嘛是西藏政教合一的領袖實在是很牽強的。

---

　　mtsho（音譯「嘉措」）兩字。「達賴」這一稱號是蒙古親王俺答汗封給第三世達賴喇嘛索南嘉措的尊號，後為歷輩達賴喇嘛沿用。

達賴喇嘛擁有較重要的政治地位始於人稱「偉大的五世」的五世達賴喇嘛阿旺嘉措，和他一樣曾經掌握過重大政治權力的另一位達賴喇嘛是十三世達賴喇嘛土登嘉措。除了這兩位達賴喇嘛以外，他們中間其他歷輩達賴喇嘛能夠有幸活到足以執掌政教大權年齡者就很少，說他們是西藏的政教領袖當然名不副實。今天的十四世達賴喇嘛經歷了一個與他所有前輩所處的時代完全不同的歷史時代，因此有著一個和他前輩完全不同的人生軌跡。藏傳佛教寧瑪派的祖師蓮花生大師曾經預言：鐵翼行空之日，就是佛法西傳之時。清朝皇帝沒有能夠使五世達賴喇嘛成為名副其實的天下釋教領袖，而藏傳佛教西漸歐美、風靡世界這個新潮流，卻使十四世達賴喇嘛成為世界佛教最著名的領袖人物。達賴喇嘛的活動舞臺擴展到了整個世界，而唯有物質的、現實的西藏卻不再是他涉足的地方，現在的達賴喇嘛不過是一個「虛擬的西藏」（virtual Tibet）或者說一個「精神的西藏」（spiritual Tibet）的政治和宗教的領袖。曾有西方學者一針見血地指出，達賴喇嘛和他在西方的支持者們一起，將過去的西藏描繪成了一個人人嚮往的後現代的烏托邦——香格里拉，而他們自己作繭自縛，成了「香格里拉的囚徒」，從此很難再回到這個依然充滿苦難的現實世界中來。

六

1996 年夏日的一天，我正在德國法蘭克福機場候機回

國，饒有興趣地聽坐在我對面的兩位中年漢族知識婦女熱烈地交流她們短期留德學習、工作的體會。突然，其中一位提到了不久前訪問過德國的達賴喇嘛，並聲情並茂地說：「你看達賴喇嘛那個笑有多噁心！」另一位馬上應聲附和，同氣相求。在行人川流不息的法蘭克福機場候機廳內，突然聽到有知識的同胞們說出這等政治和感情色彩都十分強烈的話，一時讓我十分的驚訝和錯愕。已經在德國生活了六年多的我非常清楚達賴喇嘛的這種招牌式的微笑在德國人心目中的形象和意義，它無疑是世界上最有魅力、最為慈悲的一種笑容，世上不知有多少人就是被他這種笑容吸引，乃至傾倒的！可同樣的微笑在那兩位來自中國的知識婦女眼中竟然是那麼的「噁心」！可見得同樣的一個人、同樣的一個笑容，在不同的人眼裡可以得出完全不同的、互相對立的形象。

顯然，達賴喇嘛的笑容被放進了兩種完全不同的語境中審視，對它的解讀自然也就南轅北轍了。在西方人眼裡，達賴喇嘛是智慧與慈悲的化身，是引領西方人最終實現香格里拉夢想的精神導師，所以他的笑容是如此的真誠、燦爛和迷人。然而，在那兩位中國婦女的眼裡，達賴喇嘛是一個處心積慮要分裂祖國的「藏獨」分子，他在西方世界四處奔波的目的無非是要尋求西方人對他實現分裂祖國之狼子野心的支持，他的笑容不可能是真誠的，那是為了討好西方人而硬擠出來的媚笑，所以「噁心」和討厭。就像對他的微笑會出現這兩種截然不同的看法一樣，對達賴喇嘛的任何舉動世人都

會有兩種截然不同的解釋。不管達賴喇嘛到底是怎樣的一個人物，他的一切行為都已經與國際社會、國際政治緊密相連，現世達賴喇嘛從來就不是、今後就更不可能是「一位簡單的僧人」。對一位像達賴喇嘛這樣的現世的政治人物的評價，很難不受現實政治利益和社會文化環境的影響，要對他作出一個客觀的歷史評價，也許只有留待後世的歷史學家了。

而今天作為歷史學家和宗教學者應該做的或許只能是對歷史的研究，即對達賴喇嘛的先輩，對達賴喇嘛這一活佛轉世系列，對達賴喇嘛制度形成、發展的歷史進行研究。這樣的研究或將幫助我們了解和理解歷史上的達賴喇嘛們的身份、地位和他們在西藏政教歷史中擔當的角色，以便弄清現世達賴喇嘛作為一位政治和宗教人物的歷史和宗教背景。達賴喇嘛雖然鼎鼎大名，但對他這位具有人神雙重身份的特殊人物的來歷、對達賴喇嘛的先輩們的歷史真正有所了解的人恐怕鳳毛麟角。世上有幾個人能夠說得清楚達賴喇嘛究竟是何許人也？他何德何能才成了達賴喇嘛，並一輩又一輩的轉世，最終成為萬人崇拜、供養的大活佛？達賴喇嘛大概還會繼續轉世下去，世界多變，後事難料，我們還是先來追根溯源，看一看以前的達賴喇嘛都是些何等樣的人物，他們何以能夠成為觀音菩薩的轉世，並傳承出這麼一支偉大的活佛轉世系列。

原載《天涯》，2010 (3)

大喜樂崇拜和精神的物質享樂主義

在美國有一本相當有名而且持續暢銷的舊書，叫做《剖開精神的物質享樂主義》（*Cutting through Spiritual Materialism*, Shambhala, 1973），作者是 20 世紀七八十年代曾在美國新時代運動（New Age Movement）中興風作浪的西藏「嬉皮士」──仲巴活佛（Chögyam Trungpa, 1939-1987）。仲巴活佛將新時代美國人對精神性和宗教的過分執著稱為「精神的物質享樂主義」（Spiritual Materialism）。他用癲狂的行為對這一主義進行矯枉過正的批判，又使它演變成對精神超越和物質享受同時的狂熱追求。由於美國人瘋狂地性解放、嗑毒品、作夢幻之旅（acid trip）時，我還在「火紅的年代」中修地球、求飽暖，所以多年前初讀仲巴活佛此書時，對他所批判的這種「精神的物質享樂主義」難有深切體會。光陰似箭，日月如梭，世事今是昨非、昨非今是，

由不得人不生老崔式的感歎：「不是我不明白，這世界變化快。」當下一部分先富起來的國人，一邊瘋狂地享受財富的增長和感官的滿足所帶來的物質性的喜樂，一邊也開始尋找空山寂谷，關注心靈解放和精神超越了，致使沉渣泛起，形形色色的「性靈之學」風起雲湧。於是，我開始對「精神的物質享樂主義」若有所悟。

近日有閑，隨便翻閱書架上過去幾年內買進而未曾細讀的舊書，翻到美國學者 Hugh B. Urban 先生的著作《密教：宗教研究中的性、守密、政治和權力》（*Tantra: Sex, Secrecy, Politics and Power in the Study of Religion*, Berkeley: University

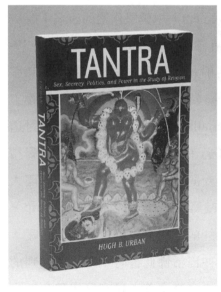

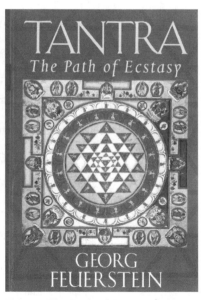

Tantra: Sex, Secrecy, Politics, and Power in the Study of Religion 書影

Tantra: The Path of Ecstasy 書影

of California Press, 2003），即覺興趣盎然，如遇知音，幾番點撥，令我茅塞頓開。儘管 Urban 先生書中披露的是密教在美國的流行與美國本身特殊的歷史時刻、文化氛圍和政治背景的關聯，描繪的是一種本來說不清、道不明的密教傳統如何風靡美國，成為異域風情的東方能為西方人提供的一種最性感、最誘人的商品而被廣泛消費的背景和過程，可它對我們了解國人過去和現在如何看待、接受印藏密教，如何面對和處理精神與物質的關係同樣富有啟發意義。國人無時不想「超英趕美」，但事事步人後塵，在「精神的物質享樂主義」成為一種流行的社會思潮或文化話語這一點上，我們又落後人家好幾十年。幸或不幸，在你我一念之間。

從元朝蒙古宮廷中流行的秘密大喜樂法說起

說起印藏密教，我們難免感到陌生。但若提起曾經在元朝蒙古宮廷中流行的「秘密大喜樂法」，你或許耳熟能詳。傳說元順帝妥懽帖睦爾在位時，有奸臣哈麻陰薦西天（印度）、西番（西藏）僧人，向蒙古皇帝傳「秘密大喜樂禪定」，或曰「雙修法」。此法秘密，然法力無邊，修者可得大喜樂。於是，皇帝即和其親近的臣下、皇室子弟們一起，得貴為大元國師的西藏喇嘛的指導，同修「秘密佛法」，共得大喜樂。大內深宮，男女裸居，君臣共被，還用高麗姬為耳目，刺探公卿貴人之命婦、市井臣庶之麗配，擇其善悅男事者，媒入宮中，與君臣同修秘密大喜樂法數日。元順帝為

修此秘密法，專門在上都內建穆清閣，連延數百間，千門萬户，廣取婦女實之，晝夜不分，百事不問，唯「大喜樂」是念。不但自己樂此不疲，還不聽皇后再三勸告，把皇太子也一併拖下了水。結果，大喜樂派對很快與蒙元帝國一起玩兒完，元順帝遠走朔漠，成了亡國之君。可歎世界征服者留下的偌大江山就因為這個「秘密大喜樂法」竟然不足百年而亡。

只要對蒙元歷史有所了解，你一定知道這個典故。若沒有讀過《元史》，你也許讀過明朝江南才子唐伯虎所寫的色情小説《僧尼孽海》，其中對西天僧和西番僧在元朝宮廷所傳「秘密大喜樂法」有令人印象深刻的描寫。如果你既沒讀過《元史》，也沒讀過《僧尼孽海》，那麼你或許曾違禁讀過 20 世紀 80 年代《人民文學》上發表的一篇題為〈亮出你的舌苔或空空蕩蕩〉的禁毀小説，對作者馬建著力描寫的以男女雙修為主要內容的藏傳密教「灌頂」儀式記憶猶新。令人難以置信的是，迄今連世界最頂級的學者也沒有辦法説清楚由印度和西藏僧人在蒙古宮廷中傳播的「秘密大喜樂法」到底是哪一門子的密法。可這些本來屬於小説家言的東西，竟然不只是國人茶餘飯後用來助興的談資，而且也形成了國人對印藏密教的最基本的認識。在漢文化傳統或漢人的想像中，所有印度、西藏僧人所傳密教基本上都和這種「秘密大喜樂法」畫上等號，是淫戲和房中術的代名詞。唐伯虎對「秘密大喜樂法」的了解大概不超過《元史》或《庚申外史》中語焉不詳的幾句話，可他在《僧尼孽海》中挪用漢人

色情經典《素女經》中的「採補抽添之九勢」，把西番僧所傳的「秘密大喜樂法」描繪得栩栩如生；馬建在 20 世紀 80 年代的西藏，根本不可能見到任何藏傳密教儀軌，可他在〈亮出你的舌苔或空空蕩蕩〉中對「男女雙修」所作的十分戲劇化的描述，將讀者直接拉入到了那個莫須有的場境之中。唐伯虎的挪用和馬建的虛構，推動了漢文化傳統中有關印藏密教的一個強有力的話語的形成，其核心內容就是：印藏密教即男女雙修，即房中秘術。於是，以密教修習為主要特徵的藏傳佛教即被人貶稱為「喇嘛教」。自元朝迄今的六百餘年中，藏傳密教在中原地區的傳承從未中斷，信仰、修持印藏密法的漢人代不乏人，可漢人對這種密法的基本看法則從沒改變。

有意思的是，儘管西方與印藏密教的接觸開始於 18 世紀，比我們晚了四百多年，但西方人對印藏密法的基本看法卻和我們的看法驚人地一致。最初發現印度密教的西方東方學家和傳教士們曾稱其為印度人意識中最恐怖、最墮落的東西，是導致印度教敗落的所有多神崇拜和淫穢巫術中最極端的例子。它是如此地令人作嘔，以致不能讓它進入人的耳朵中，更不能讓它暴露於信仰基督的公眾之中。它是源出於印度最無知、最愚蠢的種姓的系列魔術。然而，這種曾如此為西方人唾棄的印度密教，今天卻成了美國人的最愛，對於今天的山姆大叔們來說，印度密教（Tantra）是「神聖的性」（sacred sexuality），是「精神性愛」（spiritual sex），是

一種「性愛瑜伽」（yoga of sex），或者「性愛魔術」（sex magic）。他們將印度密教改化、提升為一種「大喜樂崇拜」（a cult of ecstasy），認為其是專注於一種宇宙性力的幻境（a version of cosmic sexuality），是一種我們迫切需要的對身體、性和物質存在的頌揚（a much needed celebration of the body, sexuality, and material existence）。不管是追求精神的還是物質的大喜樂（ecstasy），人們無一不癡迷於印度密法。

不管是唾棄還是歌頌，西方人心目中的印度密教離不開一個「性」字，對密教的譴責和熱衷實際上都是因為貼在它身上的「性愛魔術」這個標籤。而這個標籤顯然是跨文化誤讀的產物，將密教解讀為「性愛魔術」是將一種他者文化現象搬離其原有的社會、文化環境，從解釋者自己的社會、文化背景出發對其改造，並作價值評判而形成的誤讀。西方人對密教的誤讀不過是其東方主義的又一個經典例子，我們借用薩義德式的後殖民主義、後現代文化批評理論即可對密教解釋者身上散發出的明顯的東方主義或文化帝國主義習氣作無情的揭露和銳利的批判，把責任全部推到西方妖魔的身上。然而，東西方同時出現情色化密教話語，這一現象使得對這種誤讀的分析和批判愈加複雜。僅僅解構西方人對密教所作的東方主義式的表述還遠遠不夠，它也並非為正確理解密教而作的建設性的努力。破字當頭，立不見得就在其中。

密教被誤讀無疑與其作為一種複雜、多元、變化的宗教形式本身具有的許多容易引起爭議的特殊修法有關。密教並

不只是指佛教中的密宗修法，而且是指大約 7 世紀開始於印度教、佛教和耆那教傳統中共同出現的一種極為特殊、激進、違背常理、甚至危險的宗教修習形式和體系。由於其體系十分龐大和複雜，若要對密教下一個明確的定義，或者對它的宗教修習形式作一個大致的界定，是一件十分困難的事情，近乎盲人摸象。美國密教研究專家 David Gordon White 先生在他主編的《實踐中的密教》（*Tantra in Practice*, Princeton, N. J.: Princeton University Press, 2000）一書的導論中，用極大的篇幅嘗試為密教定義，可讀來依然讓人如墜五里霧中。筆者自己多年研究藏傳密教，對具體研究的一個文本、一種儀軌可以説出個道理來，可對作為一個整體的密教卻常常不知從何説起。事實上，我們現將 Tantra 譯做「密教」本身就嫌牽強，或是受了東瀛的影響。漢傳大乘佛教有所謂顯、密二宗，大致分別與梵文 Sutra 和 Tantra 對應。而 Sutra（經）和 Tantra（續）通常只是指兩種性質不同的佛教文本，這種分類多見於藏文大藏經中，在漢文大藏經中並沒有這樣一分為二的區分。即使藏文大藏經中的 Sutra 和 Tantra 也並不能作為嚴格區分顯、密二宗的標準。同樣一部《心經》，有時見於「經」部，有時又被劃歸「續」部。你説它是屬於顯宗，還是密宗？密宗是哲學和實修相結合的一個十分龐雜的系統，其中既有玄妙不可測的甚深法義，也有匪夷所思、五花八門的密修儀軌。將密教解讀為「性愛魔術」者，顯然只注意到了它的極為特殊的密修儀軌，而將其同樣

極為特殊的哲學和甚深法義統統抹殺掉了。

密教歷來遭人詬病多半是因為其修法實在怪異，不但與我們設想中的宗教南轅北轍，而且經常與起碼的社會道德與倫理綱常背道而馳。例如密教有所謂五 M 的修法，五 M 分別 指 魚（matsya）、肉（mansa）、乾 糧（mudra）、酒（mada）和淫樂（maithuna），參與修法者可盡情吃、喝、淫樂，最終得大喜樂，實現精神的超越。這聽起來與西方傳統中縱情聲色達到極致的群交派對（orgy）幾乎沒有什麼區別。還有，密教重實修風（氣）、脈（輪）、明點，有拙火、遷識、夢幻、中有、光明、虹身、雙身等等直接與身體的特異功能相關的各種瑜伽修法，所有這些都很難讓人將它們和出世的宗教聯繫在一起。而正是這些異乎尋常的秘密修法不但常常遭人詬病，同樣也容易令人著迷。

不管是元人筆下的「秘密大喜樂法」，還是當今西方人嚮往的「密教性愛」，都不純粹是好事者無中生有的捏造。包括男女雙修在內的密教修習至少在藏傳佛教中曾是相當普遍的現象，即使是最重戒律和義理的格魯派也不排斥密教修行，反而把它們作為高於顯乘的修法，因而認為其不能隨意亂修，而要事先作好最充分的精神和物質準備。但是密教中的「性」與元人和西方人想像中的「秘密大喜樂」並無共同之處。在閱讀密乘續典和各色各目的儀軌、導引時，我們確實經常會碰到涉及男女雙修等秘密修法的文字。可這類文字決不像人們想像中的那樣性感、誘人，相反極其晦澀、朦

朧，通常淹沒在冗長、乏味的說教和細節之中。密教中的雙身修法有實修，亦有觀修，後者只是對本尊父母雙身結合的想像，喜樂和超越都不過是一種精神體驗。即使是男女實修雙身法，也一定是在極其秘密的場境中，在德證兼具的上師指導下，由受過秘密灌頂的弟子們，按照既定的儀軌一絲不苟地進行的一種宗教儀式，與俗世的淫樂並不相干。未曾接受這種灌頂並獲得隨許者若違禁接觸、修習這類密法則將遭受諸如天打五雷轟之類的滅頂之災。總之，密教確有「性瑜伽」，但與世俗性愛不是同一檔子事。按佛家說法，棄捨煩惱而修道者，是顯教道；不捨煩惱而修道者，是密教道。修密教之人，可將貪、瞋、癡等一切煩惱返為道用；包括男女雙修在內的密宗修法，實際上就是化貪、瞋、癡為道用，令行者快速修成正果的大善巧方便。

大喜樂崇拜與新時代美式密教

你只要上亞馬遜網站上檢索 Tantra 一字，即可發現今天可供我們選擇的有關密教的各類書籍竟有 6687 種之多，其中赫然前列的有：《城市密教：二十一世紀的神聖性愛》（*Urban Tantra: Sacred Sex for the Twenty-First Century*）、《密教──發現高潮前性愛的力量》（*Tantra–Discovering the Power of Pre-orgasmic Sex*）、《密教：大喜樂之道》（*Tantra: The Path of Ecstasy*）、《靈魂性愛：鴛鴦密教》（*Soul Sex: Tantra for Two*）、《為男人的密教秘密：每個女

人都想讓她的男人知道的關於如何強化性喜樂的東西》
（*Tantric Secrets for men: What Every Woman Will Want Her Man to Know about Enhancing the Sexual Ecstasy*）、《密教性愛使人生苦短：五十個到性愛大喜樂的捷徑》（*Life's Too Short for Tantric Sex: 50 Shortcuts to Sexual Ecstasy*）、《密教性愛之心：愛和性滿足的獨家指南》（*The Heart of Tantric Sex: A Unique Guide to Love and Sexual Fulfillment*）、《諸心碎開：為愛女人的女人的密教》（*Hearts Cracked Open: Tantra for Women Who Love Women*），等等。從 6687 這個數字中，我們可以想見密教在今天的美國人氣是如何之高，而這些書名則告訴我們密教幾乎就是同樣來自印度的世界級性愛寶典《欲經》（*Kama Sutra*），是教導異性戀、同性戀美國人如何達到最強性高潮的不二法門。美國人對密教大喜樂的嚮往和崇拜到了近乎瘋狂的地步，除了諸如上列圖書於大眾書店中的「新時代」（New Age）和「性」（Sexuality）等類目的書架上隨處可見以外，展示五 M 等密教性愛的成人電影也流行坊間，還有直接以 Tantra 或者 Yantra（演蝶兒法）命名的搖滾樂隊，網際網路上 Tantra for Sale，諸多密教網站全球性地吸收會員，組織虛擬教會，提供網上灌頂，兜售密教性愛技術和道具；許多大城市都有密教瑜伽修煉中心，由密教性愛上師直接傳道解惑。密教性魔術被吹得神乎其神，著名流行歌星 Sting 自稱曾運用密教性愛技術，達到了一次長達七小時之久的性高潮，其間還吃了一頓晚餐，看

了一場電影，實在匪夷所思。

以禁欲、勤奮、節約、反對一切享樂為教條的美國新教徒，何以竟然把一種以精神超越為旨歸的出世的宗教傳統改造成了一種以肉欲的最大滿足為目標的世俗、甚至下流的房中術呢？從印度密教到美國密教（American Tantra）的蛻變經過了一個相當有趣的過程，這個轉變主要發生在 20 世紀六七十年代，與當時如火如荼的新時代運動的發展緊密相連。20 世紀以前，受西方東方學家和傳教士對密教的激烈批判的影響，密教在西方大眾中間一直不被看好，即使是對東方神秘主義超級熱衷、希望以引進東方的宗教傳統來對抗達爾文進化論對基督教宗教權威的衝擊、從而建立一種新的科學的宗教的靈智學（theosophy，或譯神智學、通靈學、神靈學），也認為密教是西方最邪惡的魔鬼慣用的黑色魔術（black magic）的化身。20 世紀初，密教開始與對情色喜樂和肉欲享受的追求聯繫起來。儘管《欲經》實際上與密教毫不相關，但在維多利亞式的想像中，密教與《欲經》很快被混為一談，並隨著後者的暢銷而日益受人注目。傳說最早將密教傳入美國的人名叫 Pierre Bernard，是 20 世紀初美國歷史上最有色彩、最富爭議的人物之一。Bernard 早年曾往印度取經，在喀什米爾和孟加拉等地學習古梵文和密法，受過灌頂，參加過密教修習。回美國後先在加州以催眠術闖蕩江湖，以一套過硬的自我催眠和裝死技術打出名氣。1904 年，他在舊金山開密教診所，專門教授自我催眠術和瑜伽，頗受

想學催眠和攝魂術以勾引男性的年輕女性們的青睞。1906
年，Bernard 建立起了第一個「美國密教會」（Tantrik Order
in America）。其後，從舊金山遷往紐約，於 1910 年開設
「東方聖所」（Oriental Sanctum），樓下教授「率意方便瑜
伽」（hatha yoga），樓上私傳密教灌頂。據稱「聖所」中
不時傳出怪異的東方音樂和女人們聽起來不像是痛苦的尖叫
聲。鄰居們紛紛抱怨、投訴，遂使 Bernard 鋃鐺入獄，以綁
架罪遭起訴。但他很快獲釋，被他綁架的女人出庭作證說：
「我沒有辦法告訴你們 Bernard 是如何控制住我的，但我可
以告訴你們，他是世界上最奇妙的人，沒有女人能抵擋得住
他的魅力。」1918 年，Bernard 率其信徒移往紐約 Upper
Nyack 的一個占地 72 公頃的莊園，建起了他的「密教烏托
邦社區」（utopian Tantric community），紐約上流社會的一
時之選均趨之若鶩。據稱在這個烏托邦內，「哲學家可以跳
舞，傻瓜則被戴上思想的帽子」，一夜之間 Bernard 名利雙
收。他的成功主要在於他將密教詮釋為主要關心性愛與身體
愉悅的技術，指出人身是宇宙間最優秀的作品，性衝動是推
動世界前進的動力。現代西方文化愚蠢地壓抑性愛，自我正
確的清教徒們視性愛為墮落，使性欲變成了一種見不得人的
動物本能，故絕大部分美國人看不到性愛的重要，沒有意識
到它是人生和幸福的源泉。所以，Bernard 要用東方的密教
性愛來對治現代美國因壓抑、禁欲和自我否定而產生的種種
社會疾病。Bernard 夫婦既用手術去除女性陰蒂包皮等方法

增強婦女對性快樂的接受能力，又教導男人應當如何努力，使性愛中的婦女們感覺自己是王后。Bernard 被稱為「全能的奧姆」，性能力超強。據稱一對熟習他所傳密教儀軌的徒弟可以連續做愛幾個小時依然保持男人雄風不衰、女人欲望不減。Bernard 和其徒眾的行為在 20 世紀初可謂驚世駭俗，是十足的醜聞，既引發了周遭社會的強烈譴責，也招來了媒體的狂熱追蹤，遂使密教在美國大眾想像中變成一種雖然傷天害理，但卻十分誘人的東西，這為日後密教與西方固有的性崇拜傳統結合而被打上「性愛魔術」這樣一個註冊商標奠定了基礎。

第二個因將西方性魔術與密教連在一起大肆宣揚而臭名昭著的美國人是 Aleister Crowley （1875-1947）。此人自稱「巨獸 666」，別人則稱他為「地球上最缺德的人」。他曾去亞洲學佛，對密教有所了解，同時對西方傳統的性魔術，特別是 Paschal Beverly Randolph（1825-1875）創辦的「東方廟會」（the Ordo Templi Orientis）所從事的秘密性崇拜運動也很熱衷。他宣稱所有正統宗教都是垃圾，只有太陽和它的代表——「那話兒」才是世間唯一真神。Crowley 和他的同性戀伙伴、詩人 Victor Neuberg 一起鼓搗了一系列形式多樣的性愛修法，宣揚性愛的最終目的是要達到精神和物質兩方面的成功。Crowley 視性高潮為使靈魂出竅、達到超感官的大喜樂狀態的手段。性高潮可以是獲取財富或者你夢寐以求的其他任何東西的途徑，只要你在高潮來臨的那一刻將你的

意念專注於你想要得到的某件東西或者想要做成的某件事情上面，你就一定如願以償。此外，Crowley 聲稱修習性愛魔術的根本目的是為了創造一個內在的、不朽的胎兒，以超越從娘胎裡帶來的道德缺陷，所以他自己在性高潮時能令一個精神的、不朽的、類似於上帝的聖兒誕生（the birth of a divine child）。Crowley 宣揚的這些東西聽起來與密教沒有什麼關係，密教中也沒有任何與同性戀相關的東西，但他曾在東方修習密教的背景卻使人誤以為這一切都是密教的魔法。與 Bernard 一樣，Crowley 和他怪異的性愛修法成為 20 世紀初十分轟動的醜聞和大眾媒體追逐的對象，這使得密教也愈益滲入大眾想像之中。他們對密教的重新解釋使得密教從一種秘密、嚴肅的宗教傳統漸漸轉化為一種專注於性高潮之完美的東西，並使它與西方的性愛秘法傳統越拉越近了。

密教成為「大喜樂崇拜」和「性瑜伽」蜂擁進入美國大眾文化是在 20 世紀的 60 年代，經過 Bernard、Crowley 等人的改造，密教已與當時流行美國的文化反動（counterculture）和性解放、性革命非常合拍。1964 年，Omar Garrison 出版了十分暢銷的《密教：性愛瑜伽》（*Tantra: The Yoga of Sex*）一書，鼓吹密教性技巧是取得長時間性高潮和最大性快樂的最可靠的手段。通過修習密教瑜伽，男人可以連續做愛一個或多個小時，達到大喜樂。幾個世紀以來，基督教視性愛為罪惡，而密教則將兩性的結合看成打開人生新境界的道路，故成為打擊基督教的偽善和假正經的有力工具，是對

西方世界的一個十分及時和必要的治療。直接、激進的密教十分受 20 世紀 60 年代人的青睞，它給以暴力、毒品和濫交為標誌的 60 年代經驗賦予精神上的和政治上的意義，為其合法化提供了幫助。於是，密教像開了閘門的洪水一樣洶湧澎湃地湧入西方的大眾想像中，著名的藝人、樂師、詩人紛紛對這個富有異國情調的東方精神商標發生了積極濃厚的興趣。人稱「垮掉了的一代」（beat generation）的著名詩人之一 Allen Ginsberg 就是其中的典型代表，他視密教為打破美國中產階級令人壓抑的性道德觀的手段，視印度為不受壓抑、自發性愛的國家，與性壓抑、精神緊張、過分理性的美國形成強烈的對比。所以只有以暴戾、憤怒的色情女神 Kālī 為象徵的印度密教才可以將冷戰時期的美國從令人窒息的假正經中解放出來。Ginsberg 將 Kālī 作為性解放運動的象徵，他寫詩以與凡人共喜樂的 Kālī 來譏諷還是處女的聖母瑪利亞，還將 Kālī 的形象疊放在自由女神像之上，將密教的色情女神與象徵美國認同的聖像合在一塊。在 Ginsberg 自創的 Kālī 女神像中，Kālī 頸上所掛骷髏換成了世界各國的領袖，如華盛頓、羅斯福、列寧、史達林等，腳下踩著的是跪著的山姆大叔的屍身。密教的形象變成了批判當時被認為是壓抑、腐敗的社會政治秩序的武器。通過對憤怒的色情女神 Kālī 的強調，密教為已經與性愛、女性氣質和幽暗失去了接觸的超級理智的西方世界提供了一劑十分及時的對治良藥。

20 世紀 70 年代是美國「新時代運動」最紅火的年代，

美國化了的密教成了這個五光十色的精神和宗教運動中的一個特別關鍵的因素。所謂「新時代運動」實際上是不同的精神運動、生活方式和消費品的一個大雜燴，是從歐美玄學傳統和 60 年代的文化反動中滋生出的一種異端宗教、東方哲學和神秘心理現象的混合體。在表面的雜亂無章之下，貫穿「新時代運動」的主題是「對個人的頌揚和對現代性的聖化」，即對個人自我與生俱來的神聖性的根本信仰和對諸如自由、平等、真實、自我負責、自我依賴、自我決定等西方現代性的幾個最基本的價值觀念的肯定。晚近的「新時代運動」還進而對物質的繁榮、理財的成功和資本主義也加以神聖化。與 60 年代文化反動運動對物質享樂主義的否定形成強烈對比，新時代人轉而肯定物質享樂主義，尋求精神性和物質繁榮、宗教超越和資本主義商業成功之間的和諧結合，視物質財富的富裕為精神覺悟的一種功能。在這個大背景下，密教演變為肯定人類自身的神聖性、尋求感性與靈性、入世的物質享受與出世的精神喜樂的完美結合的精神形式，它從此不再是黑暗時代的宗教，而是寶瓶宮時代的最強大的宗教之一。它體現了對流行的基督教價值的文化反動式的反叛和對身體、感官大喜樂的頌揚。對於幾代新時代人來說，這種靈性和感性（肉欲）、出世的超越和入世的大喜樂的密教式結合代表了黎明前的寶瓶宮時代的本質。密教不再是一種危險的、違背常理的秘密崇拜，而是肯定人生、推崇肉欲的大眾宗教，是普羅大眾的一種感官的靈性（a sensual spirituality for the masses），是性愛和精神兩大王國的完美結合體。到 20 世紀末，密教更發展成為性、精神、社會和政治等一切層次的自由的代名詞。按照新時代人普遍的說法，他們自然的性本能長期受到西方社會和基督教的扭曲的性道德觀的壓迫，幾個世紀以來，有組織的宗教利用人們的性負罪感來剝削他們，晚近的性解放運動還遠遠沒有成功地消除這種殘酷的遺產。因此，密教是我們這個時代最需要的精神道路，是解放我們受壓抑的性和重新整合我們身體、精神之自我的手段。性解放是身體、意識和精神的整體解放。自 70 年代開始，密教成為西方所有社會和性解放的工具，不但女權主義者以密教女神 Śakti 和 Kālī 為象徵，同性戀者也聲稱兩千年來受到了西方宗教的壓迫，必須拿起密教這個武器來為自己爭取解放。這一切的發生正如福柯後來所說的那樣，現代西方並沒有徹底地解放性，而是將性推到了極端，達到了過分和越軌的極限，直到摧毀所有法律、打破所有禁忌為止。正是這種對極端的不懈追求才使美國式密教大行其道。

正當性在美國已經成癮、成疾和變態時，形形色色的外來密教上師紛紛在美國粉墨登場，繼續鼓吹密教是一切解放最有力的手段，將性解放推上了一個新的臺階。在這批上師中影響最大、也最聲名狼藉的兩位是來自西藏的仲巴活佛和來自印度的 Osho-Rajneesh。仲巴活佛本是青海玉樹屬噶瑪噶舉派的蘇莽德子堤寺的第十一世活佛，20 世紀 50 年代末流亡印度，後入英國牛津大學深造，70 年代初遠走北美，並

很快走紅。他在科羅拉多建立的那若巴學院曾為新時代人的精神聖地，他的著作《在行動中坐禪》（*Meditation in Action*）和《剖開精神的物質享樂主義》等至今依然非常暢銷，以他所傳教法為靈魂的香巴拉中心今天遍佈美國各大城市。仲巴活佛短暫的一生中，聰明和瘋狂都達到了極致，其行為之驚世駭俗，前不見古人，後不見來者。他閱盡人間春色，獨享世上所有福報，吃肉、嗑毒、抽煙、喝酒，無所不為，身穿最華麗的西服、出入以賓士代步，常為世界頂級旅店精緻套房中的貴賓，飲食起居都有僕從小心伺候。他不但娶年方二八的未成年英倫少女為妻，而且他的美女弟子們還排著隊要和他合修密法，曾與他同床雙修的女弟子不計其數。他傳法時常常處於半醉狀態，不是自己先脫光衣服讓弟子們抬著轉圈，就是要求弟子們一起脫光衣服，誰稍有不從便不惜用武力迫其就範，由他主持的法會常常演變成群交派對。他傳法時最津津樂道的就是將覺悟比喻為性高潮，將發菩提心比喻為撩撥心識之陰蒂。令人不可思議的是，這樣一位酒鬼、瘋僧，卻得到了包括著名作家 Alan Watts、W. S. Mervin 和 Ginsberg 在內的一大批相當有檔次的美國弟子們的頂禮膜拜，被視為 20 世紀最富創意、最理想的密教上師。像藏傳佛教傳統中的其他著名瘋僧一樣，他那些瘋癲的行為不過是遊戲、是善巧方便，目的在於振聾發聵，給弟子們當頭棒喝，領他們走出精神的物質享樂主義的誤區。仲巴活佛認為過分執著於精神性和宗教，從而使自我變成另一種可得意之

物，這是精神的物質享樂主義，他要用瘋狂、激進的純物質享樂主義行為來把它喝退。遺憾的是，仲巴活佛的這番努力顯然矯枉過正，他的弟子們不但沒有走出精神的物質享樂主義的誤區，而且還堅持把這種主義進行到底，將精神的超越作為瘋狂追求感官和物質享樂的藉口。譬如密教的性愛是精神的、神聖的，所以他們不管如何追求性愛的大喜樂都是無可指摘的。仲巴欽定的衣缽傳人唯色丹增明知自己已經感染了愛滋病毒，還繼續與他的多位弟子——情人們共修大喜樂，以致將這致命的病毒至少傳給了她們中的一位。這正好應驗了仲巴活佛再三的警告，修密教是一件十分危險的事情。

來自印度的Osho-Rajneesh被認為是 20 世紀美國最臭名昭著的密教性愛上師，他是 20 世紀後期最初幾位在美國消費者文化中成功販賣他們打上自己商標的新密教（neo-Tantrism）的印度上師之一。Rajneesh的新密教在美國的傳播使密教傳統成功地完成了商品化和商業化的過程。到 80 年代，激進的性解放已近尾聲，代之而起的是性的商品化，這是資本主義向現代文化所有領域擴展的更大的社會經濟過程中的一個部分。Rajneesh 提供了西方人想像中的密教所擁有的所有東西：一個確保靈魂覺悟的免費愛情秘術，一個令人激動的激進社區。Rajneesh 1931 年出生於印度的 Madhya Pradesh，年輕時多次體驗過各種不同的大喜樂，21 歲便完全覺悟。曾在大學教哲學，60 年代後期開始招收徒弟，傳授他的精神體驗，鼓勵弟子們沉溺於一切肉欲，嘲諷印度的民

族英雄甘地是受虐狂式的沙文主義性倒錯者。1971年，他在印度的Poona建立了一個新的烏托邦社區作為一種新文明的種子，並很快使其成為一個非常高贏利的新文明，也很快因財政和法律問題與印度政府發生衝突，被迫於1981年攜大批弟子逃亡美國。自稱為「美國等待已久的彌賽亞」，Rajneesh很快在Oregon的Antelope購置了一塊方圓六萬四千公頃的土地，開始與他的弟子們一起營造自己的新城和理想社會 Rajneeshouram。這個社區很快變得非常的富裕，存在四年間的總收入竟高達一億二千萬美元。但他們很快與周圍的美國本地居民發生激烈衝突，1986年美國政府以其違反憲法規定的政教分離原則為由，取締了這個社區，Rajneesh和他的弟子們受到種種不同的指控和調查，Rajneesh 最終於1987年被驅逐出境，在沒有其他國家願意接納的情況下不得不返回 Poona。儘管如此，Rajneesh 的弟子遍佈世界，他的影響即使在他於1990年去世之後依然不減，他成為一個全球高技術運動和商業經營的國際性偶像。

　　Rajneesh鼓吹的是一種沒有宗教的宗教，一種道德的無政府主義，一條超越傳統道德觀、超越是非的道路，一種明確排斥所有傳統、教條和價值觀的宗教。他認為人類的一切痛苦來源於扭曲的社會關聯，即家庭、學校、宗教和政府等文化體制對每個個人的程式設定，人類的自由和解放只有先解構所有這些強加在我們身上的程式設定才有可能。為了幫助他的信徒們解除這些設定的程序，他設計了一系列瑜伽、

觀想和其他心理——身體合修的方法，而其中最重要的就是那些被他貼上新密教標籤的修法。而要學到這一套修法，信眾們必須付出昂貴的代價，為期三個月的整套重新平衡程序法要價七千五百美元。Rajneesh稱他的新密教是一種終極的反宗教，是一種不需要嚴格儀軌、不需要任何清規戒律的精神修法，其目的只在於將個人從所有束縛中解放出來。密教是自由，密教是解放，密教不分好壞、不分善惡地接納一切，密教是對人欲、激情的終極肯定。密教接受性衝動，並視其為人性最強的力量。如果性愛被徹底地整合和吸收，則將成為人類最強大的精神力量。佛陀、耶穌之所以有那麼大的吸引力，就是因為吸納了性愛。所以，Rajneesh所傳修法很多與群交有關，他稱此為一種「強化治療」，使人通過強烈的發洩導引出意識的轉化和昇華。密教修習的終極目的是徹底的自我接受、自我實現，而達到這個目的的最便宜方法就是性愛瑜伽。一旦你釋放了受壓的性欲，你就會發現自己早已完美無缺、神聖靈通。既可以沉溺於肉欲的快樂和滿足，又能夠獲得徹底的自由和即時的聖化，Rajneesh的新密教看起來是20世紀70年代的「自我一代」（Me generation）和80年代的「權力一代」（Power generation）的最合適的精神表達。

網上大喜樂與後資本主義文化邏輯

　　密教和密教性愛的神話在資料化的網路時代繼續膨脹。通過網路組成的全球化的虛擬密教社區，打破了地理邊界、

年齡、性別、種族、社會階層等所有局限。不管你生活在地球上的哪個角落，你都可以和生活在地球另一個角落的人們一起供養本尊、崇拜神靈，舉行密教法會、交流精神體驗、同修大喜樂。美國式的密教，或曰「精神的性愛」，通過網路輕而易舉地佔據了全球市場。在人類歷史的第三個千年開始的時候，密教看起來是美國這個後資本主義社會的最理想的宗教。

如韋伯所言，早期資本主義的建立與新教倫理關係至深，人們崇尚的是勤奮、節儉和禁欲。而今天的後資本主義社會則以大眾消費和市場化為主要特徵，崇尚肉欲的滿足和

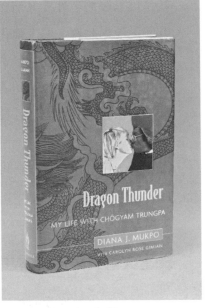

Cutting through Spiritual Materialism 書影   *Dragon Thunder* 書影

享樂主義。資本主義市場邏輯滲透到所有文化領域，從藝術到政治、宗教都成為可以買賣的商品。宗教早已成為精神超市中明碼標價的消費品，信仰者可以自由挑選最適合於自己的宗教形式，拼合成為完全屬於他們個人的精神信仰。後資本主義時代人對任何重大、統一的世界觀和人類歷史的宏大敘事普遍失去信仰，其美學品味趨於欣賞體格強健、震撼價值、即時滿足和大喜樂體驗。在後資本主義的消費文化中，身體不再是罪惡和欲望的載體，而是喜悅、享受和滿足的來源。美式密教與這樣的文化大背景顯然極為合拍：首先，新密教拒絕一切傳統的宏大敘事和既定的意識形態，公開擁抱消費者文化的激進的多元主義、Heteroglossia 和自由拼湊；新密教來源於一切文化傳統的神聖遺產，是一種不受體制限制的普世傳統，密宗性愛是適合於普世大眾的不分宗派的神聖性愛。其次，作為後資本主義時代的產兒，新密教也推崇強壯、享樂和震撼的審美觀。按仲巴和 Rajneesh 的說法，普通人都深陷於為主流教育、政治和宗教所創造出來的社會關係的運行不良的模式中，將我們從這些破壞性的模式中解放出來的唯一途徑是密宗的強烈震撼策略，即以非法的性愛或對食品、毒品和狂野派對的沉溺作為對現世的道德法律的明確違背。這樣做的目的是要打破我們理解現實的一般方式，將我們設計進一種脫離塵世一切束縛的終極的大喜樂狀態中。

當下美國人對密教的吹捧更加玄乎，密教甚至被稱為「未來的科學」、「政治變革的引擎」，密教將在這個千年

中重新將人類團結在一個新的精神民主體制中。密教的未來就像是女人的最佳性高潮，它沒有極限。密教是一種廣大的精神體驗，像海洋一般、奇妙和不可預知。密教是一個精神性的商標，它可以將享樂與超越、自我實現和塵世的富足奇妙地統一起來。凡此種種，不一而足。事實上，作為一種最激進、最違背常理的精神形式，密教踐踏了所有的禁忌，打破了所有的社會限制。但正如自稱為「後色情現代主義者」的色情明星 Annie Sprinkle 用密教性愛的現場表演作為從所有對性的限制和社會禁忌中獲得解放的工具一樣，密教看來真的就是生活在這個以激進的性、暴力、違犯戒律為標誌的時代的美國人獲得精神解脫的最合適的道路了。

　　總而言之，眼下人們心中的密教形象是東方和西方、學術界和普通百姓之想像的一個複雜和綜合的創造。密教實際上是一個變化多端、極不穩定的範疇，其意義或隨特定的歷史時刻、文化氛圍和政治環境的變化而變化。而我們對密教的看法的改變實際上反映的是我們自己不斷變化中的道德觀和性觀念，從這個角度來說，密教無異是觀照我們自己心理的一面鏡子。通過對密教在美國被接受、改造和重新創造的歷史過程的了解，我們可以對百年來美國人的心路歷程，特別是性觀念的變化、發展有一個總體的把握。而美國人對精神的物質享樂主義的揭露和批判或可引以為前車之鑒，對目前國人中間出現的相同傾向予以警惕和抑制。

原載《文景》，2008 (10)

《欲經》：從世間的男女喜樂到出世的精神解放

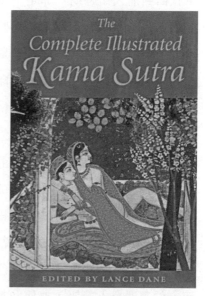

The Complete Illustrated Kama Sutra 書影

一

　　剛到德國不久就聽説有一部叫做《欲經》的古印度情色秘典在西方十分流行，以後時不時地能在書店、錄影帶店或電視節目中見到，但裡面究竟有些什麼貨色則沒有認真關心過。德國有所謂「紅燈文化」，情色（erotik）乃有閒、有錢、

有情調的人玩賞的一門藝術，是陽春白雪，據說裡面學問很大；不像色情（pornographie）不給人留下任何想像和審美的空間，把本來具有豐富、細膩的情感和精神世界的人類一下打回到前人類時期，那是下里巴人的東西，見不得陽光。最近，我對近幾十年間密教在西方，特別是美國的流行頗為留意，不料又常與《欲經》不期而遇，因為西方人習慣將本來和密教不搭邊的《欲經》與印度密教、甚至密乘佛教混為一談。雖然這部世界最古老的情色祕典在西方已被庸俗化為專講房中術的淫書，故以《欲經》命名的色情讀物和電影五顏六色、五花八門。但伴隨著密教的興盛，《欲經》脫胎換骨，甚受喜好「精神性愛」者的歡迎。紅男綠女，不管是異性戀，還是同性戀，若既捨不得割捨世間凡人性愛的喜樂，又想達到出世覺者精神的解脫，則無不將《欲經》捧為寶物。從情色降格為色情、再從色情昇華為神聖，《欲經》在西方的遭遇令人驚訝，亦使我對《欲經》本身產生了極大的好奇心，於是趕緊從網上郵購《筏蹉衍那的欲經：卜爾通的經典譯本》（ *The Kama Sutra of Vatsyayana: The Classic Burton Translation*, New York: Dover Publications, 1883 [2006]）和《足本欲經：印度經典文本的第一個不加刪減的現代譯本》（ *The Complete Kāma Sūtra: The First Unabridged Modern Translation of the Classic Indian Text*, translated by Alain Daniélou, Park Street Press, 1994）這兩個目前在西方最受推崇的《欲經》英文譯本，開始認真地閱讀起來。《欲經》的

兩位英譯者 Burton 和
Daniélou 顯然都是一流的人
物，都有本事將一部至少一
千七百餘年前用梵文寫成的
東方古籍改造成一部讓今人
讀來依然興味盎然的現代西
式文本。除了這兩個本子以
外，百年中間出現的《欲
經》其他譯本和改編本多如
牛毛，即使拋開那些氾濫於
坊間的色情版《欲經》不
談，它在西方一般知識大眾

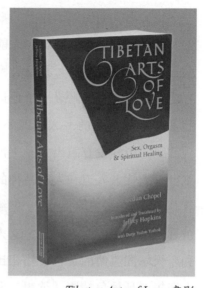

Tibetan Arts of Love 書影

中的流行程度或也超過《易經》、《道德經》和《西藏死亡
書》等其他西方最知名的東方聖典。最近芝加哥大學宗教史
教授 Wendy Doniger 和哈佛大學世界宗教研究中心的印度心
理分析研究專家 Sudhir Kakar 聯袂重譯《欲經》，用心理分
析法對《欲經》作了全新的解讀。看來不同背景的人、從不
同的角度出發，每每可以讀出一部內容全然不同的《欲經》。

二

　　或許是長期受人誤導的緣故，印象中的《欲經》肯定是
一部剌剌黃的書，拿到手才發現，它看起來倒更像是一部學
術書。《欲經》原本是一部用當時印度精英階級的學術語言

——梵文寫成的偈頌體作品，要不是有卜爾通這樣的怪人下工夫翻譯，世上大概沒多少人能看得懂。可見得它本不是寫給普羅大衆們看的書，其讀者應該是生來高貴的上等種姓和有錢有學問的士紳階級，情色這東西從來就不是阿貓、阿狗們都有權利享受的。大概我不是道學先生的緣故，從這部《欲經》中我沒有讀出太多「淫」的東西，相反覺得它是一本挺有人性、人道和人本精神的勸世箴言式的古書。它或可算是一部上乘的情色之作，但絕非低俗的色情作品，它更應被看做一部專門討論男人、女人及其相互關係的「人論」。和今天坊間流傳的黃色書籍相比，《欲經》早已落伍，市面上兜售的種種色情版《欲經》多半是掛羊頭賣狗肉，其中沒有多少原裝貨色。《欲經》原作者筏蹉衍那據稱是一位婆羅門種姓的宗教人士，但《欲經》中很少宗教說教，通篇是對如何處理人生、男女關係和享受人間喜樂的具體、實用的建議與技術指導。作者儼然是一位曾經滄海的仁厚長者，以他豐富的人生經驗，指導後生晚輩應當如何與女人相交、相處、相悅，保證既不違反家庭倫理、社會規範，又獲取個人身心的最大滿足，並借助六十四種情愛之術達到男女性愛的最大喜樂等等。這些人情味十足的處世之道，特別是以平等、喜樂為主旨的男女相處之道，至今也不算過時舊貨，讀來依然令人頗受教益。從中我們既可以窺見印度古代社會、文化之風貌和士紳階級之人生百態，又或可改變對歷經佛教、伊斯蘭教和維多利亞式新教三重洗禮後的印度人給世人

留下的禁欲和苦行僧形象。

　　《欲經》本名 Kāma Sūtra，Kāma 漢譯「欲」、「愛」、「欲樂」、「愛欲」、「愛樂」等等，義指男女情愛和由此所生喜樂；Sūtra 原意「線」、「綱」，引申為「經」、「經典」。故 Kāma Sūtra 亦譯《愛經》，或者《欲樂經》。英文通常譯做 *The Arts of Love*，譯言《愛術》。古印度人認為人的一生有法（Dharma）、利（Artha）、欲（Kāma）和解脫（Moksa）四大目標。法指善行、美德，利指財利、饒益，欲指人生愛欲、欲樂的滿足，而解脫則指脫離輪迴，實現永遠的解脫。四者中間，法、利、欲乃世間之物，而解脫則是出世的東西，屬宗教範疇。於法、利、欲這人生三大目標中，德行最高，財利次之，欲樂最低，但三者缺一不可，都應該努力去追求，否則人生就是不圓滿的。德行雖然是人生的最高境界，但也是窮人無法消受得起的奢侈品；而貧窮決不是美德，它不但令人難以享受人生的喜樂，而且也令倫理、美德無法實現，所以只要無損於法，人就可以唯利是圖。同樣，只要不損

The Kama Sutra 書影

財利，人就可以恣意享受男歡女愛。一般說來，青少年當力求獲得知識和財利，以保障日後生活無憂；青壯年當專心享受欲樂，方不虛耗難得暇滿人身；老之將至才追求道德完美，以實現終極的解脫。約西元前 7 世紀，古印度出現了三部法典性質的政書，分別是《法論》、《財利論》和《欲樂論》，即從善行、財利和欲樂三個角度制定人類行為規範、規劃實現人生三大目標。其中的《欲樂論》據稱乃古印度聖神濕婆的守門人 Nandi 所傳。而 Nandi 本乃一頭通靈的公牛，在偷聽濕婆和他妻子 Pārvatī 百年不止地做愛時竟然大受感動，口中情不自禁地發出仙界才有的響聲。為了利樂世間眾生，Nandi 把這些響聲記錄了下來，遂成指導世人享受喜樂的《欲樂論》。大概到了 4 世紀，即印度歷史上的笈多時代，有一位名叫筏蹉衍那的婆羅門學者，收集、整理當時幾近失傳的《欲樂論》，編寫成了這部今天流傳世界的《欲經》。

《欲經》全書共一千二百五十偈，分成七個部分，三十六章。七部分內容分別是：

一、導論，分五章。先說法、利、欲人生三大目標及實現這三大目標的方法、應該掌握的知識和本領，然後討論市民生活規範以及婦女、朋友和中介人的類別。

二、論兩性交合，共十章。具體討論抱、吻、抓、咬、淫聲、抽送、陰陽轉換、口交等六十四種所謂男女性愛技巧。

三、論娶妻，分五章。先說婚禮，接著教人如何獲取女人的信任，如何以外表和行為表達自己的感情，然後列出男

人為贏得佳人之心和女人為贏得才子之心而必須做的事情，最後討論婚禮的形式。

四、論妻子，分兩章。第一章說賢妻的生活方式和夫君不在身邊時的行為規範，第二章討論妻妾關係，再嫁寡婦、棄婦和國王深宮內後妃、宮女的行為準則，以及夫君與妻妾相處之道。

五、論他人之妻，分六章。總說男女相處之道，先說男女之特徵，解釋男人贏得女人或遭女人拒絕的緣由，然後教男人如何認識並贏得其心儀女人之芳心，如何捉摸女人心態，再論中介的作用、權威人士對他人之妻的愛、宮女生活和守住自己妻子的方法。

六、論高等妓女，分六章。先說高等妓女求諸男人的種種原因，綁上令其心儀之男人的手段，值得相識的男人的種類，再教妓女如何假扮妻子角色、獲取錢財、預知情變徵兆、擺脫情人或與老情人破鏡重圓，最後討論生活的得與失，以及高等妓女的不同種類。

七、論吸引他人之技巧，分兩章。先說個人的打扮和俘虜他人之心的手段、滋補藥物；後說撩人興致的方法、各種試驗和秘方。

三

顯而易見，《欲經》中說的全是世間男女之事，與出世的宗教沒有關係。可是，《欲經》從一開始在西方流傳就常

常被人與密教混為一談，這大概與《欲經》的第一位英譯者卜爾通爵士（Sir Richard Francis Burton, 1821-1890）本人的充滿醜聞的經歷與作為一名瘋狂的密教行者的身份有關。卜爾通是在西方文學想像中構建密教形象，或者說在整個西方大眾文化中構建密教現代形象的一位重要人物。他不但是一位赫赫有名的勇敢的環球旅行家和冒險家，而且也是西方最早對密教有極大興趣的英國作家、翻譯家之一。他的傳記作者將他的一生概括為「船長理查德‧佛朗西斯‧卜爾通爵士：曾去麥加朝聖的秘密特務，發現了《欲經》，將阿拉伯的夜晚帶到了西方」（Captain Sir Richard Francis Burton: The Secret Agent Who Made the Pilgrimage to Mecca, Discovered the *Kāma Sūtra*, and Brought the Arabian Nights to the West），足見此公一生的傳奇對東方神秘主義在西方的傳播有過巨大貢獻。卜爾通曾是英屬東印度公司的船長，後受皇家地理學會支持長期在亞洲和非洲探險旅遊，晚期成為外交官，出任英國駐多個地區的公使。卜爾通有超凡的語言天才，常常能輕而易舉地學會其探險地土著居民的語言，與他們打成一片。這也使他於 1853 年作為秘密特務成功完成了近代歐洲最著名、記錄最詳備的一次非穆斯林歐洲人對麥加、麥迪那的偽裝朝聖，轟動一時。同樣由於他傑出的語言天才和對情色的終身不渝的追求，卜爾通成為向西方世界同時成功引進《欲經》和《一千零一夜》（*The Book of Thousand Nights and a Night*，於西方俗稱《阿拉伯的夜晚》，於中國亦稱

《天方夜譚》）這兩部最著名的東方情色經典的第一人。卜
爾通對情色的熱衷在他的遊記中有充分的反映，他每到一地
探險最關心的內容之一就是當地的各種性風俗，並常常直接
參與、試驗各種在其同胞們看來非常荒唐的性行為。而他與
密教的淵源則開始於 19 世紀 40 年代，當時卜爾通曾在南亞
地區學習、修持密教瑜伽。19 世紀 70 年代開始，見多識廣、
對包括密教性愛在內的各種東方色情秘術有充分的了解和豐
富的實修經驗的卜爾通開始與 Foster Fitzgerald Arbuthnot 合
作翻譯、出版東方的色情作品。由於當時英國法律禁止出版
色情書刊，而卜爾通的譯作在當時被普遍認為是色情作品，
故不准公開發行。為此卜爾通專門成立了一個名稱「欲論社
團」（the Kama Shastra Society）的東方出版社，專門出版
他們翻譯的這些色情書，供讀者內部訂購和流通。他出版的
這些書中最著名的就是《欲經》（1883）、《一千零一夜》
（1885）、《釋迦餒夫捹維的香園》（*The Perfumed Garden of
the Shaykh Nefzawi*）（1886）和《愛神》（*Ananga Ranga*）
等。據稱《欲經》實際上不是卜爾通一個人的作品，號稱至
少通二十九種語言的他竟然只通印度語而不通梵文，有點匪
夷所思。總之，《欲經》是他和 Arbuthnot 合作的結果，最
早於 1883 年出版，先在內部流通，不料它的盜版很快就出
現在巴黎和布魯塞爾等其他歐洲城市，從此風靡世界。從
1883 年迄今一百二十餘年中，卜爾通的《欲經》不知再版了
多少次，我手頭的這一本是 2006 年的重印本，據稱與 1883

年版完全一致，没有任何增删。

讓人把《欲經》與密教混淆的一個重要原因是，不但卜爾通本人的性愛經歷臭名昭著，而且他筆下的密教也常常充滿情色的內容。不管是翻譯，還是自撰，卜爾通習慣於在他依靠的東方原典中添油加醋，摻進許多本來没有的東西，將他天才的想像和個人修習的體驗硬塞進東方古人的著作中。十卷本的《一千零一夜》就是一個經典的例子，它實際上不是翻譯，而是編譯，甚或編造。這大概是早期西方的東方學家們通常要犯的一種錯誤。對印度古籍的翻譯，卜爾通也採用同樣的辦法，還美其名曰給僵屍添加血肉，即給已成死書的印度梵文古籍注入新的生命和活力。卜爾通曾將梵文《五個起屍鬼的故事》（*Vetālapaň cavim-satikā*）翻譯、改編成一部相當暢銷的書，題為《毗柯羅摩王和吸血鬼：古印度的鬼怪故事》（*Vikram and the Vampire; or Tales of Hindu Devil-ry*）。卜爾通在這部書中講述了一個原書中根本不存在的駝背惡魔的故事。這個駝子的一切行為都受貪欲和怨恨驅使，故身殘心狠，無惡不作。他既是賭棍、色狼，又是殘忍的小偷，不惜踐踏一切正統社會的禁令，目的就是要使自己成為一名密教徒（Tantri）。他參與那些最下流的密教儀軌，與酒、女人和死屍相伴，希冀通過沉溺於欲望而最終征服七情六欲。結果駝子終於變成了密教徒，這樣他就可以為所欲為，幹他想幹的一切惡行。他從一位背道的婆羅門那裡得到灌頂，宣告拋棄他以前信仰的舊宗教的一切儀式，然後開始

施行一種令人厭惡的宗教儀式。夜深人靜之際，駝子與八男、八女雜處一處，選擇房中一個最秘密的角落，做所謂「聚輪供養」儀軌。他們肆無忌憚地飲酒作樂，還舉行如裸坐於死屍身上等許多可恥的儀式。與他一起修法的這八個女人大多數出身寒微，其中有婆羅門女性、舞女、織布工的女兒、聲名狼藉的女人、洗衣女、理髮師的妻子和地主的女兒等等。駝背惡魔的上師告訴他，他的這些行為無關羞恥和厭惡，要緊的是要自由地享受一切肉欲的快樂。古代的聖人認為征服激情、肉欲是達到最終至福的關鍵，故選擇禁欲、苦行，而這位駝背惡魔則以毒攻毒，選擇以沉溺於極端的肉欲享受中而使欲望消減。

卜爾通捏造的這個駝背惡魔的故事流傳甚廣，流毒無窮，它促成了 19 世紀後期維多利亞時代殖民想像中一種標準密教形象的形成，即密教就是褻瀆神靈的黑色巫術，是和下等種姓女人的性愛和對一切肉欲的完全、徹底的沉溺。在這樣的背景下，人們自然地將卜爾通翻譯的《欲經》錯當成了密教的經典，將《欲經》中秘傳的誘人的性愛技術當成了密教黑色秘術的一部分，並不斷將它推陳出新，演繹出各種新的版本，最終使其成為「性愛瑜伽」或者「密教性愛」的經典。《欲經》本來與印度教、耆那教和佛教等印度宗教中的密教傳統均無關係，佛教中的密教傳統更是要到 7 世紀以後才開始在印度流行，比《欲樂論》晚了一千年，比《欲經》也至少要晚三百餘年，然而到了西方它們之間就難以分

割清楚了。密教的性化，《欲經》難逃其咎，而性化了的密教反過來又把本為「人論」的《欲經》推到了世界級色情經典的位置上。

四

近年來，隨著密教「精神性愛」，特別是藏傳佛教在西方的流行，本來與佛教毫無關係的《欲經》行情看漲，不明箇中情理的人甚至錯以為它就是一部藏傳佛典，對此誤解實有澄清之必要。自卜爾通時代以來，西方的密教形象曾十分不堪，密教一直被認為是印度人意識中最恐怖、最墮落的東西，是印度最無知、最愚蠢的種姓所喜愛的巫術。可到了20世紀六七十年代，風靡美國的新時代運動卻將密教提升為同時滿足肉欲和精神追求的「大喜樂崇拜」，或「精神性愛」，從此密教備受推崇。在此大潮流之下，藏傳佛教作為世界上碩果僅存的密乘佛教，備受後現代西方人的青睞。密教儘管源自印度，但其傳統早已消失於殖民主義和現代文明的灰燼之中，故只有西藏喇嘛才是這一傳統的合法繼承人，只有西藏才是熱衷密教性愛者嚮往的人間淨土——香格里拉。當今西方時尚的藏傳佛教熱無疑與他們對密教性愛的熱衷有關。

自密教開始在西方傳播，西藏喇嘛就在其中扮演了一個極為特殊的角色，藏傳佛教與密教一起在西方經歷了一個從被妖魔化到被神話化的過程。1936年，英國女性主義小說家Elizabeth Sharpe發表了一部題為《左道密教的秘密：虛構人

物的傳奇》（*Secrets of the Kaula Circle: A Tale of Fictious People*, London: Luzac, 1936）的小說，其中對墮落、腐朽的密教儀軌作了生動到令人震驚的描述。這部小說的故事圍繞一位年輕的法國女人 Mary de la Mont 如何受一位西藏密教喇嘛的誘惑、並被他那些令人耳旋目眩的密教儀軌引入墮落的深淵而展開。小說主人公對左道密教已在歐洲日趨流行這一現實憂心忡忡，故不惜說出她自己真實而充滿羞辱的故事，要把密教可怕的秘密告訴和她當年一樣幼稚的西方女人，勸她們不要像她一樣上當受騙。當年的 Mary de la Mont 就因抵擋不住神秘、權力和情色魅力的誘惑，26 歲時嫁給了一位據稱具有超人力量的西藏喇嘛。她把她所有的一切毫無保留地獻給了他，滿心希望能夠借助他的神力得道成佛。而喇嘛對她這位白種女人也是一見傾心，聲稱她的美麗令他癲狂，她是世界上最偉大的瑜伽女。於是，他對她施放魔咒，以超凡的魅力令她神魂顛倒，玩弄她於股掌之上，最終剝奪了她所有的一切，包括她的美麗、理想和金錢；而她則常常震顫於他的醜陋、粗魯和力量，身不由己地對他言聽計從。儘管她沒有得到他向她保證過的與他雙修就可以得到的超人力量，但她的身體總是要軟弱地、不可抵擋地投入到這位陌生神人的懷抱之中。而最終使這位法國女人墮入深淵的又是當年駝背惡魔曾經熱衷的、左道密教中最秘密、最邪惡的「聚輪供養」儀軌，這個儀軌實際上是讓所有邪念都得到徹底滿足的最好藉口：亂倫、酗酒、饕餮和所有能想像得出來的性倒

錯，在這裡都變成了最神聖的聖禮。參與左道密教社團者信守的誓言是：女人是母親，一切願望均應得到滿足。可是在這個社團中很少有女人能不被玷污，全身而退。舉行「聚輪供養」儀軌時，女神廟外堆滿了生肉、魚和酒，男人們在Mary de la Mont面前裸露著身體，唱著、跳著，似醉如狂。然而按照儀式的規定，他們還要再喝四十二碗酒，因為劫難已經降臨到這些可憐的人身上，他們能幹的事情無非就是吃、喝、樂、死。赤裸的男人、女人，發出淒厲的尖叫，跳著腳，晃著頭，只聽得一聲吆喝：「讓你們所有的欲望都得到滿足吧」，於是一場完美的獸性的群交開始了。

　　Sharpe筆下的密教和喇嘛形象是如此的醜陋、嚇人，但《左道密教的秘密》這部小說的出版卻並沒有像小說主人公所希望的那樣，讓那些「無知的西方少女」遠離密教和喇嘛，以免重蹈法國女人Mary de la Mont的覆轍。相反，密教和喇嘛的結合越來越緊密，也越來越受西方人的喜歡。僅曾在美國新時代運動中興風作浪的瘋聖仲巴活佛一人，短暫的一生中就不知迷倒了多少個像Mary de la Mont這樣的西方「無知少女」，不同的是，仲巴活佛的大部分女弟子——情人們至今對她們這位備受爭議的西藏喇嘛仍充滿了熱愛、崇敬和感激。而仲巴活佛顯然不是唯一一位曾與西方女弟子「雙修密法」的喇嘛，這樣的事情時有所聞，間或還被當做醜聞揭諸報端。例如，與仲巴同時在西方非常活躍的喇嘛中，有一位名為卡魯（Kalu Rinpoche, 1905-1989）的活佛，

來自德格八蚌寺，屬噶瑪噶舉派。瘦骨嶙峋的他身上從來都是一襲藏紅色的法衣，一副苦行僧和瑜伽行者的形象，深得西方信衆愛戴，對藏傳佛教在西方的傳播有巨大貢獻。可就在其圓寂後沒幾年，他生前的弟子兼英文翻譯、曾出家為藏傳佛教女尼的蘇格蘭人 June Campbell 女士竟寫書爆料，稱她自己曾經是卡魯活佛長期的秘密情人和性伴侶。Campbell 女士那本引起巨大爭議的書名為《空行母：在藏傳佛教中尋找女性認同》（*Traveller in Space: In Search of Female Identity in Tibetan Buddhism*, New York, 1996；再版時改名為《空行母：性別、認同和藏傳佛教》（*Traveller in Space: Gender, Identity and Tibetan Buddhism*, 2002）書中除了透露她曾遭卡魯活佛長期的性剝削外，還從女性主義角度，對藏傳佛教中處處可見的男權主義，特別是活佛轉世制度作了尖銳的批判。Campbell 最終因為受不了這種見不得陽光的秘密性關係而脫離了以卡魯活佛為領袖的藏傳佛教團體，成為一名宗教學者。她不認為她是卡魯活佛的什麼「雙修明妃」，他們之間的這段性關係與密教修習沒有任何關係，而純粹是年已古稀的上師對才二十出頭的女弟子的性剝削。Campbell 覺得有義務把她這段特殊的經歷寫出來，除了批判佛教的男權統治以外，也希望誡示後人，不要犯她曾經犯過的錯誤。可是，連她自己也清楚地知道，她那些對藏傳佛教和喇嘛充滿激情的女同胞們根本不會把她這位蘇格蘭中年婦人的話當回事，《空行母》一書的出版為她自己招來罵聲一片，卡魯活佛的

鐵桿追隨者罵她是神經不正常的騙子，而新一代的 Mary de
la Mont 和 June Campbell 則層出不窮。

五

　　藏傳佛教與密教性愛有關，看來是西方精神追求者的常
識。可是翻遍總數達 4569 部的藏文大藏經，再加上卷帙浩
繁的其他藏文佛教典籍，卻找不出一部人們期待中的密教性
愛寶典，這未免令人大失所望。好在世上還有一部《欲
經》，不妨挪來一用。而最終將《欲經》與藏傳佛教掛鈎，
並把它從一部情色作品提升為密教「精神性愛」之寶典的竟
是一名被西方人稱為「瘋聖」的現代西藏喇嘛和一位身為同
性戀者的當代美國著名藏學家。

　　這位西藏喇嘛就是近年來在中西方都備受推崇的更敦群
培（1905-1951）先生。西藏歷史上曾有過許多不世出的瘋
聖，風華蓋世，人皆稱頌，行為癲狂，鬼也吃驚，與他們相
比漢地濟公和尚那些離經叛道的小事根本不值一提。為世人
熟知的瘋聖就有情歌王子六世達賴喇嘛倉央嘉措和西方密教
大聖仲巴活佛等，而介乎這二者之間的大概就是更敦群培。
自稱「安多托缽僧」的更敦群培思想和才華都超越時代，他
是哲學家、史學家、詩人、畫家、遊記作家和社會改革家，
酒至半酣還能展示通梵文、巴利文、英文、日文等十三種語
言的能力。早年他曾在塔爾寺、哲蚌寺、拉卜楞寺等著名的
格魯派寺院中學法，學富五明、辯才無礙，可恃才傲物，目

無尊長，且好做驚人之語，人稱瘋子。後往印度、尼泊爾、斯里蘭卡等地朝聖，十三年間曾將《羅摩衍那》和《薄伽梵歌》譯成藏文，將法稱的《釋量論》、寂天的《入菩薩行》譯成英文，還幫助流亡中的俄國人羅列赫將藏文史學名著《青史》譯成英文。他還曾受印度共產黨影響，發起成立「西藏革命黨」，從事政治活動。他的其他著作中還包括公開批判宗喀巴祖師的《龍樹中論奧義疏》，利用敦煌古藏文書寫成的史著《白史》和記述其在南亞諸國旅行見聞的《智遊佛國漫記》等系列遊記。1947年，回西藏不到兩年的更敦群培被西藏地方政府指控為共產黨員和蘇聯間諜，鋃鐺入獄，蹲了兩年四個月的監獄。出獄後，潦倒的他越發玩世不恭，放浪形骸，成了離開煙酒就活不了的酒鬼和鴉片鬼，很快英年早逝。

這位一生經歷頗具傳奇色彩的喇嘛近年來被人捧成半神話般的聖人，當年鑄成他人生悲劇的癲狂今日造就了他身後的輝煌。人們慷慨地將想得到的美譽都加到他的頭上，其中有一頂桂冠叫做「人文主義的先驅」。莫非這是因為他呵佛罵祖、醇酒婦人，故有此殊榮？更敦群培對他不守佛道供認不諱，朋友回憶說他寓居印度時是妓院的常客，被捕入獄時，他竟然要求當局讓他保有一個真人尺寸的充氣娃娃，以滿足他的性需求，械繫獄中，還曾與一位目不識丁的南亞Avaho血統的女人過夜，聽起來似天方夜譚。而正是這位看來極端好色的喇嘛，「在他生命中最有創造力和活力的時

刻」，悉心研究包括《欲經》在內的三十餘種印度情色典籍，身體力行房中秘術，其間還得到婆羅門長者的點撥和喀什米爾女子「經驗上赤裸的指導」，對男女間的喜樂多有心得，遂於 1938 年在印度摩揭陀孔雀城女友甘迪娃家中，動手寫成了《欲論》（*'Dod pa'i bstan bcos*）一書。

《欲論》顯然是更敦群培在筏蹉衍那《欲經》的基礎上踵事增華，改寫成的一部現代版《欲經》，二者之間的相承關係顯而易見。不同的是，《欲經》全面關注男女之道，而《欲論》只關心前者第二部分中所說的六十四種情愛藝術。除去序跋，《欲論》共分男女之別、情欲關係、初潮青春、愛液精髓、異地之女、交頸相迎、雙唇互吻、十指愛痕、輕咬歡愉、交合之法、挑情愛撫、送往迎來、春情之聲、陰陽轉換、行歡之姿、秘戲行為和進益技巧十六章，說的全是男女喜樂之事。它對六十四種情愛藝術的描述遠比《欲經》具體、明確，更具現代感，但同樣透出鮮明的人性、人本和人道精神。儘管《欲論》是一部不折不扣的情色作品，但其主題思想絕非一個「淫」字可以概括，說其為一部現代西藏的性愛啟蒙書或更合適。在西方神話化了的西藏形象中，藏傳佛教是一種對性愛十分友好的（sex-friendly）宗教，西藏是一個性愛自由的地方，然事實並非如此。前述 Campbell 女士對藏傳佛教中的男性沙文主義的批判主要基於她於 20 世紀七八十年代與流亡喇嘛相處的經驗，而這種男性沙文主義傾向在更敦群培時代的西藏無疑還要強烈得多。近代西藏是

一個宗教神權專制統治的社會，僵化保守是其重要特徵，說普遍信仰藏傳密教的藏人享有男女平等、自由的性愛，這只能是今天的西方人才想像得出來的一個神話。作為一名轉世喇嘛，更敦群培對此一定體會深刻，故不惜以離經叛道來反抗這種令人窒息的神權體制。總之，更敦群培從世俗生活的角度理解男女情愛、追求兩性性愛的喜樂，並通過《欲論》的寫作，用西藏人容易理解的形式，將印度文化中的這個特有的傳統引入西藏，這對當時極端封閉、保守的西藏社會，對受宗教神權統治的西藏人民無疑具有積極的啟蒙意義。

　　從更敦群培的《欲論》中，我們可以讀出不少先進、開明和現代的東西，對作者鮮明的人本精神，特別是他強烈的男女平等意識留下深刻印象。他在書中指出，如果人的生命是痛苦的荒漠，那麼女人、妻子對於男人的意義就如同一個可以帶來愉悅的女神、一塊繁衍家族血脈的良田、一個護士般的母親、一個撫慰心靈的詩人、一個打理一切的僕人、一個畢生以歡笑保護我們的朋友。若沒有這樣的女人陪伴，男人的生活將是何等無聊。所以，男女理應平等，女人不應該受到男人的嘲諷和操縱，哪怕女人犯了道德錯誤，與他人通姦，我們也不能一味責怪女人水性楊花。有權勢、有錢財的男人動輒妻妾成群，為何妻子與人通姦就十惡不赦了呢？寡婦為何就不能再婚了呢？性愛不應該是男人泄欲的手段或者獨享的喜樂，性愛的大喜樂應該由男女雙方共用。《欲論》面向大眾，更敦群培認為性愛就是為了創造男女間的喜樂，

這對於欲界一切眾生都是平等的，他描述的六十四種情愛藝術說的主要是如何激起女性情欲和提升女性快感的技巧。儘管他自己的行為驚世駭俗，但他卻主張建立穩定的婚姻關係，夫妻互敬互愛，男人不應該對他人之妻有所企圖，反對與他人之妻通姦。這樣鮮明的男女平等意識和對俗世的男女性愛喜樂的大膽追求，無疑超越了作者所處的時代。從這個意義上來看，說曾嫖妓宿娼的更敦群培是西藏「人文主義的先驅」或許不算太過。

六

　　身為轉世喇嘛的更敦群培寫作《欲論》這樣一部放肆談論男女性愛的書，在常人眼中絕對是一件十分荒唐的事情。然於瘋聖自己，《欲論》絕非瘋癲之作，今天我們從中也讀不出任何「瘋味」。實際上，更敦群培寫作《欲論》時已完全放下喇嘛身段，公開聲稱：「我對女人不感到任何羞恥，然有極大的信念。過去以來，我確實無意去守那種抑善揚惡的戒律，而最近〔在印度〕連殘餘的偽裝也已停止。魚入水時最知水的深淺，人對經歷過的東西了解最深。念此我辛苦精進，寫作命中註定要我來寫的這部《欲論》。若被和尚嘲諷並無任何不妥，若為密教行者讚頌亦無不可。本書對年老的魯伽邦一無所用，然對年輕的索南塔卻大有益處。」這本書中「並沒有洩露什麼秘密，如密教的甚深修法、名相、密咒等等。那些讓人羞恥的行為還是努力不讓他人知道為好。

因為這本書本來就不是想寫給和尚、羅漢、長老和獨覺者們看的，所以最好讓他們看到書的標題就擱置一邊，而不是去讀它，然後感到憤怒和羞辱。世人性情不一，想法和概念亦各有差異。所以有人會批判它，有人會讚揚它，有人將覺得它骯髒，有人將覺得它乾淨」。於此更敦群培說得明明白白，他不是一位守戒的喇嘛，他寫的這部《欲論》沒有洩露任何密教的秘密，而是根據他對男女情愛的實際經驗寫成，《欲論》與佛教無關，他設想中的讀者不是佛教徒，和尚們最好不要看他的書，省得徒增煩惱。世人對《欲論》一定見仁見智，和尚說壞、行者稱善，然而髒也罷，淨亦好，他根本就不在乎，因為他相信《欲論》對老朽毫無用處，對年輕人則好處多多。清醒如斯，誰敢說更敦群培是個瘋子？

當年的更敦群培不見得是真瘋，今天把他捧上天的人也不見得十分理智，說到底瘋癲和理智都不過是一種遊戲和偽裝。《欲論》本是一部純粹談論俗世男女性事的情色之作，晚近卻被一位十分著名的美國藏傳佛教研究權威捧為「將性愛大喜樂作為精神解脫之門的一部宗教作品」，並被改編成了一部修習藏傳密教性愛瑜伽的教科書，真是匪夷所思。這位美國藏學家就是不久前從維吉尼亞大學功成身退的Jeffrey Hopkins 教授。Hopkins 先生和現任哥倫比亞大學宗教系教授Robert Thurman先生是美國最知名的兩位藏傳佛教研究的權威人物，兩人在20世紀60年代相繼從哈佛大學退學，先隨新澤西的一位卡爾梅克喇嘛學藏傳佛法，然後往印度隨流

亡藏人繼續學習藏語文和研究佛教思想。其後兩人又各自重返大學校園，完成學業，成為西方藏傳佛教的一代名師。Hopkins 入威斯康辛大學麥迪遜校區研究生院，與其老師一起創建了全美第一個佛教專業的博士研究生項目。1973 年畢業後受聘於維吉尼亞大學宗教系，於此建立佛教研究項目，教授藏語文和藏傳佛教，三十年間培養弟子無數，現在美國各大學中授受藏傳佛教的教授中有一大半是他的弟子。Hopkins 本人著作等身，大部頭的專著、譯著就有二十餘種，其中最著名的是《觀空》（*Meditation on Emptiness*, London and Boston: Wisdom Publications, 1983, 1996）和《佛教唯識學派中的空》（*Emptiness in the Mind-Only School of Buddhism*, Berkeley: University of California Press, 1999）等。和 Thurman 先生一樣，Hopkins 先生是學界和公共知識界兩樓的人物，他們不但對美國的藏傳佛教研究，而且亦對藏傳佛教在美國和西方世界的傳播有著非常大的影響。與此同時，他們對西藏和藏傳佛教在西方不斷地被神話化亦有不可推卸的責任。

1992 年，Hopkins 先生完成了他從 60 年代就開始著手的《欲論》的英文翻譯，出版了《西藏愛的藝術：性愛，性高潮和精神治療》（*Tibetan Arts of Love: Sex, Orgasm & Spiritual Healing, Ithaca*, NY: Snow Lion Publications, 1992）一書。人說翻譯是再創造，此話用在 Hopkins 翻譯的這部書上是十二分的貼切。《西藏愛的藝術》一書分成導論和譯文兩

大部分，而導論的篇幅竟然超過了譯文。如果這種結構上的
比例失調讓人多少覺得有點不合常理的話，那麼譯者對《欲
論》之內容的改造和詮釋則只能讓人瞠目結舌了。在這個冗
長的導論中，Hopkins 先生不但用他自己的語言將《欲論》
的全部內容重述了一遍，而且還將這一部非佛教的情色書徹
底地改造成為一部地地道道的藏傳佛教（密教）文本。Hop-
kins 在導論中開門見山地說：「本書的基本思想是性愛喜樂
和精神覺悟的相容性（the compatibility of sexual pleasure with
spiritual insight）。在密宗佛教中，性愛六十四術被有意識地
用在一種精神發展的過程中，目的是要強化具大喜樂的性高
潮，隨之促使一種更精緻、更有力的意識層面的顯現。由於
這種意識能夠顯示具大力之實相，它對精神（覺悟之）道路
有推動意義。更敦群培常常提到性愛喜樂的精神價值，所以
此書中除了大量有關如何強化日常性愛的指導以外，也點明
了印藏密教中修習的一種更高形式的性愛。」基於這樣一個
基本的認識，Hopkins 在「性愛喜樂和精神覺悟」一節中大
談性高潮的大喜樂和證得密宗無上瑜伽續的光明心識的關
係。修學密法的人都知道，無上瑜伽續將人的意識（分別）
分成粗、細、極細三大類和八十種，即因瞋而生起的三十三
種分別、因貪而生起的四十種分別和因癡而生起的七種分
別。行者通過各種不同的修持，如修拙火、夢、幻身、光
明、中陰和遷識等瑜伽，即可獲得明、明增和明得三種信
解，由粗及細依次遮止這八十種心識，最終證得光明心識，

入無分別界，即身成佛。Hopkins 抓住《欲論》中偶爾出現的「大樂」、「空性」等佛教詞彙大做文章，別出心裁地把《欲論》中所描述的性高潮喜樂和佛教無上密法所說的證得光明心識扯在一起，甚至說佛教密宗的自生光明心法就是更敦群培所述六十四種性愛藝術的基礎，藏傳佛教寧瑪派所傳的光明喜樂心法，或稱體性本淨、自性頓成、大悲周遍這寧瑪三句義，即是更敦群培提出的延長性愛喜樂以探索喜樂之根本狀態的理論基礎。Hopkins 用他豐富的藏傳佛教專業知識，將明明白白與佛家密宗修法毫無關係的《欲論》強行納入佛教密宗無上瑜伽續的框架中，然後將它改造成為一部地地道道的「性愛瑜伽」。將獲取、延長、增強性高潮的喜樂與前述修持拙火、夢、幻身、光明、中陰和遷

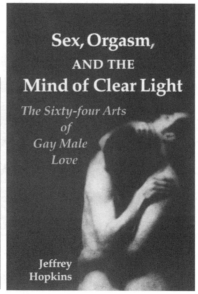

更敦群培及其 Sex, Orgasm, and the Mind of Clear Light 書影

識一樣，作為遮止粗重心識、得證光明心識、即身成佛的一種大樂方便。大膽、荒誕到如此程度，恐怕與更敦群培當年的癲狂有得一比！

在將《欲論》成功地改造成為那些希望同時獲得肉欲滿足和精神覺悟的西方後現代精神追求者期待的密教經典之後，Hopkins 顯然有點意猶未盡，欲罷不能。作為一名同性戀者，他覺得有義務用他掌握的一流的藏傳密教知識為他所屬於的那個社團提供一流的專業服務，為與他有同樣性取向的人指點迷津，使他們也能走上成熟解脫的道路。於是，Hopkins 教授一鼓作氣，再次動手改造更敦群培的《欲論》，將原來只適用於異性戀者的六十四種情愛之術大膽地改造成為適用於男同性戀者的性愛技巧。1998 年，Hopkins 先生將他再次改編的《欲論》正式出版，題為《性愛、高潮和光明心識：男同性戀者的性愛六十四術，更敦群培之西藏性愛藝術的一個變種》（*Sex, Orgasm, and the Mind of Clear Light: The Sixty-four Arts of Gay Male Love, A Variation of Gedun Chopel's Tibetan Arts of Love*, Berkeley: North Atlantic Books, 1998）。此書也分兩大部分，第一部分即是「男同性戀者性愛六十四術」，第二部分題為「沉思」，給出作者對「為何藏傳佛教對性愛友善」、「密教心理學」、「理智、性高潮和同性戀憎恨」和「修持密教意味著什麼」四大問題的思考結果。儘管第一部分中所描述的具體技巧與《西藏性愛藝術》中的描述有所不同，但二者的基本思想則完全一

致,即性高潮能幫助性愛中的人,不管是異性戀者還是同性
戀者,證得光明心識,即身成佛。

　　一位著名的西方學者,利用他作為藏傳佛教研究權威的
身份和權力,對一部來自東方的文本作明目張膽的篡改,借
助他對原文作翻譯和解釋這一權力,把西方世界對一部同時
能滿足肉體和精神雙重需要的東方經典的所有期待一股腦兒
地摻入到他手中掌握的這個文本中,把他自己的意圖和對藏
傳佛教的理解強加給被其熱捧的西藏瘋聖,最終將一部世間
的情色作品改造成了一部出世的精神經典。於是,本來在西
方日趨墮落、越來越黃的《欲經》,通過它的現代西藏翻版
的西方翻版,終於翻身得到解放,出落為一部可登大雅之堂
的世間男女喜樂和世出精神覺悟雙運的精神寶典。更敦群培
本意是要遊戲一把,用情愛六十四術帶來的世間男女情愛喜
樂來嘲弄追求出世精神解脫的和尚和密教行者們,而 Hopk-
ins 對《欲論》所作的如此天才的發揮卻使更敦群培寫作《欲
論》時的這一番良苦用心頓時化做了鏡花水月。瘋聖地下有
知,除了感歎佛力無邊,他再瘋再癲最後還是跳不出如來佛
的手掌心外,真不知還當作何感想?

原載《書城》,2009 (4)

酒、色、瘋僧和活佛

一

　　酒、色乃佛家之大忌，這是婦孺皆知的事情。佛教最根本的思想就是勸人戒除貪、嗔、癡，切斷人生煩惱的總源頭，從而脫離似無邊苦海的輪迴世界，進入不生不死、光明喜樂的涅槃境界。然而，酒、色二字就像是橫亙在眾生成佛路上的兩座大山，是有情貪欲、執著和癡迷的總顯現。酒、色既難戒除，則開口智悲，閉口色空，早上燒香，晚間拜佛，皆難成就任何利益。即身成佛無異癡人說夢，到頭來難免再入六道中輪迴。惡業既成，轉生惡趣在劫難逃，來世是當餓鬼、做畜生，還是下地獄，由不得你我自己做主。

　　道理是如此的明白，要把它參透可讓世間眾生犯難。且不說那些無緣得聞正法的外道、邪魔，多少人就因為貪戀這酒、色二字，恣意作

踐、揮霍這千年難得的暇滿人身，最後落得個早早被閻王爺
收羅了去的下場，在熱地獄中煎熬，在冷地獄中號叫，獄中
剎那，世間千年。就是那些受佛眷顧的行者、僧眾，也常有
人無法擺脫酒、色的誘惑，犯下難赦的粗重墮罪，「淨土變
成欲海，袈裟伴著霓裳，狂言地獄很難當，不怕閻王算
帳。」多少世的青燈孤影、多少輩的苦行密修，統統前功盡
棄、毀於一旦。本來可以去西方極樂世界在阿彌陀佛身邊享
受無邊的喜樂，這下卻不得不提前到閻王殿前報到，任由獄
卒、小鬼們發落、蹂躪，嗚呼哀哉！

　　世上有所謂「花和尚」、「酒肉和尚」云云，事實上，
和尚一花就不再是和尚了。邪淫戒就像殺生戒一樣，和尚是
犯不得的，一犯就決不見容於佛道僧伽，是要被開除僧籍
的。可是，世上確實也有一些和尚、一些喇嘛，他們可以視
酒色為無物，將酒戒、色戒一概置之腦後，相反把對酒色的
貪戀表現得無以復加，卻反而因酒色而留名，受萬人膜拜，
為萬世傳頌。例如，漢傳佛教中那位看起來癲兮兮、髒乎乎
的濟公和尚，手裡總拿著個酒葫蘆，整日除了喝酒就是吃
肉，自稱「酒肉穿腸過，佛祖心中坐」。瘋瘋癲癲、半真不
假，「天南地北到處遊，世態炎涼全看破，哪有不平哪有
我，南無阿彌陀佛」。大家知道，濟公和尚雖然行為荒誕，
卻慈悲為懷、法術無邊，行止更像是一位具無量悲心的菩
薩，他原本是一位對眾生有大利益的活佛。

　　還有像藏傳佛教中那位「不愛佛爺愛美人」的六世達賴

喇嘛，雖然尊為天下活佛拿摩溫，卻半世塵緣，一生坎坷；傳說他鍾情於花容月貌的「未生嬌娘」、流連於聖城拉薩的花陌柳巷，全不顧自己的相好莊嚴，也全不把佛家的百丈清規放在眼裡，結果有情總被無情誤，他被拉下了佛壇，奪去了菩薩果位，終於不知所終。可就是這位六世達賴喇嘛，他至今被全世界各色各目人等一起奉為「情聖」，他的「金剛道歌」被學者、愛好者和好事者們不斷翻譯、改編、甚至捏造成各種文字、各色情調的「情歌」，給在戀戀紅塵中意亂情迷的有情眾生帶來傳自佛國的啟示和慰藉。誰敢說這位六世達賴喇嘛不是一位大慈大悲的真佛爺呢？

濟公和尚也好，六世達賴喇嘛也好，他們可以如此瘋癲、如此大開酒、色之戒，只因為他們決不是一般的和尚，也不是尋常的喇嘛。他們早已跳出三界外，不在五行中，無始以來便已修成正果，是不世出的「聖僧」（或曰「瘋僧」和「瘋聖」），是菩薩化身、是活佛。他們是放心不下我們這些還在六道中輪迴、孤苦無依、受苦受難的芸芸眾生，才重返塵世、應化人間的。他們的人生不過是一場遊戲，是引導有情眾生走上成熟解脫之路的宏化。只要能利益有情，能將他們普度眾生的願力發揮到極致，他們可以隨機應變、為所欲為，酒、色又哪能成為他們的羈絆呢？

二

顯乘的菩薩化身，像濟公這樣的漢地和尚，只不過是喝

點小酒、吃碗大肉，如癲似狂，小施神通而已。而印度、西藏密乘佛教的大成道者們行為之癲狂和離譜則更讓人瞠目結舌、難以置信。於密乘（或曰金剛乘）佛教中，貪、嗔、癡不再被視為成佛的障礙，相反被轉為道用，是眾生成佛的道路。行者不應該對輪迴與涅槃起分別心，作意戒除貪、嗔、癡，相反應該將它們當作修煉成佛的不二法門。從此，酒、色便不再是佛門的洪水猛獸，而是行者藉以修佛成就的捷徑。

印度佛教史上曾有著名的八十四（五）大成道者，他們各有超凡的神通、離奇的經歷，其中一位名密哩斡巴（Virūpa），他是名副其實的「酒仙」，前無古人，後無來者。密哩斡巴是一位密教行者，或稱「瑜伽士」，早先修習喜金剛、勝樂和無我母等密教本尊，獲得超凡的成就。得道之後，示現種種稀有神通，其中最匪夷所思的就是他為了能開懷暢飲、不付酒錢竟然讓太陽足足停轉了三天三夜。

傳說有一次密哩斡巴攜一弟子進一家酒館要酒喝，店主是女流，有眼不識大德，竟然問他可有酒錢否？密哩斡巴讓店主先供他酒喝，待他喝足後再總算酒賬。可店主疑其囊中羞澀，追問他何時才能喝足？密哩斡巴便用隨身攜帶的金剛杵在地上劃了一道線，告訴店主說，只要屋子的太陽光影子到達這道線上他就付賬走人。於是，密哩斡巴和他的弟子兀自開懷暢飲，很快就把這家酒店的酒窖喝乾了。店主為了完成這樁交易，不得不源源不斷地從其他酒店買酒供他倆暢飲，直到把附近十八個大城市的酒窖全部掏乾。據說密哩斡

巴一個人就足足喝了五百頭大象駄來的酒，卻絲毫看不出他
有快要喝足的跡象，而屋子的太陽光影也永遠接近不了他在
地上劃下的那道線，原來密哩斡巴已經小施神通，手指太
陽，讓太陽停在原地不轉了。

　　此時，整個城市已秩序大亂，接近瘋狂。沒有了白天和
黑夜，沒有了時間，城內居民紛紛抓狂，不知道何時該幹
啥、不該幹啥，以致人困馬乏，惟有望著永遠不落下的日頭
發呆。更可怕的是，莊稼漸漸枯萎，河流也開始乾涸。國王
驚慌失措，急令臣下盡速弄清太陽停止轉動的緣由。當國王
最終弄明白原來是密哩斡巴為了賴掉酒賬而讓太陽停轉時，
便答應馬上為他埋單，請求他趕緊讓太陽繼續轉動起來。於
是，密哩斡巴悄然隱身而去，太陽也終於再次旋轉了起來，
然此時已經是第三天的午夜時分了。

　　這位密哩斡巴當然不是一位貪杯的魔術師，他玩的也不
是蹩腳的障眼法。密哩斡巴是印度密乘佛教之大成道者的典
型，他的這個故事也只是印度大成道者種種非凡神通中的一
個典型而已。他們視世間萬有如夢幻往來，輪涅一如，生死
無二，喝酒吃肉，無非幻化，一切都是遊戲，世人千萬不可
當真。實際上，密哩斡巴是印度密乘佛教史上一位傑出的密
教大師。他根據佛教續典《喜金剛本續》和《三菩恒本
續》，再受無我母點撥而傳演的一套甚深密法——「道果
法」，最終成了藏傳佛教薩迦派所傳的根本大法，是藏傳密
法的重要內容。這套密法也曾在元、明間於漢地廣為傳播，

深得蒙古、漢人信眾喜歡。明代漢譯的「道果法」儀軌彙集
——《密哩斡巴上師道果卷》共有十卷之多，其中的一部分
至今依然保存在中國國家圖書館內。

　　當然大成道者們這些看似十分荒誕的行為、神通也常常
會引起別人的誤解，密哩斡巴上師當年就曾因在寺院裡面喝
酒和吃鴿子肉做的餡餅引起僧眾法友們的公憤，最後被寺院
方丈逐出僧伽。為了見性明志、教化有情，密哩斡巴一離開
佛寺大門即顯現神通，平步於蓮花之上，水不沾履地渡過寺
院前的湖泊，同時還將他吃剩的鴿子翅膀和骨頭復活成一隻
比原先那隻更加漂亮的鴿子。作為一名瑜伽士，又受金剛亥
母怙佑和加持，密哩斡巴法力無邊、神通廣大，顯現像讓太
陽停轉、令恆河改道一類稀有的神通，無非是為了顯示諸法
如幻、佛法無邊，以調伏外道、取信有情，激發起有情眾生
對佛法的無窮信仰。連菩薩都做不到的事情，我大成道者就
能夠做到，難道你等還敢不信金剛密乘佛法之威力和神通嗎？

三

　　濟公和尚和密哩斡巴上師都是傳說中的人物，他們是佛
教史家們刻意塑造出來的理想型的「聖徒」，礙難將他們視
為歷史人物。他們的生平事蹟已經被不斷地聖化和演義，與
歷史事實早已有了很大的出入。對他們的行為和神通的理解
事關佛教信仰，非歷史學家所能隨意臧否。然而，在離我們
當下不太遙遠的過去曾經出現過兩位以酒色而聞名世界的西

藏「瘋僧」、活佛，他們的智慧、他們的瘋狂、他們的理想和他們的不幸，皆令世人為之動容、為之著迷，也深深勾起了善男信女們的惻隱之心。這兩位西藏「瘋僧」一位是被稱為「安多托鉢僧」的更敦群培（dGe 'dun chos 'phel, 1903-1951）先生，另一位則是人稱「西藏嬉皮士」的曲江仲巴（Chögyam Trungpa, 1939-1987）活佛。他們同樣是轉世活佛、同樣有蓋世的才華、也同樣沉溺於酒色、同樣英年早逝，他們短暫的人生留下了太多讓人驚歎，又令人遺憾的東西。他們的生活色彩斑斕、跌宕起伏，生前備受爭議，身後捧為神明，當下他們的事蹟也正在被不斷聖化和演義之中。

近年來，筆者有緣多次閱讀、觀覽過這兩位「瘋僧」的各種傳記資料，常常被他們另類的人生經歷所震撼，有時不敢相信這些都是發生在這兩位西藏活佛身上的真人真事，掩卷又常難以自已，生起難抑的同情和悲憫之心。無明如我，殊願他們端的是菩薩化現，但私心也常把他們看作如你我一樣的有情，總覺得他們表面的瘋狂掩蓋著內心巨大的痛苦，他們那些驚世駭俗的行為與其說是遊戲，不如說是出於無奈。於茲斗膽脫離前述之佛教語境，改從俗家的立場，做一番歷史學家的功夫，對這兩位「瘋僧」何以如此癲狂、如此癡迷於酒色的緣由，權作些許純屬個人一孔之見的思量和揣度。

先說更敦群培先生。先生幼時曾被認定為一位寧瑪派高僧的轉世，故具活佛身份。但總其一生，活佛這個頭銜似乎從來沒有給他帶來過尊榮富貴，他的口糧常常是用他一流的

繪畫手藝換來的，他的一切成就好像和他的活佛身份關係不大，他的行為可以像任何人，就是不像活佛，故筆者更願意稱他為先生。先生出生於西藏的藝術之都——安多的熱貢（今青海省內），七歲削髮為僧，先於支札寺出家，後入拉卜楞寺學經；二十四歲入拉薩哲蚌寺深造；三十一歲開始周遊印度、錫蘭諸國，長達十二年；1945年返回西藏，不到兩年即被投入監獄，遭囚禁幾近三年。1950年秋獲釋，不久往生於拉薩，享年僅四十又八。

在他短暫的一生中，更敦群培顯現出了蓋世的才華。傳說他通十二種語文，聽起來像是傳奇。但他至少精通藏、梵、巴利和英文等四種語文，這已經是了不起的成就了。他曾協助俄國人 George Roerich（1902-1961）將藏文史學名著《青史》和法稱的《釋量論》從藏文翻譯成英文，自己又將寂天《入菩薩行論》的「智慧品」從梵文翻譯成英文。同時，他還將巴利文的《法句經》翻譯成藏文，將《沙恭達拉》、《羅摩衍那》、《信仰瑜伽——大黑自在天之歌》、《事業瑜伽》、《度母聖言》等九部古印度文學名著從梵文譯成藏文。眾所周知，西藏歷史上曾經出現過無數著名的大譯師，但他們都只是梵藏、漢藏或者藏漢翻譯的譯師，譯師的定義是「知兩種語言者」，能將梵、巴利、藏、英四種語文互譯的大譯師迄今唯有更敦群培一人。

除了傑出的語文才能外，更敦群培先生還是一位學富五明的大班智達、天賦驚人的藝術（畫）家，才華橫溢的詩

人，辯才無礙的論師、深具洞察力的哲學家、博古通今的歷史學家、興趣廣泛的遊記作家、術有專攻的兩性學家、銳意改革的社會活動家等等。他寫作了西藏歷史上第一部現代遊記──《巡禮周國記》，完成了西藏歷史上第一部從人文角度探討兩性關係的性學啟蒙書──《欲論》，他是西藏歷史上第一位利用敦煌古藏文文獻研究藏族古史的藏族史家，撰寫了舉世名作──《白史》；他寫作的《善說中觀甚深義藏──龍樹密意莊嚴》是藏傳佛教傳統中詮釋中觀學說著作中最富創意的作品；他還是「西藏革命黨」的發起人之一，對改革西藏的政教體制充滿了熱忱和期待。

與此同時，更敦群培先生確確實實是一個與眾不同的狂人。當他還在拉卜楞寺學經的時候，他就曾呵師謗佛，故意在辯論中站在外道立場上，為著那教的「植物有情論」辯護，還對寺內最高佛學權威嘉木樣活佛編定的教科書提出挑戰，最後被逐出了寺院。進入哲蚌寺後，他師從的是當時西藏最權威的佛教學者喜饒嘉措（Shes rab rgya mtsho,1884-1968，曾出任中國佛教學會會長）大師，可他根本就不把後者放在眼裡，常常出言不遜，狂言「喜饒嘉措懂的他更敦群培全懂，他更敦群培不懂的喜饒嘉措也一定不懂」，課上經常與老師大唱對臺戲，極盡戲弄嘲諷之能事，被後者斥為「瘋子」。去印度後不久，他就把喇嘛和轉世活佛的身份置之腦後，開始縱情聲色、尋花問柳，成了風月場中的常客。他花了多年時間收集、研究《欲經》等三十餘種印度古代性

學寶典，並結合自己和印度、喀什米爾女友們的房中實踐經
驗，寫成了一部專論男女性愛六十四術的《欲論》。待他從
印度回到拉薩，則更加放蕩不羈，詩酒華章，風月無邊。不
幸淪落囚牢時，據說他竟然向當局提出要允許他帶個真人大
小的充氣娃娃和他一起入獄，以滿足他在獄中的性需求。後
來他在牢中居然還曾與一位目不識丁的牧羊女子同居，酒過
耳熱，興致所致，照樣賦詩澆愁。待終於從獄中獲釋，他卻
已經變成了一個離不了煙酒的癮君子。

　　顯然，早在去印度以前，更敦群培先生就已經目空一
切，連當時最權威的佛學大師喜饒嘉措都入不了他的法眼，
更何況其他那些面目可憎、迂腐和無知的一眾喇嘛、僧官們
呢？他們在他眼裡大概除了可笑、就是可恨，極不屑於與他
們為伍。當他終於擺脫西藏神權政治的束縛，來到英國殖民
統治下的印度，他日常面臨的又是現代和科學的雙重洗禮，
其中有現代的學術、現代的藝術、現代的宗教、現代的旅
遊、現代的地理、現代的考古、現代的科學和現代的愛情，
這一切都給這位本來狂傲不羈、不可一世的西藏喇嘛帶來了
難以想像的巨大衝擊。更敦群培先生當時在印度和南亞其他
國家結交的是世界一流的畫家、一流的學者、一流的詩人和
一流的宗教家，為了自由地生活和寫作，他甚至可以斷然拒
絕泰戈爾先生讓他去大學教書的邀請，要不是第二次世界大
戰的爆發，他有可能就是第一位受美國藏學家邀請赴美講學
的藏族學者了。

　　作為一名天才的學者，更敦群培先生求知若渴的天性在一個自由、現代的新環境中得到了最充分的發揮，他的知識結構遠遠超越了佛教世界世代傳承和堅守的大小五明。「讀萬卷書、行萬里路」的他知道了世界上有各種各樣和佛教不一樣的舊信仰和新宗教；他甚至知道歐美有一大批「神智學」的信徒醉心於獲取藏傳密教的神秘智慧；他對世界的地理和歷史有了很多的了解，遠遠突破了以須彌山為中心的佛教宇宙觀；他甚至對未曾涉足的歐洲也有了許多的了解，特別是對歐洲資本主義和殖民主義的本質和危害有了相當深刻的領悟和批判。他誇張地說過歐洲人的「智力超過我們千倍，他們很容易就可讓天真、老實的東方人和南方人腦袋打轉。」「他們的心中唯利是圖，他們的性欲比驢還強。」對於一位生活在上個世紀三、四十年代的西藏人而言，更敦群培先生所知道的東西毫無疑問實在已經太多太多，而他對現代世界之社會、科學、宗教、文化和藝術的了解給他帶來的無疑不只是求知欲望的滿足，更不是勇氣和力量，而更多的是激起了他對自己所處的這個遠離現代世界的小社會和舊宗教的失望、憤怒，乃至絕望。

　　1938 年，更敦群培先生曾用藏文發表了一篇題為〈地球是圓的〉的文章，想方設法要讓他的同胞們脫離他們世代信奉的一個精神的須彌世界，相信他們立足的這個現實的地球確實不是方的，而是圓的。而此時希特勒已經吞併了奧地利，Otto Hahn 已經成功完成了鈾的第一次原子裂變試驗，

兩個引擎的飛機已經飛上了天，世界上已經出現了彩色電視、圓珠筆、「超人」和迪士尼動畫片等等。不用說，西藏和現代世界之間的距離已經不可以道里計，先知先覺的更敦群培先生在寫作這樣的文章時，一定感受到了難以抑制的失望和喪氣。據說更敦群培先生臨終前曾對身邊人說過：「西藏沒有一個人像我。」確實，他超越他的那個時代實在太遠，他是西藏歷史上第一位現代知識人。世人皆醉我獨醒，百無一用是書生。設身處地來體會更敦群培先生當時的痛苦、無奈，今天的我們當不難理解他為何如此的憤世嫉俗，乃至有點瘋狂、有點走火入魔。他也許並非有意要做一個離經叛道的「瘋僧」，在他的很多著述中我們可以看到他對佛教和西藏的精心維護。但他對宗教神權專制統治之下僵化、保守的西藏宗教和社會現狀的不滿，促使他只能以一種非常極端、離譜的行為方式來表達和發洩他個人的痛苦和絕望。

傳說中的更敦群培是一位十分好色的喇嘛，據和他接近的朋友們回憶，當年他在印度時常常去逛窯子，而他寫作的那部《欲論》似也為他好色的說法提供了相當有力的證據。而這一切開始於他遠赴印度、脫離格魯派僧伽之後。從一位轉世活佛到一位俗家眾的轉變當然是他個人的選擇，但這樣的選擇與其說是因為他好色，不如說是他對極端不自由、不平等的西藏神權社會的抗議和反抗。在今天神話化了西藏形象中，西藏聽起來似乎一直是一個男女平等、兩性自由的社會，事實上，更敦群培先生當年所處的那個西藏原本是一個

神權統治之下極端男性沙文主義化的社會，婦女根本沒有任何社會地位，兩性關係也完全由男性主導，無平等可言。故他追求自由、平等的兩性關係，正是他個人的現代性、先進性的表現。他撰寫《欲論》的目的無疑不是為了誨淫誨盜，而是倡導從世俗生活的角度理解男女情愛、追求兩性性愛的喜樂；他描述的六十四種情愛藝術說的主要是如何激起女性情欲和提升女性快感的技巧。這樣鮮明的男女平等意識和對俗世的男女性愛喜樂的大膽追求，對飽受宗教神權統治壓迫的西藏人民來說顯然具有十分積極的啟蒙意義，但它無疑也遠遠超越了他所處的那個時代。

更敦群培先生還是一位十分天真的革命家。在印度和南亞生活的十二年中，他接受了足夠多的現代、科學和民主、自由等先進理念，也對英國在印度的殖民統治和印度的國家獨立運動有切身的體驗，對英國殖民者對西藏的企圖有頗深的警覺，他幻想著能夠運用孫中山先生的「三民主義」理論，用改革，甚至革命的手段來推翻、改造西藏地方腐朽、落後的政教體制，所以他成了在噶倫堡成立的「西藏革命黨」的發起人之一。當他於 1945 年後期繞道不丹沿印藏東北邊境返回西藏時，據說曾受「西藏革命黨」領袖邦達繞嘎的委託，繪製了印藏邊境的地圖，還寫下了相關的文字說明。天真的他當時或許並不知道這些地圖最終是為南京國民政府準備的，竟然將它們交給英國殖民者的郵傳送往印度，結果被英國駐江孜的商務代表黎吉生（Hugh Richardson）截

獲，並轉交給了噶倫堡警方，埋下了更敦群培先生一年多後被西藏地方政府投進監獄的伏筆。

更敦群培先生重新回到拉薩時，曾經歷了一小段榮歸故里的喜悅，門前不斷有達官貴人造訪，身邊聚集了不少學法的弟子，甚至那位洋大人黎吉生也曾來向他請教如何解讀吐蕃金石碑銘的學術問題。他自己正致力於解讀敦煌古藏文文獻，撰寫傳世名著《白史》，還正幫助蒙古人格西曲札編寫《藏文字典》。當然，更敦群培先生依然與富貴無緣，時常還得靠替別人繪畫、寫字維持生計，而一肚子的改革理想自然永遠只能是鏡花水月。不曾想到的是，一年多後，更敦群培先生竟被以傳布偽鈔的罪名鋃鐺入獄，且一關就近三年。至今沒人能夠說得清楚他到底為何被捕入獄，但當時謠言四起，眾說紛紜，聽起來都不靠譜，盡是莫須有。有人說他是蘇俄的特務，有人說他是國民黨的特務，有人說他是共產黨，又有人說他是法西斯，有人說是因為他開罪了當時的權貴噶雪巴，還有人說正是那位洋大人黎吉生告了密才把他送進了監獄。不管到底是什麼原因，更敦群培先生被投進了監獄、剝奪了一位天才知識人的所有尊嚴和權利。這能不讓他身似浮雲、心如死灰嗎？事已至此，才復何用，情何以堪？滿肚子的學問、一腦袋的理想，頃刻間統統變成無用和可笑的東西。何處又能排解這份曠世的委屈和怨憤呢？身陷囹圄的更敦群培先生當時一定是「慨當以慷，憂思難忘。何以解憂，唯有杜康。」於是，一位天才蓋世的藏族精英知識份子

從此萬劫不復，變成了一名酒鬼、煙鬼。這是酒之罪？抑或人之罪？該下地獄的難道應該是這位不幸破了酒、色之戒的可憐的西藏轉世喇嘛嗎？

四

再說曲江仲巴活佛。仲巴活佛在西方以 Chögyam Trungpa 著名，這個名字是藏文 Chos rgyam Drung pa 的英（美）式寫法，而 Chos rgyam 又是 Chos kyi rgya mtsho 的縮寫。準確說來，仲巴是這個轉世活佛系列的名稱，他的本名則是「法海」。在西藏，仲巴活佛無疑只能算是一名小活佛，他的祖寺蘇莽甘露坡寺（Zur mang bdud rtsi thil，又稱小蘇莽寺），位於中國青海省玉樹藏族自治州小蘇莽鄉境內，是一座噶瑪噶舉派的小寺院。它是與其隔子曲河相望的蘇莽囊傑則寺（Zur mang nam rgyal rtse）的子寺，原屬土司蘇莽百戶管轄。仲巴活佛原是蘇莽囊傑則寺寺主之弟子仲札娃袞噶堅贊的轉世，曲江仲巴是第十一世仲巴活佛。

眾所周知，近代西藏格魯派居獨尊地位，所以西藏最著名的大活佛絕大部分出自前、後藏的格魯派寺院之中。達賴和班禪，加上可以充任攝政的八大呼圖克圖曾是西藏最著名的活佛。但在西康和安多地區，也曾出現過不少屬於噶舉和寧瑪等教派的著名活佛。然而，歷輩仲巴活佛中似乎並沒有出現過較有影響的大人物，故鮮為人知。而曲江仲巴活佛的出現則讓仲巴這一此前幾乎名不見經傳的活佛轉世系列從此

名聞遐邇，於上個世紀八十年代末以前，曲江仲巴是整個西方世界最鼎鼎大名的西藏大活佛，他也是迄今為止融入西方社會最深、並曾在西方主流社會興風作浪、掀起過軒然大波的一位最有影響力的西藏喇嘛。

仲巴活佛出生於 1939 年，幼時即被確認為十世仲巴活佛的轉世靈童，於蘇莽寺出家，後曾隨絳公貢珠（Jamgon Kongtrul）、頂果欽則（Dilgo Khyentse Rinpoche）和堪布崗廈（Khenpo Gangshar）等三位康區著名的大活佛學法，對噶瑪噶舉派和寧瑪派的教法有精深的了解，所受教法傳承深受當時此地區盛行的不分派運動（ris med）的影響。1959 年，仲巴活佛流亡印度。1963 年，入英國牛津大學，學習比較宗教學、哲學、心理學和美術。1967 年，他和阿孔活佛一起在蘇格蘭創立桑耶林禪坐中心（Samye-Ling），這是藏傳佛教在西方的第一座寺廟；1969 年，仲巴活佛歸化大英帝國，成為有史以來第一位藏裔英國人；隨後，仲巴活佛宣布還俗，並與一位年僅十六歲的英國女弟子成婚。不久，他攜新婚妻子移居北美，先在佛蒙特建立了一個名為「虎尾」（Tail of the Tiger）的禪坐中心，隨後於科羅拉多的 Boulder 市建立了一個名為「噶瑪宗」（Karma rdzong）的佛教社區，從此這裡便成了他進行教法授受的大本營。1971 年，仲巴活佛開始在科羅拉多大學教授佛學課程，並建立了「岩山教法中心」（Rocky Mountain Dharma Center，後以 Shambhala Mountain Center 著稱）；1973 年，仲巴活佛又創建了一個

名為「金剛界」（Vajradhatu，最初曾名法界 Dharmadhatu）的國際禪坐和修習中心聯合會，此即今天遍及世界的「國際香巴拉」（Shambhala International）的前身。1974 年，他又創立了「那蘭陀基金會」（Nalanda Foundation）和「那羅巴學院」（Naropa Institute，後改名為「那羅巴大學」，是北美的第一所佛教大學），作為培養佛學、心理學和藝術人才的人文教育基地。1983 年，他在加拿大的 Nova Scotia 創建了一所名為「崗波寺」（Gampo Abbey）的噶瑪噶舉派寺院；1986 年，他將他的家和「金剛界」的國際總部移往 Nova Scotia 的 Halifax；1987 年 4 月 4 日，仲巴活佛不幸病逝於 Halifax，和更敦群培先生一樣，享年僅四十又八。

　　毋庸置疑，仲巴活佛與更敦群培先生一樣才華蓋世。他是一位出色的學者、天才的導師、雄辯的演說家、多產的作家、富有想像力的詩人、多才多藝的藝術家、有神通的掘藏師、有魅力的社會活動家和組織者、天馬行空式的幻想家、智慧和方便雙運的佛教傳道者。與更敦群培先生不一樣的是，仲巴活佛更具有超凡的個人魅力，並擁有一個可讓他縱橫馳騁的西方大舞臺。就個人對於佛教事業發展的成就而言，仲巴活佛遠勝於更敦群培先生。他憑一己之力，於正處於新時代的歐美世界呼風喚雨，為藏傳密法在西方世界的傳播打開了一幅絢麗多彩的圖景。

　　仲巴活佛是公認將密教傳入西方的第一位最重要的西藏活佛。傳說將密乘（金剛乘）佛法最早傳到雪域蕃地的蓮花

生大師曾預言「鐵鳥騰空，佛法西漸」。然而，當飛機上天時，更敦群培先生卻受阻於二戰的爆發而未能如願來到美國，將藏傳密法傳到西方。這個使命最終由仲巴活佛來完成，他開始在西方的非出家信眾中弘傳大手印法等密教禪定，以及其他密教儀軌和修法，並帶領弟子們閉關密修，甚至親授瑜伽女灌頂等無上瑜伽修法，使得藏傳密教首次在西方世界得到相當廣泛的傳播和認知。仲巴活佛於上個世紀七十年代初創立的「香巴拉禪坐中心」（Shambhala Meditation Centers），在其生前已經發展到近 100 個分部，迄今又增加至 150 餘個分部，遍佈了整個西方世界，是西方最大的、以西方信眾為主體的一個藏傳佛教組織。儘管仲巴活佛圓寂迄今已經二十餘年，但他依然是擁有最多西方信眾的西藏喇嘛。

回顧仲巴活佛於西方世界傳播藏傳密法的經歷和他所取得的巨大成功，我們同樣不得不驚歎他傑出的語文能力。他能在極短的時間內，很快吸引住如此眾多的西方信眾，一個極為重要的原因，就是他的英文語文能力十分出色，並對西方社會、宗教、文化和心理有極為深邃的洞察力。仲巴活佛首途英國牛津時已經是一位二十四歲的青年人，可他日後能說一口幾乎沒有口音的英語，能生動和幽默地用英語講演，機智地和西方信眾們互動，能用精當、貼切的英文語詞來闡發佛法之微言大義，能用雅俗共賞的英文翻譯、寫作大量佛教著作。他的那些用英文著作的佛法教本和講演錄幾乎每出一本都是持續的暢銷書，而且被翻譯成各種西方文字，長期

充斥於坊間書肆，被西方佛教徒們奉為學習、修行藏傳佛法的聖經。他創立的「香巴拉出版社」（Shambhala Publications）迄今還是一個專門出版英文藏傳佛教著作的非常有影響力的佛教傳播中心。

仲巴活佛對西方社會、文化和心理的深邃洞察力，幫助他很快克服了他與西方信眾之間因為文化和社會背景的不同而可能出現的隔閡，並保證他在傳法佈道時能夠有的放矢、因材施教，將本來具有異國情調、難以理解的佛法精義和儀軌，順利地轉化為西方人期待中的來自東方的精神智慧和最終能引導他們走上成熟解脫之路的實修指南。如果沒有能力把來自東方的精神資糧熬成一鍋西方人渴望的、愛喝的心靈雞湯，無法把佛陀所傳的甚深密法幻化成可令西方人振聾發聵、恍然開悟的當頭棒喝，佛法西漸之道難於上青天。而仲巴活佛深諳此道，他出神入化地用西方人聽得懂的語言、借助西方文化傳統的背景知識、結合西方現代社會的實際需求，巧妙地傳播佛法之精義，推廣佛教的規範和德行，以此來發展佛教於西方社會中的影響，教化西人，並使藏傳佛教潛移默化地滲入到了西方主流文化之中。

仲巴活佛從來沒有生搬硬套地將甚深、廣大的佛教教法硬塞給他的西方弟子們，而是嘗試將佛法包裝成為西方人非常熟悉和可以親近的他者。他把佛教當作與唯物主義相對立的精神之學介紹給他的西方信徒，將禪坐為主的佛教修行方式當作一種心理治療的手段在其信徒中推廣。為了使《西藏

死亡書》這部出自十四世紀的寧瑪派密法更好地為其西方弟子們接受和應用，仲巴活佛別出心裁地對這部古老的藏傳密教文本進行了一次徹底的心理學化的改編，他用諸如神經官能症、妄想狂和無意識等一套非常現代的西方心理學詞彙來翻譯、解釋這部古老的藏傳密典，使得讀者對《西藏死亡書》的閱讀變成了一種心理學的閱讀。於是，這部闡述死亡和轉世、解脫的古代藏傳佛教文獻變得很容易被西方讀者理解和接受，其內容自然地滲入了西方世界當時相當流行的心理治療之中，並借助心理治療的流行而得到了更大規模的推廣。

仲巴活佛曾發心要在西方建立起一個「香巴拉王國」，他自稱之所以捨得離開故鄉，不遠萬里來到西方，一個重要的原因是他希望在西方實現他很早就擁有的一個「香巴拉的理想」（Shambhala Vision）。在他看來，不但個人的覺悟不是神話，而且傳說中的香巴拉王國——一個覺者的社會——也是可以通過禪修得以實現的。實現這個「香巴拉理想」的修行就是要把觀想、禪坐作為每個行者與其個人的基本的善性和信念連接起來。這種修法是要將尊嚴、信念和智慧帶進每個行者生活的每一個方面。而這個覺者社會將由他自己作為「大地怙主」、他的太太作為「大地怙主王母」來統領。為此仲巴活佛專門寫了一部題為《香巴拉：勇士的聖道》（*Shambhala: The Sacred Path of the Warrior*）的著作，具體闡述他的香巴拉理想，並將他以 Boulder 為中心的佛教

社區當作他理想中的「香巴拉王國」的試驗地。

仲巴活佛的這個「香巴拉理想」實際上接近今天人們常說的「人間佛教」理念，他反對弟子們對精神追求的過分執著，嘗試要以佛教修持的非宗教化和世俗化行為來推動佛教於西方世界的傳播和影響。他用十二分的熱情積極鼓勵他的弟子們將禪坐修行與他們日常生活中的各種活動結合到一起，特別是要將藝術引進他們的日常生活之中。他曾充滿激情地和弟子們一起修習、推廣日本式的劍道、茶道和插花藝術等活動，還組織弟子們從事書法、詩歌、戲曲、舞蹈、馬術和電影等各種各樣的藝術創作活動，寓教於樂，將人們的日常生活昇華為一種精神的、佛教的修持。他的所有這些創造性的努力無疑都是為了要實現他建立人間淨土──「香格里拉王國」的理想，一度他也曾陶醉於成為「香巴拉王國」之「大地怙主」的無上喜樂之中。

仲巴活佛無疑是上個世紀最富創意的佛教上師，同時他也是最離經叛道、最放蕩不羈的一位西藏喇嘛。他的一生充滿爭議，他對酒色的沉溺令人瞠目結舌。同樣是活佛，更敦群培先生生前沒有經歷任何尊榮富貴，而仲巴活佛卻閱盡人間春色，得享世間所有的福報。不管是坐鎮他的「香巴拉王國」，還是遊方四海、育化有情，仲巴活佛從來威儀如天界佛爺，供億若人間帝王。平日居有豪宅、行有名車，錦衣玉食，花攢錦簇。不久前，他的妻子Diana Mukpo（Pybus）推出了一部冠名《雷龍》（*Thunder Dragon*）的回憶錄，其中

對她最初兩次見到活佛的情景作了詳盡的描述，從中可略見仲巴活佛與酒色的緣分。他的這位未來的妻子當時還是一位年僅 15 歲的中學生，初生叛逆心的她為追求自我實現，有次擅離學校來到仲巴活佛主持的桑耶林禪坐中心。當她第一次見到她未來的活佛丈夫時，本該在法會上作開示的活佛終於在信眾們眼巴巴的等待中走上法台，可還沒開口說上一句話，卻即刻倒地不省人事，顯然上臺以前他已經喝得爛醉了。不久，她再次來到桑耶林求見仲巴活佛，這回活佛倒是沒有喝醉，卻不由分說，且十分慈愛地請她上床，當即和她同枕共修了。數月之後，仲巴活佛便向這位尚未成年的少女求婚，當時可供他選擇、非常願意當他妻子的至少還有另外三位英國女孩。活佛最終的選擇讓這位未成年少女感受到了上師無上的智慧和慈悲。

終其一生，仲巴活佛身邊鶯鶯燕燕，美女如雲。他從不避諱他和她們的親密關係，她們也都以能夠如此親近上師而深感榮幸。據稱仲巴活佛曾和難以計數的女弟子們雙修，由於想和活佛共修的女眾實在太多，故想得到他的親近和加持的女弟子們需要格外的耐心。相反，倒是他的那位貴為「王母」的妻子對此難以保持長久的耐心，一度離開了他和他的「香巴拉王國」。除了對色的恣任之外，仲巴活佛對酒的貪戀也是登峰造極。他妻子初見他時仲巴活佛才剛到而立之年，可顯然已和杯中之物結下了難解之緣。以後十餘年間，仲巴活佛的弘法事業如日中天，而他對酒的嗜愛也與日俱

增，不斷升級，最終成了一個不折不扣的「酒鬼」（Alcoholic）。據說由他主持的法會常常因為他醉得不省人事而通常要比預定的時間晚好幾個小時才能開始，經常是他的弟子們要將爛醉如泥的活佛抬上法座法會才可以勉強揭幕。其間如果不再喝上幾瓶啤酒，他也很難堅持將一場法會自始至終進行到底。為了這杯中之物，仲巴活佛付出了極大的代價，最終還搭上了年輕的生命。早在 1969 年，仲巴活佛就曾因為酒後駕車，開著跑車撞上了一家路邊的小館子（joke shop），落下了終身殘疾，左側身體從此沒有了知覺。1987年，他也是因為嗜酒中毒和與此相關的長年的糖尿病、高血壓等引起的綜合併發症而英年早逝。

　　仲巴活佛的瘋狂顯然還遠不止於他個人的醇酒婦人，據知情人透露，他還曾是一位嗜毒的癮君子，常常和他的朋友們一起服用迷幻藥，每年僅為購買海洛因一項的開支就高達四萬五千多美金。身為上師的他，還會帶著弟子們上街頑皮地把街頭汽車上的天線一個個折斷，他也常常將嚴肅的法會搞成充滿色情和暴力的狂歡。一起最讓他聲名狼藉的事件發生在 1975 年的萬聖節，普立茲獎得主、著名詩人 W. S. Mervin 帶著他來自東方的太太一起來參加一期為時三個月的佛教修習班。開始授受密乘教法那天恰逢萬聖節，於是停課舉辦了萬聖節派對。當晚正當派對接近高潮，已經醉意十足的仲巴活佛來到了弟子們中間，他要求大家徹底去掉偽裝，脫光衣服。他自己率先脫光了衣服，並讓兩位弟子肩扛著他在

大廳裡轉圈示眾。那些不太情願脫光衣服的人也都在他的衛士們的「幫助之下」脫去了衣服。當 Mervin 帶著太太來到現場時，發現情景不妙便慌忙掉頭躲進了他們自己的房間。仲巴活佛先派人請他們出來和大家一起狂歡，遭到詩人的拒絕，盛怒之下的活佛當即命其弟子們踢開門窗，強行把他們拉出門外，並在眾目睽睽之下把他們的衣服全部剝光，還用帶有種族歧視性的語言辱罵了詩人的妻子，對有意勸阻此事發生的弟子飽以老拳。事情曝光之後，一時輿論譁然，仲巴活佛的聲名受到了極大的損害，有人甚至稱他為法西斯分子。

讓仲巴活佛一度聲名狼藉的另一件事是發生在他欽定的「香巴拉王國」的接班人唯色丹增（原名 Thomas Rich）身上的醜聞。唯色丹增是仲巴活佛最寵信的洋弟子，據說此人除了野心不大以外別無長技，可他於 1976 年竟然被欽定為「金剛攝政」，此事或說明仲巴活佛有時也會看走眼，所用非人。可就是這位阿斗式的人物卻在對色的迷戀上青出於藍而勝於藍，來者不拒，男女通吃。尤為可惡的是，當他自己已被確診攜帶愛滋病毒時，竟然依然繼續不斷地和他的男、女弟子們喜樂、雙修，自信他的「明點」只會給人傳送加持，而不會傳播愛滋病毒，結果至少有兩名弟子因此而染上愛滋病毒，早早地和這位「金剛攝政」一起離開了「香巴拉王國」，重新墮入輪迴。

仲巴活佛的上述行為無疑都是驚世駭俗的，很難令人相信這一切都是一位西藏活佛的所作所為。但仔細品味仲巴活

佛的瘋狂，卻不難發現它和更敦群培先生的瘋狂雖有形似之處，然其根源、背景和意義卻都有著本質的不同。更敦群培先生的瘋狂是因為他的思想和精神既超越了他所處的那個年代、但又無法衝破西藏現實給他帶來的束縛，故它是一種在近代西藏語境中產生的西藏式的瘋狂。而仲巴活佛的瘋狂則基本脫離了西藏的時空，它是在西方「嬉皮運動」和「新時代運動」這個背景中滋生出來的一種西方式的瘋狂。如果去掉仲巴活佛作為西藏轉世活佛的身份，就把他當成一位西方的「嬉皮士」，或者是一位美國「嬉皮運動」的領袖、「新時代運動」的幹將，那麼，仲巴活佛這些今天聽起來極為出格的行為在當時並不見得是多麼的駭人聽聞。

上個世紀六、七十年代發生在西方世界的那場「嬉皮運動」和「性解放運動」，以及隨之而來的「新時代運動」，本來就以嗑毒、濫交、暴力和反文化為標誌，積極參與那場運動的整整一代人的行為都有著不同程度的迷失、放縱和瘋狂，而這場運動中的弄潮兒們如領頭服用迷幻藥的哈佛教授 Timothy Leary、「垮掉的一代」的大詩人 Allen Ginsberg 等等，無一不是瘋狂到了無可救藥的地步。仲巴活佛的瘋狂和他們的瘋狂相比也就是伯仲之間的事情，難分高下。Ginsberg 與仲巴活佛的風誼介乎師友之間，據稱 Ginsberg（後來以同性戀著稱）曾主動要求和仲巴活佛雙修，而仲巴活佛卻聰明地和他打起了太極，說「我想將來要是時、空合適的話，探索那樣的感情倒是蠻有意思的事情。」可見，至少在

兩性關係上,仲巴活佛並没有走得比大部分「嬉皮士」們更遠。他還曾勸誡他的弟子們不要服用大麻等毒品,因為吸毒只會誇大個人的神經官能,卻有礙精神覺悟。將《西藏死亡書》改編為服用迷幻藥、做「迷幻之旅」之指南的是 Leary 教授,而不是仲巴活佛。仲巴活佛關心的是用藏傳佛教的智慧來醫治、拯救西方人迷失了的心靈世界。故被尼克森總統指稱為「世上活著的最危險的人」的是 Timothy Leary,而不是仲巴活佛。

仲巴活佛的瘋狂決不是天生的,也不見得是從藏傳密教的大成道者傳統中自行發展出來的,他更是西方「嬉皮運動」和「新時代運動」造就出來的一位瘋僧。仲巴活佛來到西方世界時正當「嬉皮運動」如火如荼,此前備受西方人詬病的密教此時卻大受青睞,因為直接、激進和秘密的密教可為以濫交、毒品、暴力和反對任何體制和文化傳統的六、七十年代經驗賦以精神上和政治上的意義,可為嬉皮士們那些離經叛道的行為的合法化提供宗教和理論上的支援,可為打破基督教傳統中令人壓抑的性道德觀念提供及時的對治,並為打破一切禁忌的性解放、性革命鳴鑼開道。仲巴活佛此時在西方世界的出現可謂適逢其時。可是,西方人對密教的想像顯然絕非仲巴活佛在自己的傳統中所熟悉的那些內容,他們對一位密教上師的期待也絕不是他習慣扮演的那種角色,他們寄希望於仲巴活佛的是引進與藏傳密教傳統完全不同的一種「似龍而非龍」的東西。如果他嚴格按照藏傳佛教的傳

統來扮演一位轉世活佛的角色，嚴格按照藏傳佛教的理念和戒律來要求和訓練他的洋弟子們，不可想像仲巴活佛的弘法事業能夠取得如此巨大的成就。

據現在西方世界鼎鼎大名的英國瑜伽女、主巴噶舉派傳人丹增班姆（Tenzin Palmo，原名 Diane Perry）尊者回憶，當她於 1963 年初遇仲巴活佛時就遭到了活佛明顯的性挑逗，當時她拒絕了活佛的進一步要求，原因是活佛當時給她的印象是一位「純粹的僧人」。要是她當時知道仲巴活佛並不是一位「純粹的僧人」，而是早已經和女人有染，她一定不會拒絕活佛的要求，因為她知道在藏傳密教的傳統中，（和一位掘藏師）雙修是加強精神覺悟的手段。由此可見，「純粹的僧人」的身份在當時反而成了仲巴活佛在西方傳播佛法的障礙，所以他必須改頭換面，以一位「瘋狂的僧人」的面目出現，來實現他弘傳密法、建立「香巴拉王國」的理想。

1969 年，仲巴活佛幾經精神和肉體的磨難，最後終於放下身段，放棄了西藏喇嘛和轉世活佛的身份，結婚還俗。做出這樣的抉擇，相信對於已經當了三十年喇嘛和活佛的仲巴活佛來說是一個十分艱難的決定，而且前途充滿危險。失去喇嘛和活佛的身份，無異於失去原有的一切地位和光環，等待他的是眾叛親離，從前的弟子們紛紛離去，有的還反目成仇，刻意中傷和挖苦他，使他連基本的生存都得不到保障。仲巴活佛本質上甚至可以說是一位非常保守的人，我們從他在十六世噶瑪巴活佛面前處處表現出來的虔誠、敬重和小

心，從他對那羅巴學院的帶有封建式的組織形式和他制定其社區制度和戒律的良苦用心中都可以看出這一點。但仲巴活佛更懂得菩薩隨機應變的道理，他要「以其人之道還治其人之身」，穿著僧袍的活佛難以成為西方信衆們學習、親近和追隨的榜樣，脫下僧袍的他才可以和他要調伏的化機們一起喝酒、抽煙、嗑藥、狂歡，可以用他比嬉皮士們更加瘋狂的行為來對治西方精神追求者中普遍存在的被他稱為「精神的物質主義」的流行病。

所謂「精神的物質主義」指的是那些精神追求者們以表面的精神修習為幌子，偷偷地加固自我中心意識的伎倆。他們自以為通過禪坐一類的精神修行技術就可以發展自己的精神性，使自己獲得覺悟；實際上，這樣的精神修習不過是創造了一種對自我意識、自我個性的確認。這種誇大了的自我意識不過是自欺欺人，與精神的覺悟無關，也毫無利益可言，真正的覺悟是徹底的忘我，而不是對一種精神修習方式的表面的模仿。仲巴活佛要以他的瘋狂作為給他的弟子們的當頭棒喝，以敲醒他們對精神性之追求的執著，徹底驅除附著在他們身上的「精神的物質主義」之魔，真正把他們引上成熟、解脫之正道。與其說讓仲巴活佛變得如此瘋狂的是酒、色，倒不如說是「精神的物質主義」這個西方的流行病。

西方人習慣於把仲巴活佛稱為「瘋狂——智慧的上師」（a crazy-wisdom master），仲巴活佛的瘋狂使他自己英年早逝，卻福蔭、指引了成千上萬的西方弟子和信衆，他的智

慧是一位西藏活佛留給西方世界有情眾生的寶貴的精神資
糧。筆者私心希望仲巴活佛的瘋狂真的是菩薩於人間的方便
和遊戲，是對眾生的慈悲和供養，也衷心期待世間凡人不要
只記得他的瘋狂，甚至模仿他的風流，而更應該領會仲巴活
佛利樂眾生的甚深密意，發心實現他的菩提心識。

五

　　「古來聖賢皆寂寞，唯有飲者留其名」。原來聖賢寂
寞，菩薩也寂寞，所以都難解愁腸，難捨杯中之物，而且酒
量一個更比一個大。李白的酒量大概比不上濟公和尚，濟公
和尚的酒量則無法和大成道者密哩斡巴的酒量媲美。或許菩
薩的願力越大、事業和成就越大，酒量也就越隨之無限地增
大。更敦群培先生當年能喝到的酒想必就遠不如後來仲巴活
佛所喝的多。不過聖賢寂寞，多半是因為世人愚頑，菩薩沉
醉，一定是為了讓有情醒悟。我等無明眾生，本來六根不
淨，三毒未除，切不可自比聖賢、假冒菩薩，貪戀酒色，不
可自拔，那可是真要提前下地獄的。要知道仲巴活佛的「香
巴拉王國」是一個覺者的天國，它的大門是不會為純粹的酒
色之徒打開的。

初識馮其庸先生

　　2005 年 10 月，我意外地收到北京大學榮新江教授來信，說是奉馮其庸先生之請，邀我加盟新成立的中國人民大學國學院，籌建西域歷史語言研究所。我與馮先生素昧平生，只知道他是紅學大家和兼擅詩、書、畫的大師。人大禮請馮先生出任國學院院長實乃眾望所歸，但他何以要招我回國在國學院成立西域歷史語言研究所呢？帶著很多的疑問，我很快從東瀛飛回北京，隨即趕往京郊通州芳草園，拜會瓜飯樓主馮其庸先生。

　　一見到馮先生我就感到分外的親切，意想中的碩儒、鄉賢原來更像是一位慈祥的鄰家大爺，一口濃重的鄉音頃刻間讓我找回了在十六年海外漂泊中早已失落了的根。其實，我的老家離錢穆的故土不過三五里地，但早已沒有了當年的斯文。而馮師母竟然和我一樣來自甘露——一個曾以出產醬油而小有名氣的江南小鎮，這讓我平生

第一次對自己的故鄉有了幾分自豪。江南古來多出才子，但這早已經成為不可再現的神話。如今大概也只有在瓜飯樓中才能領略當年江南文化的餘韻，也只有在馮先生身上才能體會到江南才子的情懷。

瓜飯樓從外表看挺像江南農家小樓，但其內在卻凸現出今天的江南已經很難見到的文化氣息。院子裡聳立著的兩塊江南園林中常見的巨大的太湖石，一襲紫藤掛在石頭背後，周遭疏疏朗朗有幾枝世上罕見的古梅，自然湊成一幅國畫圖樣。瓜飯樓內到處是罐、瓦、碑、像，馮先生一一介紹，這是秦磚、漢瓦、魏碑，那是唐代的石雕、明代的銅像，很難想像這些東西件件貨真價實，但馮先生對它們的熱愛卻讓我看得真真切切。瓜飯樓中樓上樓下到處都是書，馮先生坐擁書城，他的藏書可以抵得上一家圖書館了。在他的藏書中，我看到了上海古籍出版社影印出版的《俄藏黑水城文獻》，這正是我當時所作研究的重頭文獻，馮先生竟然有全套收藏。在日本最讓我羨慕的是日本教授坐在堆滿好書的辦公室中那副怡然自得的模樣，而馮先生的藏書恐怕連曾經非常富裕、且酷愛藏書的日本教授們見了也會艷羨不已的。

瓜飯樓很多房間的牆上都掛著馮先生自己的和馮先生師友們題贈給他的書畫作品，一路參觀過來就像是觀賞了世上難得一見的中國傳統書畫精品展覽。在馮先生工作室寬大的寫字桌上，我還見到了一幅新書墨寶，墨跡未乾，顯然是馮先生剛剛手書完成的新詩作。說實話，兼擅詩書、能吟善

畫、有馮先生這等造詣的學人，此前我還真沒見到過。此刻有緣親見，除了對眼前這位碩果僅存的江南才子由衷敬仰之外，同時也對這種幾乎完全失卻了的中國文人傳統生出無盡的緬懷之情。

馮先生那天和我談的主要是他與西域的情緣，談他自20世紀 70 年代開始十餘次去西域考察的經歷，還展示了他在西域創作的書畫和攝影作品。馮先生曾多次沿著玄奘法師當年走過的道路，實地考查《大唐西域記》中所記載的那些名勝古蹟，對東西文明於此交融之盛況有切身的體會。就在此前不久，馮先生復以八十三歲之高齡，帶領國內一干西域研究之新進，進行了一次規模巨大的絲路考察。他和年輕人一起風餐露宿於羅布泊中，還踏入大漠深處，勘察樓蘭古城，探尋玄奘當年留下的足跡，斬獲甚豐。一位耄耋之年的江南才子竟然依舊如此鍾情於廣漠的西域，一步一個腳印地走過絲綢古道，這難道不足以令世人從此對我們江南人刮目相看嗎？

馮先生還談起了他當時正在撰寫的關於項羽自刎烏江之確切地點的考證文章，根據的不只是相關的古文獻資料，其中也有他多次實地考察的心得。他還談起了當年他和錢仲聯先生一起幾次實地考查，最終發現、確定吳梅村墓的往事。馮先生說這些事的目的，大概是要告訴我「行萬里路」和「讀萬卷書」同樣重要。我心想馮先生自己有今天這樣的成就，不正是他畢生躬行這條古訓的結果嗎？！

《西域歷史語言研究叢書》書影

《西域歷史語言研究集刊》書影

最後，我們談到了正題：何以要在人大國學院建立一個西域歷史語言研究所。馮先生說：人大創辦國學院得到了社會各界的熱烈支援，但也有一些誤解，以為我們要尊孔復古。實際上，我們辦國學院的目的是為了更好地研究中國的傳統文化，發掘中國傳統文化的現代意義。我們主張的國學不是狹隘的漢學，而是包括中國所有民族文化傳統的大國學。我們不只是要研究儒家的四書五經，我們還要研究其他

豐富多彩的民族文化傳統。西域文化薈集中西文明之精華，是中國文化傳統的一個重要組成部分。我們今天重興國學，當然也應該重視對西域文化的研究。不幸的是，雖然中國學人念念不忘上個世紀初西域文獻和物質文明遭受西方殖民者肆意劫掠的那段「學術傷心史」，但我們對西域古代語言和文獻的研究至今卻依然大大落後於西方，許多領域已成「絕學」。所以，我們要在國學院建立一個西域歷史語言研究所，認真培養好下一代青年學生，繼承絕學，並把西域文化當做中國傳統文化的重要內容來發揚、光大。

先生寥寥數語於我如醍醐灌頂，專業化的學術研究在海外不過是自謀稻粱的工具，和個人的人生追求關係不大。而追隨馮先生，倡導西域歷史語言研究，弘揚大國學理念，於我無疑是可將事業和人生完美結合的上佳選擇。於是，我決定從此結束長達十六年的海外漂泊，踏上海歸之途。

原載《文景》，2010(6)

閒話國學與西域研究

　　於海外遊學十六年後，下決心回國就職。日前媒體採訪，讓我談自己的學歷和對國學以及我從事的西域研究的看法。本來人微言輕，且還不到要回顧的年紀，但被人突然於這個特殊的時刻問起，禁不住想一吐為快。記者問的第一個問題是：你一生所經歷的事情中哪一件事對你的學術選擇有重大意義？我想與我同時代的學人或都有類似的經歷，我們對專業的選擇並非一開始就與個人愛好有關。當年我上歷史系就只因各科考分中歷史最高。大學畢業考研時決定報考蒙元史專業，亦不是因為當時對這個專業已有充分的認識和愛好，而是因為當時南京大學的蒙元史研究全國一流，導師韓儒林先生是當時系內最權威的學者。但我並沒有成為韓先生的弟子，獲告被錄取之後為元史研究室做的第一件事是在校園內張貼韓先生的訃告。我的導師是陳得芝先生，在他指

導下我在南大元史室學習、工作了將近七個年頭。回想起來，當年在南大讀本科時，許多青春時光是白白流逝的。儘管有很高的學習熱情和無窮的精力，可沒有人告訴我課外應該讀什麼書、如何讀書。所以大學四年並沒有為下一步的專業訓練作好充分的準備。兩年前一位從京都大學東洋史專業畢業後「海龜」的老同學對我說，他回國服務後最大的感受就是覺得學校太重研究生培養，而不重視本科生教學，老師們對不住優秀的本科生。我聽後內心為之震顫，亦對這位據稱孜孜不倦於本科生教學的老同學產生由衷的敬意。

我在南大讀研究生的經歷對我以後所走的學術道路影響深遠，儘管我並沒有完全留在本專業內。蒙元史研究是當時中國歷史學界一個很特殊的領域。該領域的中青年學者中人才濟濟。在海外闖蕩十六年之後，我依然覺得蔡美彪、亦鄰真、陳得芝等蒙元史學者絕對世界一流。海外學術同行見過不少，但從未見到過一位才情、學問可與亦鄰真先生媲美的學者。作為中國古代史中的一個專門史，蒙元史研究十分強調學習外語和吸收海外學術成果。記得韓儒林先生曾在迎新致辭時說：學習歷史要有兩根拐杖，一根是古漢語，一根是外語，離開這兩根拐杖就沒法走路。十餘年前讀到劉再復先生在海外寫的一篇題為〈身無彩鳳雙飛翼〉的小文章，主題是說：人做學問須具中學、西學雙翼，他那一代學人沒有這副翅膀，飛不起來；其中人品好的勉強能走路，人品次的則做小爬蟲。劉先生的「雙翼說」和韓先生的「兩根拐杖說」

異曲同工，然當時的學者中有這種危機意識者不在多數。而韓先生的「兩根拐杖說」於蒙元史學者中卻影響不小。兩年前在京都龍谷大學聽中國宋史研究會會長王曾瑜先生演講，會後閒聊起他們這一代治中國古代史學者們的外語能力。王先生脫口而出，說除了張廣達和陳得芝，其他人都不行。可見當時真拿得起外語這根拐杖者真是鳳毛麟角。事實上，於治蒙元史或治「西北輿地之學」的學者中間，外語能力強的不只是張、陳二位先生，於我熟悉的學者中間就還有亦鄰真先生、鄧銳齡先生等，他們都是精通好幾門外語的優秀學者。

我在南大元史研究室頭一年的經歷，至今想來依然冷汗三斗。與同學相比，我的學習條件得天獨厚。元史室有自己的資料室，有關蒙元史的中外文資料應有盡有。老師、師兄們每天來室內讀書、討論，合作著書，並主辦自己的學術刊物，充滿著蒸蒸日上的氣氛。這讓我大長了見識，亦自覺應該像老師和師兄們一樣奮發有為。但這樣優越的環境和氣氛亦烘托出了我的無知。前輩的成就高不可攀，好像不曾留給我等後生可待發掘的空白。想做任何一個題目總有名家名篇在前攔路，又牽涉眾多不同語言的資料和論著，令人力不從心。一年間翻翻古籍，讀讀洋文，心裡七上八下，不知何時能找到一個前人未曾太多留意而自己又有能力研究的題目。可幸陳老師很快看出了我的惶恐，給我指了一條可在蒙元史學界獨闢蹊徑的生路。元代的蒙藏關係曾是蒙元史領域內一個尚待發掘的題目，藏文文獻中有許多有關蒙元歷史的資

料。韓先生留學歐洲時學過藏文，回國後亦寫過幾篇有關西藏歷史的論文，其中一篇還被其當年在巴黎的同窗石泰安（Ralf Stein）先生於《通報》上作過專門介紹，但他並沒有將研究的重點放在西藏史上。其後韓先生曾有意讓陳老師專攻西藏語文，並準備派他去北京隨著名的漢藏佛學家呂澂先生學習，但這個計畫最終沒有實現。於此近三十年後，陳老師舊話重提，希望我能夠代他去完成韓先生的這個遺願。這對常常惶惶不可終日的我來說，好似柳暗花明，儘管當時我對西藏學一無所知。隨後我來到北京中央民族學院隨王堯先生學了一年的藏文。王先生是我遇見的最有魅力的老師。一年時間很短，我學到的藏語文知識十分有限，但卻已經下定決心今後要以西藏學研究為專業。彈指間二十年過去了，當年和我一起學藏文的同窗中有成績斐然已成西藏學大家者。要是沒有王堯先生當年的循循善誘，一定沒有他們今天的成就，更不會出現我這樣一位來自江南水鄉的西藏學家。作為當時活躍於西方藏學界的唯一一位有影響的中國學者，王先生教我們閱讀和翻譯大量西方藏學論著，慷慨地將他自己收集到的國內罕見的西方藏學論著提供給我們，使我們相當及時地了解西方同行的學術方法和研究動向。五年以後，我來到德國波恩大學留學，主攻中亞語言文化學。因有國內隨陳、王兩位老師所受的訓練，我並沒有覺得自己在國內所學和德國的蒙、藏學術有很大的隔閡。我於主修專業內的最大收穫是藏語文知識、能力的大幅度提高。我在國內學歷

史，到了德國主修所謂的「文化科學」（Kulturwissen-schaft），後者是對一個民族從語言、文獻、歷史、民俗等各個方面進行的綜合性的研究，但二者基本的治學方法沒有很大的區別。要說在方法上亦有所收穫的話，則主要是在主修之外。波恩大學要求學生於主修之外，選擇兩門副修。我選比較宗教學作為副修之一，它花掉了我寫畢業論文以外的所有時間，但讓我頗有收穫。

我從事的西域研究向來十分冷清，但最近人大國學院院長馮其庸先生卻提出要將它作為國學研究的重點，為此記者希望我對專業的冷、熱問題和西域研究與國學的關係談點看法。國人喜談學問之顯與不顯，常有人說某學是當今顯學，而這樣的話在海外很少聽到。其實學問、專業不應有冷熱之分。好像錢鍾書先生曾經說過，學問是幾個素心人於荒郊野外所做的事情，不冷不行。一門學問表面的顯與不顯多受外在條件制約，與學問本身關係不大。韓儒林先生有一句曾被誤傳為范文瀾先生所說的名言，叫做「板凳要坐十年冷，文章莫寫一字空」。韓先生一生談不上顯赫，甚至連一部專著亦沒有；我最欽佩的亦鄰真先生同樣如此，儘管他們都曾經是當之無愧的世界一流學者。最近讀到張承志先生一篇懷念亦鄰真先生的文章，知道世界上對先生如此心悅誠服的人不止我一人。衷心希望借張先生的聲望，能讓更多的人了解亦鄰真先生這樣一位不世出的學者的價值。學問的冷熱，一時而已。學問本身卻是千秋大事，不可不慎。常有人說，敦煌

學是當今的一門顯學。此話於 20 世紀 80 年代以來的中國而言，不可信其無。然就世界而言，卻不可信其有。西方大學中根本就沒有敦煌學這個專業，連敦煌學這個詞彙恐怕亦只見於中文和日文。雖然研究敦煌文獻的學者遍佈世界，但他們出自不同的專業。敦煌學既沒有作為獨立的學科存在，更談不上是顯學。與敦煌研究不同，西藏學作為東方學的一個分支卻早已在西方學術殿堂中占一席之地，晚近更因一個精神化了的西藏成了西方世界不可或缺的「他者」而使藏學於歐美東方學界內一枝獨秀。但藏學同樣不是一門國際顯學。西方人有他們自己的「國學」，東方學本身就是作為西學的「他者」而存在的，說到底它不過是西學的一個組成部分。雖然今天的藏學顯然比傳統的印度學、蒙古學、突厥學、滿學等熱得多，但藏學既不能成為一門國際性的顯學，印度學、蒙古學、突厥學和滿學等卻亦薪火傳承，綿綿不絕。學術當有自己的傳統，不應受外在條件制約而忽冷忽熱。

　　學問不應有冷熱之分，西域研究，或曰西域歷史語言研究，是一門既有現實意義、又富有學術挑戰性的學問，當然不應該被冷落。馮其庸先生提倡將西域歷史語言研究整合到國學研究之中的確與時俱進。國人早已習慣於「中國是一個多民族、多文化的國家」這樣一種說法，但一提到「國學」最先想到的卻還是四書五經，很少有人會想到非漢族文明的東西。國人對國學的認識與其對國家的認同不同步。事實上，西域研究，或如其開始時所稱的「西北輿地之學」，恰

好是在界定中國的過程中發展起來的。清末中國受外國侵略，出現了前所未有的邊疆危機。為了確保領土完整，不受瓜分，明確中國作為一個民族國家的地位，中國學者中間應時而出現了一股研究「西北輿地之學」的熱潮。所以説，「西北輿地之學」從一開始就是國學的一個部分。嘉道以後，「西北輿地之學」因缺乏新材料和新方法而漸失其活力。然此時「東方學」卻於西方盛極一時，這與帝國主義不斷東侵直接相關，但亦有其特定的學術緣由。當時以法國漢學家伯希和為首的一批歐洲學者，不但從中國的西北地方劫走了大量珍貴的古文獻，而且在學術上亦獨闢蹊徑，運用歷史語言學的方法，即用漢語古音和民族語言或異國語言互相比對等方法，處理、解釋這些多種語言的文獻，令人耳目一新，其成效較乾、嘉諸老更上一層。當時留學海外的中國學者中有一批身懷學術救國之抱負的優秀學者，為這種新興的研究方法吸引，故積極地投身其中。這種曾被人稱為「不古不今、不中不西之學」者，實際上亦古亦今、亦中亦西，它比純粹的中學或西學更富有學術挑戰性。人們常如此形象地嘲諷那些慣於在中西文化之間投機取巧的人，説他們在倫敦講《紅樓夢》，回北平説莎士比亞。相信當時這樣做的人有不少，但有志向者更願意選擇一種介乎二者之間的學問，以此與洋人在學問上一爭高低，以振學術救國之雄心。我曾在留學德國時拜讀了季羨林先生的《留德十年》，當讀到先生當年堅持不選漢學而以斯拉夫學為副修的故事時，深為自己

才疏氣短、竟然選擇漢學為副修而無地自容。

當我在波恩為取得博士學位苦苦掙扎時，時常感歎何以當年韓先生他們這一批學者可以在如此短的時間內、如此好地掌握西方歷史語言學的研究方法，取得如此令人矚目的成就。韓先生一共只在歐洲住了三年，留學的本來目的是學習西洋文明史。可三年下來，他卻成了一位一流的西北語言、史地專家，於西北民族史中的審音與勘同的能力上無與倫比。大概是時代造人，當年韓先生在巴黎的老師中有伯希和、同學中有石泰安，回到國內時西域研究正得到大力提倡，既有像陳寅恪、王國維、陳垣先生這樣的大師可為表率，亦有像傅斯年、顧頡剛先生這樣傑出的學術組織者的積極倡導。雖然是烽火連天的年代，但他們同心協力構築起了中國西域歷史語言研究的象牙之塔。當年中國學術與西方學術間的距離遠沒有今天那麼大。有理由目空一切的伯希和未敢藐視他的中國同行，世界一流的牛津大學竟再三向沒有博士學位的陳寅恪先生發出聘書。讓人痛心的是，一代大師們苦心建立起來的象牙塔很快被無情地摧毀。待中國學者再次有機會面對國際學術時，二者間的距離已被拉開。中國的蒙元史研究承韓儒林、翁獨健、邵循正三位曾留學歐美之西域史、語學大家之流風餘緒一度鶴立雞群，但中國學術之整體水準已不復樂觀。今天人人仰望陳寅恪、王國維，可談陳寅恪者津津樂道的是《柳如是別傳》，說王國維者言必稱《人間詞話》，殊不知前者是作者晚年失明後的自娛之作，而後

者是作者踏入學術高峰期前小試鋒芒之作，他們的學術抱負和最高的學術成就均不在此。據傳中國學者中當年最受伯希和激賞的是王國維和陳垣，可以想見王靜安先生著作中最得伯氏欣賞的決不可能是《人間詞話》，而一定是見於《觀堂集林》中的那些「考史者兼遼金元，治地理者逮四裔，務為前人所不為」的作品；陳垣先生沒有留下一部與《人間詞話》、《柳如是別傳》類似的「國學」著作，可贏得了伯希和對他甚至高過對胡適、陳寅恪兩位先生的尊敬，其原因是他寫出了《元西域人華化考》、《元也里可温教考》這樣治不中不西、不古不今之學的經典著作。因《柳如是別傳》、《人間詞話》而榮登「國學大師」之榜首，陳、王兩位大師若九泉有知，一定啼笑皆非。如果這兩部著作可用作衡量一位學者是否「國學大師」的標準的話，那麼被公認為西方漢學第一人的伯希和先生決無資格當選「漢學大師」。伯氏似從未研究過四書五經，中國古典文學中的風花雪月顯然亦不是他的最愛，他的入室弟子中有蒙古學家、西藏學家、烏拉爾－阿爾泰學家等等，但好像沒有一位純粹的漢學家。伯希和先生的頭像沒有被懸掛在波恩大學的漢學系內，卻被懸掛在中亞系內。莫非伯希和先生就不是一位漢學家？假如陳寅恪、王國維先生沒有《柳如是別傳》、《人間詞話》傳世，不知今天他們是否還會被人稱為「國學大師」？當今中國大師名號滿天飛，可很多人卻很不情願稱季羨林先生這樣大師級的學者為「國學大師」。季先生於德國主修印度學不假，

但他日後治中印文化交流史，作《大唐西域記校注》、傳吐火羅語，並主持中國的敦煌學研究，這與陳寅恪先生當年治不古不今、不中不西之學並無不同。陳先生在海外學的是梵文、藏文、蒙文、滿文、西夏文等西域古文字，夫子自道其學術興趣主要在於歷史和佛教，即在於考證唐朝、吐蕃以及西夏之種種關聯和梵、漢、藏文佛經對勘。於季先生留學和治學經歷中我們不難見到陳先生的影子。不知國人何以對季先生這位百歲老人如此吝嗇，不肯心悅誠服地稱他一聲「國學大師」？伯希和一生主要研究中國西域的語言和歷史，可他是西方學界公認的漢學大師。王國維、陳寅恪先生主治不古不今、不中不西之學，可他們眾望所歸地被聘為清華國學院的導師。由此看來，中西皆以西域歷史語言研究為漢學、國學的一個不可分割的組成部分。中國今天興國學，理應支持西域歷史語言研究。

二十多年前一句以訛傳訛的話，「敦煌在中國，敦煌學在日本」，曾激勵了不少有志之士，令今日中國學者於敦煌研究中所取得的成就舉世矚目。榮新江先生最近提出了敦煌研究的一個理想境界，即「敦煌在中國，敦煌學在世界」，這充分顯示出一位優秀的中國學者的自信和豁達。但我們還應該看到的是，即使在敦煌研究領域內，中國依然不能算是世界上的龍頭老大。對敦煌漢文文獻的發掘和利用，世界上大概沒有比榮新江先生更優秀的學者了。然而對「敦煌胡語研究」，亦即對敦煌發現的非漢語文獻的研究，中國學者除

了耿世民、王堯先生以外基本沒有發言權。在西域研究領域
內中國依然是空白的區域還相當不少。除了敦煌以及與其相
關的絲綢之路和西域各種語言古文獻的研究以外,西域研究
還應當包括突厥(回鶻)、西藏、西夏、蒙古、滿洲研究
等,而在上述所有這些領域內中國學者都不見得已經走在了
世界的前列。要改變這種狀況,需要我們作不懈的努力。不
可否認,從事西域研究,中國學者有著天然的優勢。漢文文
獻是一個寶庫,不管從事西域哪一種文字、哪一個民族的研
究,如果不能利用漢文文獻則必然是一個天然的缺陷。但對
西域研究這一學科的建設,尚需要從許多基本的工作做起。
首先,我們迫切需要建立起一個西域歷史語言研究的專業圖
書資料庫。當年陳寅恪先生受聘清華國學院後再三推遲歸國
行期,於柏林苦等其妹妹從國內為他籌備購買《西藏文大藏
經》之鉅款。可惜陳氏雖為世家,但亦無力滿足他的這一奢
望,陳先生最終抱憾東歸。中國進口第一部影印本《西藏文
大藏經》是陳先生歸國後數年經胡適和旅居北平的愛沙尼亞
男爵、印度學家鋼和泰(Alexander Stael-Holstein)兩位先生
促成。陳先生最終放棄作西域研究的努力,或主要是因為國
內相關圖書資料的不足和其個人收藏的丟失。可幸我們今天
的條件比陳先生當年要好得多,例如他當年孜孜以求的《西
藏文大藏經》,現在不但有中國藏學出版社正在出版的各種
版本合校本,而且我們還可以花不多的錢在美國買到全套的
掃描光碟本。但如今中國學者與西方、日本學者相比,最大

的劣勢或仍在於圖書資料的嚴重不足。西方、日本學者垂手可得的東西，我們往往遍求不得。這種情況不改變，中國學術很難與世界學術接軌，亦沒有辦法培養出一流的學生。其次，西域研究一定得從語言入手，海外學人常常笑話中國有不懂藏文的藏學家、不懂蒙文的蒙古學家、不懂回鶻文的突厥學家等等。這樣的現象不應該在我們的下一代中繼續存在，西域古代語言人才的培養刻不容緩。再次，西域歷史語言研究曾經大師輩出，如今大師已逝，連他們當年創下的學術規矩亦失之殆盡。今日中國學者重有爭世界一流的雄心，委實可喜可賀。然要爭一流，先要預流。預流之後，短時間內或尚難成一流，但努力之下必會有一流的成績出現。反之，若不預流，投入再多亦永遠成不了一流。做學問入不入流，看的首先是作品符不符合學術規範。學術在不斷地發展和更新，但基本的學術規範應該百年不變。唯有如此，學術才能既有各自的傳統，又有國際對話的基礎。晚近學界常常討論如何建立學術規範這一至關緊要的問題，其實如果我們能夠恢復 20 世紀三四十年代那些提倡歷史語言研究的學者們所身體力行的學術規範，中國的學術出版物即可預流。我手頭有一本成都華西協和大學 1942 年出版的中國文化研究所專刊，是呂澂先生的《漢藏佛教關係史料集》。其用紙、印刷極為簡樸，但從注釋、引文到標點、索引均極規範，一點不比與其差不多同時代問世的「羅馬東方學研究叢書」差。而這樣中規中矩的學術著作在今天的藏學、佛學出版物

中已成絕唱。當下常有人為個人著作是否涉嫌剽竊他人成果而與人爭執，造成這種現象的重要原因之一無疑是其著作的不規範。曾有朋友的弟子被人指控學術剽竊，我友痛心疾首之餘發感慨說：坊間多的是東拼西湊而成的爛文章，這比全文剽竊更加惡劣。最簡單的學術規範就是要以前人的學術成果為自己所作研究的起點，否則要它作甚？著作等身，有何用處？止可覆瓿，倒亦罷了。辛苦為之，卻討個貽笑大方，又何苦來著？國學亦好，西域研究亦罷，若不遵守最起碼的學術規範，不說一流沒戲，就是預流亦難。

　　遊子倦歸時，本當三緘其口。斗膽說那麼多閒話，並非不知高低，有意要評點江山。初則被人問起，不得不有所回應；繼而有感於今日為學之艱難，想做一流的學問當真必須學貫中西，然於我來說可謂 mission impossible。少小失學，至今對中學一知半解；遊學西方雖十又六年，可對西學的認知尚不及對中學之一知半解。有心步前賢後塵，勉強做些不中不西、不古不今之學，謀生之外，尚冀私心有所寄託。國學雖是中國的學問，但國學研究必須是世界性的。若西域研究這門本來就頗具世界性的學問能有幸作為國學的一部分而得到重視，區區私願，即得而償矣！

原載《文景》，2006 (7)

我們能從語文學
學些什麼？

一

　　2008 年 10 月，在中國藏學研究中心舉辦的
北京 2008 年國際藏學討論會開幕式上，來自奧
地利維也納大學的 Ernst Steinkellner 教授作了題
為〈我們能從語文學學些什麼？有關方法學的幾
點 意 見〉（What can we learn from philology?
Some methodological remarks）的 主 題 發 言。
Steinkellner 先生是世界佛學耆宿、語文學大家，
他用語文學方法處理梵、藏文佛教文獻之精緻，
已成世界同行難以企及的標準。請他來談語文學
的方法，可謂適得其人。出人意料的是，Steink-
ellner 先生沒有多談語文學和他所從事的專業研
究的關係，卻大談了一通語文學方法對於實現人
類和平、和諧和幸福的意義。他指出：語文學是
一門研究文本的學問，其宗旨是正確理解文本之

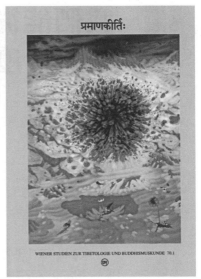

Ernst Steinkellner 教授及學生
為其所做七十頌壽文集書影

本來意義。而今天我們這個
世界賴以繼續生存下去的條
件就是需要人們正確理解個
人、社會、國家互相發出的
各種文本和資訊。因此，語文學不僅是一種處理文本的學術
方法，而且還是一種世界觀，是指導我們如何理解他人、處
理與他人關係的一種人生哲學。

　　大家知道，語文學通常被歸屬於小學、樸學之流，與理
學、哲學相對。在中國學界，它常被認為是一門從事實證研
究的技術活。我本人從進入學界開始就偏愛語文學，但受這
種觀念影響，有時亦會覺得自己所做的學問遠離義理之學，
無法直接參與學術和時代的「宏大敘事」，心中有所不甘。
「聽君一席話，勝讀十年書。」Steinkellner 先生的報告，
如醍醐灌頂，令我恍然明白過來，原來語文學不僅是正確處
理古典文本的學術方法，而且也可以是關乎世界和平、人類
幸福的人生哲學。真慶幸當今學界還有像 Steinkellner 先生

這樣祭酒級的人物，不但能將作為樸學的語文學的精美發揮到極致，而且還能跳出象牙塔，將作為理學的語文學的意義說得如此精當，將職業和人生、世界結合得如此完美。小子不才，今生唯 Steinkellner 先生馬首是瞻！

二

　　philology，此譯之為語文學，以前有語言學、言語學、語學、古典語言學、比較語言學、歷史語言學、文獻學、小學、樸學等種種不同的譯法。最早將這門西方學問在中國學界大力推介的是傅斯年先生。他在中央研究院發起成立「歷史語言研究所」，其中的「語言研究」指的並不是主要研究語言表達之形式（the form of linguistics expression）的 linguistics，即「語言學」，而是同時研究語言表達之意義（meaning），將「語言學」和「文字〔文學、文獻〕研究」（literary studies）結合起來的「語文學」（philology）。今天「史語所」的英文名稱作 The Institute of History and Philology，「中央研究院」又另設「語言學研究所」，與「史語所」區別開來，這或說明「史語所」至今依然遵循傅先生當年建所時的宗旨，重視「語文學」研究。

　　在〈歷史語言研究所工作之旨趣〉那篇有劃時代意義的學術宣言中，傅先生對「語文學」和將這門學科引進中國的必要性作了說明，大致可以歸納為以下幾點：1.隨著梵文的發現和研究，歐洲古典語言學在18、19世紀之交發展迅速，

其中印度—日耳曼系的語言學研究最有成就，帶動了其他語支的研究，導致研究語言流變、審音的比較語言學的發展；2.西洋人利用「語文學」方法，解決了中國人不能解決的史籍上的「四裔」問題，格外注意中國人忽略的匈奴、鮮卑、突厥、回鶻、契丹、女真、蒙古、滿洲等問題。所以，如果中國學是漢學，那麼西洋人治這些匈奴以來的問題是虜學，而漢學之發達得借重虜學。3.中國人沒有「語文學」這個工具，所以歷代音韻學者審不了音，甚至弄不明白《切韻》，一切古音研究僅以統計的方法分類，知其然不知其所以然。所以，中國人必須借助「語文學」這個工具，來建設中國古代言語學，研究漢語、西南語、中央亞細亞語和語言學。傅先生上述意見無疑對「史語所」的規劃和引進「語文學」方法、推動中國學術研究的進步起過重大的作用。但要真正理解傅先生當時提出這番意見的良苦用心，我們或當對西方「語文學」發展的源流和當時西方漢學研究的狀況有所了解。

迄今為止，我們無法給 philology 找到一個大家認可的譯名，這或許是因為我們很難給 philology 下一個確切的定義。只有檢討這門學科的歷史發展過程，我們才能理解到底什麼是 philology。philology 這個詞來源於希臘語 philolo-gia，它由 philos 和 logos 兩個詞組成，前者意為「親愛」、「喜愛」、「朋友」等，而後者意為「言語」、「語言表達」和「推論」等，合起來意為「學問之愛」、「文學〔獻〕之愛」等。philology 最初表示的是一種對學問、文學〔獻〕以

及推理、討論和爭論的熱愛，與熱愛終極智慧的哲學（phi-losophos）相對應。不過，古希臘傳統中這種寬泛的對「學問和文學〔獻〕之愛」（love of learning and literature）後來漸漸被專業化為專指對語言的歷史發展的研究，特別是到了19世紀，歷史語言學（historical linguistics）研究在歐洲學界興起，成為 philology 的主流。「歷史語言學」也稱「越時語言學」（diachronic linguistics），總括比較語言學（comparative linguistics）、詞源學（etymology）、方言學（dialectology）、音韻學（phonology）、形態學（morphology）和句法（syntax）等，重視理解發音、音變規則（sound laws）和語言變化（language change）的研究。在歐洲的學術傳統中，philology 常常是「歷史語言學」的同義詞。傅先生文中提到的研究語言流變、審音的比較語言學即指「歷史語言學」，中國老一輩學者亦多半稱 philology 為「歷史語言學」。確切地說，「歷史語言學」只是 philology 的一個比較突出的分支而已，除了上述這些語言學研究內容以外，philology 還應包括對語言的歷史和文字〔學〕傳統（literary tradition）以及對古典文獻（ancient texts and documents）的研究。

傅先生在文章中著重提到的「歐洲古典語言學」實際上指的是「古典語文學」（classical philology），它與「歷史語言學」幾乎就是同義語。「古典語文學」一開始是對古希臘文、拉丁文和梵文的語文學研究，以後擴展到對所有歐

洲、非歐洲和東方古代語言的研究。16世紀初，歐洲語言學家發現了梵文和歐洲語言的相似性，於是推想所有語言都來自一種共同的祖先語言，即所謂「原始印歐語」（Proto-Indo-European Language），觸發了古典語文學研究的熱潮。「古典語文學」主要是一種「比較語言學研究」，重視各種語言間的關係的研究。但它的興趣並不局限於語言研究，而是要通過研究各種古典語言間的關係和各種異種語言來弄清古典文獻的來源，並理解和解讀這些古代文獻。「古典語文學」作為一門獨立的學科在歐美學術界有持久的影響力，多數名牌大學中曾經有過「古典語文學」或者「古典研究」（Classical Studies）系和專業。

除了對語言變遷歷史的研究之外，「語文學」格外重視對文本及其歷史的研究。通過文本批評（textual criticism）來重構和理解文本的本來意義，這是「語文學」研究最基本的內容。所以，它特別注重文本的發現、編輯、整理和解釋，遂成所謂「文本語文學」（textual philology）。今天很多人將「語文學」逕稱為「文獻學」大概就是這個道理。「文本語文學」有悠久的傳統，它起源於西方語文學家對《聖經》的研究，其歷史可以追溯到歐洲宗教改革時期。語文學家們試圖通過對存世各種不同版本的《聖經》作比較研究，以重構《聖經》最本初的文本（讀法）。這種以重構原始文本為目的的文獻研究方法很快被應用於對歐洲古典時代和中世紀文本的研究之中，成為西方學術研究的主流。這種

「文本語文學」留下了一個在西方學術界至今不衰的學術傳統——製作文本的「精（合）校本」（critical edition）。一個「精（合）校本」的製作旨在提供一種可靠的、重構的原始文本，要求作者將同一文本的所有存世的稿本收集起來，進行比較研究，並在其重構的文本的註腳中將各種稿本中出現的五花八門的差異之處一一標注出來，使讀者能對整個稿本的面貌和流傳情況有通盤的了解，從而對各種稿本歧異之處的正誤作出自己的判斷和理解。與這種「文本語文學」相伴隨的還有一種被稱為「高等批評主義」（higher criticism）的研究方法，注重考證文本的來源、成書的時間和作者的身份等，旨在能將一個文本置於還原了的歷史語境中來考察。由於語文學關注的因素大多數與對一個文本的解釋有關，所以在「語文學」和「解釋學」（hermeneutics）之間並沒有一道十分清楚的界線。

19世紀，「語文學」是歐洲學術研究的主流，也是科學化人文學科的一個重要標誌。具體到漢學研究，19世紀後期正是漢學在歐洲學術機構中登堂入室，正式成為一門綜合語言、文學、哲學、宗教、藝術和歷史的現代專門學科的關鍵時刻。作為一門包羅萬象的跨學科的學問，漢學並沒有自己特有的學術方法，漢學家不管是研究語言、文學、哲學，還是研究宗教、藝術和歷史，其最基本的學術方法就是「語文學」。按照傅斯年先生的觀察，西方漢學家處理漢文古籍對「一切文字審求，文籍考訂，史事辨別等等」永遠一籌莫

展。但在中國的「四裔」問題上，即所謂「虜學」上，西方學者卻遊刃有餘，而中國學者反而一籌莫展。對此韓儒林先生曾作過精闢的總結，他說：「嘉道以後，我國學者在西北輿地之學方面的成就是很高的，可是由於受時代的拘限，沒能進一步利用新材料、新方法，出現了停滯不前的狀況，生命力就漸漸喪失了。例如清末西北輿地學家在古代譯名的審音勘同問題上，常用音差、音轉、音訛、急讀來解決問題，讀起來叫人產生霧裡觀花、牽強附會之感，不能令人信服；西方有成就的學者則別開蹊徑，用漢語古音與民族語言或異國語言互相比對，進行解說，簡單明瞭，耳目一新，另是一種境界。」

　　由於近代中國受東西方殖民勢力侵略的威脅，中國學者對西北輿地之學和邊疆史地的研究投入了巨大的熱情，但由於缺乏對漢語以外諸民族語言的起碼了解和缺少必要的「語文學」訓練，遭遇瓶頸，成就遠趕不上西方學者。故傅先生說：「丁謙君的《諸史外國傳考證》，遠不如沙萬（沙畹，Emmanuel-Edouard Chavannes, 1865-1918）君之譯外國傳，玉連（儒蓮，Stanislas Julien, 1797-1873）之解《大唐西域記》，高幾耶（考狄，Henri Cordier, 1849-1925）之注《馬哥博羅遊記》，米勒（Friedrich W. K. Mueller, 1863-1930）之發讀回鶻文書，這都不是中國人現在已經辦到的。」他提到的這些著作都是西方的東方學家用「語文學」方法整理、研究漢文古籍和當時新發現的非漢語民族文字典籍的經典之

作，他們開創的漢學研究新傳統隨即又被沙畹的弟子伯希和
發展到了極致。

「中央研究院」歷史語言研究所成立於風雨飄搖的時
代，高瞻遠矚如傅先生者，不但關注中國學術的進步，而且
同樣關心學術的經世致用。所以，他不但重視漢學，而且也
重視「虜學」，急切地要引進和推廣西方的「語文學」研究
方法，以改變中國學者在「虜學」方面遠遠落後於世界的局
面。傅先生本人深得「古典語文學」研究之精髓，他在〈歷
史語言研究所工作之旨趣〉中提到的「審音之學」實際上指
的就是「古典語文學」所重視的「比較語言學」研究，而引
進「古典語文學」的目的，正是要借助這個工具來解釋中國
古代語音規則，學習西南和中亞各種民族語言、文字，以解
讀古代漢文文獻中出現的大量僅僅依靠傳統的漢學方法無法
勘同的名物制度和其譯名問題，從而真正讀懂漢文古籍。

「語文學」研究方法的引進對於當時中國學術之進步的
推動是顯而易見的，王國維、陳垣、陳寅恪等大師們在研究
中國西北輿地、中西交通和漢文宗教、歷史文獻方面的成就
之所以不但能夠超越錢大昕這樣傑出的乾嘉學者，而且還能
與伯希和等世界漢學大家比肩，其重要原因就是他們不但精
熟漢文古籍，而且深得西方「語文學」之精髓，懂得如何會
通中西學術、將漢學和「虜學」的方法結合起來處理古代漢
文文獻。在他們的引領之下，「語文學」在當時一代中國學
者中間深入人心。就「歷史比較語言學」這個狹義的「語文

學」方法來説，伯希和先生的親傳弟子韓儒林先生在研究西北民族歷史中的審音勘同方面的成就無疑最為卓著，但就在歷史的和語言學的上下聯繫中重構、理解文本這個廣義的「語文學」方法而言，民國時期的大部分優秀學者對此均奉行不違，因此他們能在極其艱苦的生存條件下創造出非凡的學術成就。20世紀前半葉，中國學術與世界學術之間的距離並不遙遠。只有當我們此後擯棄「語文學」這個學術傳統之後，中國學術復與世界學術漸行漸遠。

三

在西方兩千五百餘年的學術傳統中，語文學家收集、編輯殘缺的文本，還原其歷史語境，添加上自己的評論，並將它們傳授給與他們同時代的讀者。没有語文學家的辛勤勞動，一切過去了的文學〔獻〕傳統的輝煌一定早已灰飛煙滅。可以説，語文學家是以語言、文字為載體的古代文明的最重要的傳人。正如哈佛教授 Ihor Sevcenko 先生曾經説過的那樣：「語文學是一個很窄的東西，然没有它其他一切均無可能（It is a narrow thing, but without it nothing else is possible）。

可是，自 20 世紀後期以來，語文學的傳統在歐美學界受到了嚴重挑戰，作為一門有悠久歷史的傳統學科，語文學漸漸在歐美大學設置中淡出，或被重新定義為「文化研究」（cultural studies）。過去語文學家精心復原和重構古代文本

之形式和意義的做法已成明日黃花，而「現代的」或「後現代的」文化學家們天馬行空式的文本解讀法（free-floating textual interpretation）卻常常招來掌聲一片。這種局面引起了人們的警覺，早在 1988 年哈佛大學文學〔獻〕、文化研究中心（Center for Literary and Cultural Studies）就曾召集不同學科的專家、學者開會，就「何謂語文學」問題展開討論，探討語文學於當下這個時代的意義。當以印刷物出現的文學〔獻〕不得不讓位於電視、電影和音樂時，學者們必須解釋清楚為何他們還放不下他們手邊的書籍。語文學標準的降低，意味著知識的失落；如果學者的表述無法令當代讀者明白，他們從事的研究領域就會消亡，所以重興「語文學」是迫在眉睫的事情。最近 Hans Ulrich Gumbrecht 先生更深刻反省「文化研究」的缺陷，強調語文學的問題、標準和方法於當今學界的重要性前所未有，呼籲學術研究要回歸「語文學的核心實踐」（philological core exercises），以免失落思想的聚點。

伯希和先生

與西方主流學術將語文學重新定義為文化研究的

趨向一致，大部分傳統以語文學為主要研究方法的東方學學
科受到了結合人文和社科研究的所謂「區域研究」（area stu-
dies）的挑戰。例如，沙畹和伯希和等學者當年熱衷的漢學
或者「虜學」傳統，現今受到了更關心中國現實的「中國研
究」（Chinese Studies）的挑戰。如果說傳統的漢學是出於
「學問之愛」，以弄清古典文本之本來意義為首要目的，那
麼晚近的中國研究則轉變為從當今立場來解釋過去，借古諷
今，使歷史為現實服務。相當部分從業者更多關心的是自己
如何在解釋歷史文本時發明新招術，以贏得學術名望和地
位。而這種著述多為稻粱謀的做派還每每被美其名曰「職業
主義」。在這樣的大環境下，人們自然更關心「宏大敘事」，
而輕視入室的門檻既高、做起來又難的「語文學」了。

　　但依然有相當一部分人，他們堅守「語文學」這個陣

韓儒林先生

地，堅信只有用「語文學」的方法，來重構和解釋傳到他們
手中的文本，發現和理解「文本」的本來意義，才是做學問
的真諦。Steinkellner先生無疑就是這樣的一位學者。他堅持
用「語文學」方法解讀梵、藏文佛教文獻，對佛學和藏學研
究都作出了巨大貢獻。可以毫不誇張地說，正因為還有
Steinkellner這樣的先生存在，當今國際佛學和藏學研究才依
然堅持以「語文學」為主流學術傳統。更可幸的是，Steink-
ellner 先生對「語文學」的堅守，決不是因為他是一個爬不
出象牙塔的冬烘先生，相反他的社會活動能力和學術組織能
力與他的學問一樣出類拔萃。他堅持稱自己是一名職業的語
文學家（a philologist by profession），甚至不稱自己是佛學
家或者藏學家，原因就在於他不但將語文學作為他做學問的
方法，而且也將它作為處世立命的基本人生態度，他的成功
或就在於他將職業和人生完美地結合到了一起。

　　Steinkellner先生非常明確地界定「語文學」即是「文本
研究」（the study of texts）。儘管「文本」的概念範圍在過
去幾十年間擴展到了所有資訊載體，但他仍從傳統角度來理
解「文本」，即「文本」是用固定書寫工具寫成的資訊，它
以將這個資訊傳達給他人或使它能傳之後世為目的。在絕大
多數情況下，作者寫作這個「文本」的目的是為了能讓別人
理解它，所以作為「文本」的資訊是一種有目的、有意識的
溝通。與其他非語言的交流形式相比，作為一個語言群體主
要資訊載體的「文本」，其內容可長期保存，甚至不受自然

和社會變遷的影響。即使它所屬的那個語言群體消失了,這個文本所承載的資訊還可繼續存在下去,它或可出現在當代或未來的其他語言群體中。總而言之,「文本」是在人與人、社會群體與整個社會之間建立關係,甚或是人類互相聯結的最重要的手段。一個「文本」是一種組織形式的核心,它是建立和維護社會穩定的工具,它能夠幫助我們創建和平、和諧和幸福。

既然文本有如此重要的作用,那麼研究「文本」的「語文學」即是鍛煉理解這類用於溝通的資訊的能力的一種努力。所有社會、國家都依賴理解資訊而生存。所有社會從來都需要一批特殊的人才來完成這一任務,如記者、翻譯、語文學家,甚至間諜等。一個「文本」就其時間、地點、語言和文化而言與我們的距離越遠,我們為理解它而付出的努力就越大。在我們當今這個社會中,語文學家的工作不但十分有用,而且不可或缺。如果我們不堅持不懈地努力去互相理解社會、文化、經濟和其他日常生活需要等方面的資訊,那麼暴力和災難性的敵對顯然就是擺在我們面前的另外一種選擇了。

有人對人類理解他人思想的可能性提出質疑,因為根據「詮釋學循環」(hermeneutic circle)理論,拘於自己的經驗和概念背景,在開始解釋他人的一種陳述時,我們身上帶著的全部精神遺產使得我們只有能力在他人的陳述中理解我們自己早已經知道的那些東西。對這種「詮釋學循環」對跨

文化的理解／誤解造成的巨大影響，Umberto Eco 先生曾以他的「背景書」理論作過形象的説明，他説：「我們人類是帶著一些『背景書』（background books）來雲遊和探索這個世界的。這倒不是説我們必須隨身攜帶這些書，而是説我們是帶著從自己的文化傳統中得來的、先入為主的對世界的觀念來遊歷世界的。不可思議的是，我們出遊時往往就已經知道我們將要發現的是什麼，因為這些『背景書』告訴我們什麼是我們假定要發現的。這些『背景書』的影響是如此之大，不管旅行者實際上所發現的、見到的是什麼，任何東西都將借助它們才能得到解釋。」大概正是因為這種可怕的「詮釋學循環」，使得馬可・波羅在中國竟然沒有看見長城，沒有看到中國人喝茶、用筷子、中國女人裹小腳等，卻找到了「約翰長老的王國」和「獨角獸」這兩種從來就沒有存在過東西。Steinkellner 先生承認這種「詮釋學循環」起初是不可避免的，但若認為這個循環無法被打破，則人類不但將無所作為，而且還是危險和不道德的。打破這個循環的最簡單、最直接的方法就是「語文學」的方法。

Steinkellner 先生以他的專業知識解釋説：試圖理解他人的陳述時，我們的確需要一個堅實的起點，但這個常規的事實並不強迫我們非得接受「知我所知」這樣的格言不可，因為它有違直覺。我們可以將對一個句子或一個陳述的最初步的領會（preliminary comprehension）作為起點，然後將所有現存的文獻一個接著一個、互有關聯地放置於一個前後連貫

的序列中。這個過程即將豐富和改進我們最初的領會，而每一個新出現的資料亦都將繼續改善我們的初步領會。這個過程一直進行到我們再也找不到更多的資料為止，然後我們可以用一個假設性的解釋來總結我們的領會。如果以後有新的資料出現，後來者可以繼續這個理解的過程。可以肯定的是，我們此時的理解距離我們最初的領會已經很遠。而我們還應該記住的是，語文學方法還有一個重要的特點，即這個理解的過程可以在任何時候、由任何其他的研究者去緊跟和檢驗。

Steinkellner先生強調，否認人類具有理解他者的能力從根本上來說是違背社會倫理的，其結果會將人類的活動降低到只能跟隨本性和欲望的程度。如果我們不認為他人發出的語言符號中含有可能對我們有用或有利的意義，那麼我們就停止了使用我們理解這些符號的能力，而它是我們作為社會生物自然進化至今必須具備的一種能力。事實上，只有以這種理解能力為基礎，人類才能理性地和對他人負責任地去行動，才能為我們這個世界的生存作出貢獻。否則，連語言這一最重要的和社會活動中最必不可少的人類天賦也將變得毫無用處。

當然，即使以最佳方式理解他人，也不過是在人與人、民族與民族之間取得和平、和諧和幸福的一個必要條件，它本身還不是一個充分的條件。要取得這種更高的社會能力，理解還須有一種開明的態度做伴。這種開明當然不是「虛假

的開明」（false tolerance），而是「真正的開明」（true tolerance）。「虛假的開明」指的是耐心地容忍，例如當我們相信他人的主張太不恰當或太愚蠢，故不必鄭重理會時，我們常常表現出這種態度。又如當我們相信我們無法阻止或者改變這種愚昧時，我們姑且聽之任之。而「真正的開明」指的是我們相信他人的觀點對他來說是有價值的，而且我們願意設身處地地去理解為什麼會是這樣。

培養「真正的開明」的態度同樣需要語文學方法的訓練。這種開明以他人同樣追求和平與和諧的理想為前提，而Steinkellner 先生相信追求這種理想是人類常見和自然的狀態，很少有人有意尋求一種充滿動亂和爭議的生活。世界上個人與個人、民族與民族、國家與國家之間和平與和諧的實現必須依靠在相互理解的基礎上建立起來的開明態度，換言之，開明是人類在全球範圍內實現和平與和諧的一個強有力的工具。如果我們想與他人聯合，實現和平與和諧的共同目標，我們就應該正確地理解他們的想法與動機，了解他們的思想史背景，承認他們特定的價值觀、他們的文化傳統和所有他們認為有價值的文化遺產，哪怕我們並不同樣認為這些東西是有價值的。保護他人的價值觀和文化遺產通常是真正的開明和尊重的表徵。

最後，Steinkellner先生呼籲大家要將「語文學」當做一門新的「主導學科」（leading discipline）來重視。晚近學術界將太多的注意力投放到了像生物學和基因學等所謂主導科

學上。不論這些生命科學對於人類的生存到底有多重要，我們都不應該低估這類學科之進展帶來的尚不為人所知的結果的絕對的危險性。我們需要做的是，努力去揭示與那些「主導科學」一樣重要的「語文學」的種種優點。「理解他者」是許多人文學科賴以奠基的一門藝術，如果運用得當的話，這種藝術也將為和平與和諧作出重大的貢獻。許多世紀以來，「語文學」不斷地發展和改進各種理解他者的工具，已成為一門文化的技術。借助其各種傳統的、精緻的理解「文本」的方法，「語文學」已經為完成在「跨文化能力」中教育我們這個世界的任務作好了異常充分的準備。對於那些正對世界和平、和諧和幸福肩負著最大責任的大國、強國而言，保護、鼓勵和倡導理解「文本」的努力都是絕對必需的，不管這裡所說的「文本」是廣義的，還是狹義的。作為「語文學」的核心，努力去理解「文本」可以成為在別無選擇的社會生活中定位的一個方式。在不同的世界觀、宗教和幸福觀之間進行的解釋性的對話將成功地為未來全球社會和平的形成作出貢獻。

四

　　顯而易見，不管是做學問還是做人，我們都可以從「語文學」中學到很多的東西。為了正確理解一個文本，解決一個學術問題，我們必須像傅斯年先生當年所說的那樣，「上窮碧落下黃泉，動手動腳找東西」，下最大的工夫去收集、

編排、比較和它相關的所有其他文本，替它重構出一個可靠的語言的和歷史的語境，從而給它一個邏輯的、合理的解釋。望文生義，斷章取義，抑或過度詮釋，都與做學問的宗旨背道而馳。同樣，為了理解「他者」，並與他人共建和平與幸福，我們也必須將「他者」所發出的資訊，放在屬於它自己的語言的和歷史的語境中來分析，以正確地理解「他者」的本義，並以真正開明的心態，尊重他人的價值觀和文化遺產，美人之美，美美與共。如果跳不出「詮釋學循環」，總是以小人之心度君子之腹，永遠將他人的文本放在自己語境中來解釋，那麼這個世界必將充滿衝突、戰爭和災難。

在今日這個世界，獲取文本、資訊並不難，但要自覺自願地跳出「詮釋學循環」卻很難。人們習慣於根據自己的「背景書」來閱讀他人的文本，收集有關他人的資訊常常是為了證實他們頭腦中早已先入為主的有關他人的觀念的正確性。對與他們既定的觀念不相符合的資訊，他們可以像馬可·波羅當年對中國的筷子一樣熟視無睹。要打破這種「詮釋學循環」，既需要道德勇氣，更需要「語文學」方法。一位現代的開明（tolerant）、博雅（liberal）君子一定是像Steinkellner先生一樣，為學、為人皆深得「語文學」精髓，且身體力行的人。

中國的學術背離傅斯年先生積極倡導，王國維、陳垣、陳寅恪等先生身體力行的「語文學」傳統已非一朝一夕之事，儘管上述諸位先生今日復為學界響噹噹的大師級人物，

但他們當年奉行的「語文學」傳統實際上並沒有受到今天對他們頂禮膜拜的後生學者們的理解、欣賞和繼承。這些偶像人物的學術和人生之所以成為傳奇，只不過是因為它們正好與我們當下這個時代的「宏大敘事」合拍，變成了後者不可缺少的一個組成部分。而中國學術和國際學術之「接軌」之所以舉步維艱，最大的困難恐怕並不見得是我們不夠「後現代」，缺少理論或「範式」，而是我們許多的學術著作離最基本的「語文學」標準都相差甚遠。時常聽人抱怨西方研究中國的學者不重視我們中國人的著作，殊不知，不但 20 世紀二三十年代的情況並非如此，而且即使今天西方人依然挺重視日本學者的著作。我看問題的關鍵或在於我們的著作水分太多，我們在解讀古典文本時有點太著眼於當下了。我敢說「語文學」基本素養的缺乏是我們這一代學人最要命的缺陷。

最近十餘年來，中國學者對海外漢學異常關注。他山之石，可以攻玉，了解他人對自己的研究確有必要。可是，我們似乎迄今沒有找到正確評價海外漢學著作的立場和標準。不少來自海外的庸常之作，到了我們這裡卻成了不世出的「扛鼎力作」，凸現出我們的無知和愚蠢。而當我們掌握了諸如「東方主義」、「文化帝國主義」或者「後殖民主義」等各種批判的武器之後，原本色彩紛呈的海外漢學著作，一夜之間黯然失色。顯然，肉麻的吹捧和一棍子打死的做法都是非學術的做派。薩義德對「東方主義」的批判針對的主要

是西方政治和文學表述中的「東方主義」傾向，對作為學術的「東方學研究」涉及不深。日後薩義德本人對西方學術界幾百年來用「語文學」方法整理、研究東方的文獻所取得的成果表達了極大的敬意，並視之為一筆寶貴的文化財富。顯然我們不可以因為沙畹、伯希和等傑出的漢學家曾經生活在殖民主義時代，甚至曾經為殖民主義在中國的侵略服務過，就把他們那些用「語文學」方法研究和寫成的、曾受到過傅斯年先生熱情讚美，也給中國學者帶來很多啟發的優秀作品的學術價值全盤否定掉。尤其需要警惕的是，不少不遺餘力地批判包括漢學在內的西方「東方學研究」的學者，往往對閱讀、理解東方的「文本」缺乏興趣、誠意和能力，卻非常熱衷於闡述「主義」、建構「話語」，積極參與學術與政治的「宏大敘事」，以打倒過去幾百年間樹立起來的學術權威，思想今日「彼可取而代之也」。

不知今天是不是又到了「少談些主義，多研究些問題」的時候了？或許中西漢學家應該一起來響應Gumbrecht先生的號召，找回「學問之愛」，重歸「語文學核心實踐」，將「語文學」的研究方法進行到底。見賢思齊，我們都來做一回 Steinkellner 先生的粉絲吧！

原載《文景》，2009 (3)

我的心在哪裡？

一

2002年，我的博士論文 *Leben und Historische Bedeutung des ersten Dalai Lama dGe'dun grub pa dpal bzang po (1391-1474): Ein Beitrag zur Geschichte der dGe lugs pa-Schule und der Institution der Dalai Lamas*（《一世達賴喇嘛根敦珠巴班藏波（1391-1474）的生平和歷史意義：格魯派和達賴喇嘛制度史研究》）由德國華裔學志社（Institut Monumenta Serica, Sankt Augustin）作為「華裔學志叢書」（Monumenta Serica Monograph Series）第49種出版。拙著出版後，兩年間陸續出現了近十篇分別用德、法、英文發表的書評，評論人中竟然不乏像 Françoise Aubin, Anne Chayet 和 Helmut Eimer 這樣大腕級的學者，令我受寵若驚。但在這些書評中給我留下深刻印象的只

有兩篇，其中一篇是Françoise Wang-Toutain（漢名王薇，法國國家科學研究中心研究員）寫的，長達 9 頁，發表於 *Études Chinoises*（《中國研究》）22（2003, pp.340-349）上。讀到她的書評後，我很為感動，因為完全沒有想到世界上還會有人那麼一字一句地認真地閱讀我用外文寫的、對她來說也是外文的著作，並寫出那麼長的評論。輾轉得到她的 E-mail 地址後，我馬上去信向王薇博士表示感謝，從此我們成了時相往還的好朋友和志趣相投的學術知己，常常互為新作之第一讀者。自此始知世人以文會友，誠有其事也。然能與王薇為友，又何其幸哉！

　　另一篇給我留下了深刻印象的書評則出自時下在中國大名鼎鼎的 Wolfgang Kubin（漢名顧彬）教授之手，發表於 *China-Report*（《中 國 報 導》）41（2004, p.34）上。顧彬先生親自出手評論拙著，這已經多少有點出乎我的意料，因為拙著屬藏學、佛學範疇，與顧彬教授於間弄潮的漢學沒有太多的干係。然而顧彬先生不太靠譜的評論方式則更令我吃驚，恕我孤陋寡聞，這樣的書評我還是頭一回見到。他的評

作者博士論文書影

論大意如此：《一世達賴喇嘛根敦珠巴班藏波（1391-
1474）的生平和歷史意義：格魯派和達賴喇嘛制度史研究》
一書從一部純學術著作的角度來看頗為精良，德文居然寫得
相當不錯，行文、注釋、索引也都中規中矩，如果讓他作為
指導教授來給這篇博士論文打分的話，他一定會打出高分；
不僅如此，這本書的編輯、裝幀和印刷都相當精美，用紙亦
屬上乘，看來流傳上百年是沒有問題的。可是，最後他忍不
住要問：「作者的心在哪裡？」我很清楚我自己的心在哪
裡，也明白這篇書評不過是習慣於「語不驚人死不休」的顧
彬先生信手寫來的一篇遊戲之作，讀罷只覺得好玩，遂一笑
了之。

　　一晃又五六年過去了，最近我對語文學（philology）作
為一種學術方法或者一種人生態度，有了一些新的認識[1]，
且念念在茲，故不禁想起了這段有趣的往事，這裡不怕人笑
話，拿出來曬上一曬。我不敢妄自忖度顧彬先生問我心在哪
裡是否另有深意，只願相信他的言外之意是說，拙著雖然從
語文學的角度來看扎實、靠譜，但沒有理論，也見不到快
意、率性的議論，故全書缺乏精神，所以他要問「作者的心
在哪裡」。其實，顧彬先生很明白，我寫作這篇博士論文為
的是拿下他供職的那所德國大學的博士學位，研究、寫作的
路數遵照的完全是德國東方學研究的優秀傳統，即語文學的

1　　參見拙文〈我們能從語文學學些什麼？〉，243-263 頁。

方法。我用這篇論文取得的博士學位專業官稱「中亞語言文化學」（Sprach-und Kulturwissenschaft Zentralasiens），而「語言文化學」幾乎就是「語文學」的另一個稱呼（如云：「作為文化學的語文學」，Philologie als Kulturwissenschaft）。所以，我的心就在於遵照德國東方學研究的傳統寫作一篇像他一樣的教授大人們認為優秀的博士論文。

二

記得顧彬先生有一次曾對我說過，他對第二次世界大戰後德國漢學研究的領軍人物 Herbert Franke（漢名傅海博，1914-）先生[2]的學問佩服之至，但是，這種學問可望而不可即，所以他和稍長於他的這一代德國漢學家，儘管其中不少曾是傅先生的親傳弟子，可在學術方法上卻已改弦更張了。說到對傅海博先生之學問的欽佩，我與顧彬先生同聲相應。自 20 世紀 80 年代中期開始，傅先生主持巴伐利亞州科學院中亞委員會的工作，自此專治元代西藏歷史，而這正好是我當時做碩士和博士論文時所研究的課題，所以我對傅先生學問之精深或比顧彬先生有更深的體會。自 1984 年首次讀到傅先生的大作以來，我對收集、閱讀他的學術著作的熱情歷

2　坊間流傳的 Herbert Franke 先生的漢文名字有福赫伯、傅海波等多種，筆者於 1997 年春在巴伐利亞州科學院中亞委員會的辦公室內訪問過傅海博先生，他親口告訴我，他的漢文名字叫做傅海博，取意「像大海一樣博大」。

二十餘年不稍減，從中得益良多。當年計畫出國留學時首選的導師就是傅先生，可惜晚生了幾十年，當時他早已從慕尼黑大學退休，不可能再收我這個中國學生。儘管我沒能夠有幸成為傅先生的弟子，但就對傅先生學術成就的推崇和對他所秉持的學術方法的服膺而言，我自認比他的許多弟子更為執著。

可到德國留學不久，我頗為吃驚地發現，當時在任的德國各大學的漢學教授中雖有不少曾經是傅先生的弟子，但從學術史的角度來看，他們當中似乎沒有一位可以稱得上是傅先生正宗的衣缽傳人。傅先生是一位出色的中國古代歷史學家，但他的弟子們大多數是中國哲學史家，或者中國文學史家，其中幾乎沒有專治中國古代歷史的學者。傅先生重視利用各類稀見漢文歷史文獻資料，精於文本的釐定和譯注，擅作史實的辨析和考證，並注重中國邊疆和民族的研究，而他的弟子們卻多半更喜歡哲學思辨，重視漢文經典之微言大義的詮釋（exegesis）。傅先生是一位學有專攻的專家型學者，而他的弟子們多半變成了文史哲無所不通的百科全書式的漢學家。但從世界漢學的角度來看，傅先生之後似乎再沒有出現一位像他一樣活躍在國際漢學舞臺、並具有廣泛國際影響的德國漢學家，至少在中國古代史研究這個領域內一定如此。

對於這樣一種現象的出現，作為傅先生的外國粉絲，我大惑而不得其解。1997年春天，我平生唯一一次有機會拜見傅海博先生，便將我的這份困惑說了出來，希望他能夠給我

一個合理的解釋。不曾料到的是，傅老先生竟用帶點調侃、然又非常肯定的口吻告訴我，那是因為他的弟子們懶惰，捨不得下苦工夫。我想這大概不是事實，傅先生的弟子們一定不會同意這種說法。2007 年春天，在中國人民大學舉辦的首屆世界漢學大會上，我巧遇 Helwig Schmidt-Glintzer（漢名施寒微）先生，與他相談甚歡，於是我再次提出了那個令我困惑了許多年的老問題。施先生作為傅先生的弟子，曾執掌慕尼黑大學漢學教席多年，主攻中國古代文學史，兼修中國古代宗教、思想和近代歷史，是傅先生弟子中成就非常突出的德國中生代著名漢學家之一。他給我的解釋是，到 20 世紀 70 年代，像傅先生這樣的漢學家已經很難繼續在德國存在，傳統的以古典文本研究為主的極其專門的漢學研究漸漸被更注重現實、且包羅萬象的中國研究取代，社會更需要百科全書式的中國通，而不需要躲在象牙塔中專讀古書的漢學家，於是便出現了兩代漢學家之間在治學方法和學術成就上的裂變。

施先生的解釋自然可成一家之說，專治德國漢學史的學者或還可以找出其他種種理由，來給這種現象以更全面的解釋。我自己私下琢磨，隨著德國漢學研究從傳統漢學到中國研究的轉變，德國漢學家們的治學方法也隨之發生了重大變化，從而直接導致了上述裂變。記得傅海博先生在發表他譯注的元人楊瑀筆記《山居新話》時，曾經寫過這樣一段話，大意是說像他這樣翻譯、注釋一本元人筆記在外人看來一定

是十分老套、過時的做法，但他自認為只有這樣從譯注原始資料做起方才能夠把自己的學問做實、做好，並對他人的研究有所幫助。顯然，傅先生感覺到了發生在他周圍的這種學術氣氛的變化，從前由他領軍的德國漢學研究已今非昔比了。

　　本來釐定、譯注和解讀一本來自東方的古典文本是歐洲，特別是德國東方學研究最經典的做法，幾百年來歐洲東方學研究的最大貢獻就是運用西方古典語文學的方法，整理、解讀、保存了一大批來自東方的古典文本。可如今堅守這一傳統的做法卻連傅先生這樣的人物都自覺有點不合時宜了，難怪他的弟子們都紛紛和他分道揚鑣，另闢蹊徑了。可幸德國的藏學家、印度學家們似乎沒有漢學家們那麼靈活，他們中的大多數至今依然我行我素，而我尊師重道，義無他求。拙著最基本的內容是一世達賴喇嘛兩部成書於 15 世紀末的藏文傳記的德文譯注，若用語文學的標準嚴格衡量，它離完美或還相差很遠（在此我由衷地感謝顧彬先生對它的肯定），但在方法上它無疑是遵循了德國東方學研究的一貫傳統。若將我的博士論文與同類型的德國同學的博士論文相比較，儘管題目和內容不同，學術水準或有高下之別，但所用方法則同出一轍。令我不解的是，我用德國的文字、遵循德國東方學的學術傳統、寫作了一部德國式的東方學著作（我導師的眼光與顧彬先生一樣，給我的博士論文打了最高分，即 sehr gut，譯言「非常好」），不知為何卻要遭到顧彬先生如此的質問？莫非是因為我歸根到底還是一個東方人？

　　顯然，我和顧彬先生不但身處不同的學術領域，而且追求的目標也完全不同。我只是一位熱愛學問、文獻和文獻研究的語文學家（a philologist who loves learning, literature and study of literature），平生最大的野心不過是要釐定、讀懂和解釋傳到我手中的文本（establishing, understanding and interpreting the texts that have come down to me）。為了讀懂各種各樣的古藏文文本，我已經作了二十餘年的努力和準備，然而愚鈍如我，眼下每天要面對的難題和挑戰，依然是如何正確理解和解釋我正在研究的每一個藏文文本（就像我在德國一住八年，可理解德國人的思想和德國文化對我來說依然是一大難題一樣）。而顧彬先生無疑比我有底氣、也有志氣得多，他不但對他研究的漢語和漢學有充分的自信，以致聽不得中國人說這個事情「老外不懂」一類的話，而且還常常自覺地肩負起代表（represent）和指導他所研究的對象（包括我在內的所有中國人）的職責（例如他說中國當代文學是垃圾，還說中國人不懂散步等等），甚至對繼承和光大中國的傳統文化有著十分強烈的使命感，對中國人沒有能力傳承自己優秀的傳統文化痛心疾首。一個只奢望讀懂手中的文本，一個卻有意要指點江山、激揚文字，道不同，不相與謀。

三

　　做學問歷來有不同的方法，也因此產生過許多激烈的爭論，例如中國近代學術史上的「樸學」（或稱「小學」）與

「理學」之爭、「京派」與「海派」之爭，以及 20 世紀 80
年代西方學術界的「語文學」（philology）與「理論」
（theory）之爭等等。事實上，一個人的學術取向與他最初
進入學術領域時最先接受的專業基礎訓練有直接的關聯，也
深受他身處的周圍學術環境的影響，甚至亦受時尚左右；例
如眼下時尚理論，所以學者們多希望自己的學問能與宏大敘
事合拍。值得指出的是，一個人的學術取向實際上常常取決
於他個人的性格或性情（disposition），有人偏愛知識和事
實的積累，有人熱衷於思辨概念和觀點，所以有的人的著作
從觀念到文本，也有的人的著作則從文本中發展出觀念。所
以，儘管做學問需要「樸學」與「理學」的結合，但能夠兼
治宏觀與實證兩種學問的學者從來都是鳳毛麟角，不可多得。

　　陳寅恪先生大概可以算是兼通兩種學問的大師，既有深
刻、獨到的思想，又精通小學。所以，作為一位能讀懂無數
種外來文字、且深得考據學精義的小學家（語文學家），陳
先生得到了當下廣大學人們的推崇；又因為他有諸如《柳如
是別傳》一類的寄情作品傳世，再加上他的傳奇人生，陳先
生作為一位有思想、有性情的文人受到時人激賞和熱愛，甚
至被推崇為「國學大師拿摩溫」。近日讀到龔鵬程先生評論
近代學人和學問的文章，他也把中國近代學術分成「理學」
和「樸學」兩種傳統來敘述，而陳先生則被理所當然地歸入
了「樸學」一類。龔先生指出了陳先生所犯的兩個學術錯
誤，即錯誤地將漢文文獻中的華佗和孫悟空兩位人物故事的

原型與印度古代作品中的母題聯結起來，並說這是陳先生受思想的局限而犯下的錯誤。在我看來，陳先生犯的這兩個錯誤，與思想恐怕沒有關係，相反是因為沒有將語文學工夫做到家才出的錯，但是龔先生將陳先生算做樸學家而不是理學家，這無疑是公正的。

中國近代學術史上有意要兼治「理學」和「樸學」的有胡適之先生，在新文化運動中呼風喚雨、風光無限的胡先生，當年對樸學同樣投入很深。例如，他曾經積極支持流亡中國的愛沙尼亞男爵鋼和泰先生在北京建立漢印研究所（Sino-Indian Research Institute），從事漢、梵、藏、蒙佛經的對勘，乃至以北大校長之尊，每週花幾小時親自替鋼和泰先生當口譯，講授漢、梵佛教文獻的語文學研究。20世紀30年代，胡適先生還曾在巴黎法國國家圖書館內坐了一陣冷板凳，一字一句地抄寫被伯希和劫掠到巴黎的敦煌出土漢文禪宗文獻，用心辨別禪宗初期之歷史事實，可以說他是世界敦煌禪學研究的第一人。通過實證性的文獻研究，胡適先生對不少當時以為定論的說法提出了挑戰，引起了當時世界上最負盛名的禪師日本人鈴木大拙的不滿，興起了一場著名的「胡適禪學案」。即便如此，與他當年引領新文化運動時那種叱咤風雲的氣概和顛覆舊文化傳統的成就相比，胡先生在小學領域內的投入顯然未能結出豐碩的果實。特別是他晚年曾暗地裡與人爭勝，長時間兢兢業業地注解《水經注》，可到頭來卻幾乎是白費工夫，想來令人扼腕。於此看來，不但

人各有志，人的能力也各有側重，若不順從自己的性情、興趣，強人所能，則一定事倍而功半。

於當下的學界，「理學」與「樸學」兩種不同的學術方法（academic approaches）之間的爭論，集中在理論和語文學之間的爭論。不用說，理論是時尚的麗人（lady theory），而語文學早已是明日黃花（aging lady philology），雖然間或亦有人呼籲要重歸語文學，但終歸勢單力薄，難以恢復語文學昔日的輝煌。語文學熱衷重構，而理論，特別是後現代的各種理論，偏愛解構，故要想在理論和語文學之間找到一種平衡，實在不是一件容易辦到的事情。但理論與語文學實際上並不互相排斥，從事文本研究若能有觀念、理論的指導，不但學術課題的思想意義能夠得到提升，而且也可使從事文本研究的學者更具智性的挑戰；而任何一種理論實際上都不是憑空想像出來的，而是從對大量文本的精讀（close reading）中得出來的。薩義德的「東方主義」理論在當代學術界的影響力無與倫比，可認真讀過《東方主義》一書的讀者都不會忘記，在得出這樣具有普遍意義的宏大理論之前，薩義德先生究竟閱讀了多少西方人書寫的有關東方（中近東）的文本。可以肯定的是，理論的和語文學的學術方法勢必都會繼續同時存在下去，正所謂世上既有抵制理論的人，就也會有抵制語文學的人（For everyone who resists theory, there is someone else who resists philology）。事實上，熱愛語文學也好，鍾情於理論也罷，只要符合你自己的性

情，你就應該盡情地去做，別管人家說什麼。伯希和做學問也不過是為了「那讓我覺得好玩」（ca m'amuse），我等又復何求？昨天看電影《博物館奇妙夜》（*Night at the Museum: Battle of the Smithsonian*），又學到一句箴言，叫做「幸福的關鍵就是做你愛做的事」（the key to happiness is to do what you love）。

四

我自己生性喜好文字，對讀懂寫成文字的東西有特殊的愛好。打從做碩士論文開始，認真閱讀的都是中外蒙元史學者撰寫的考據式文章，所以酷愛傅海博式的學術風格，醉心於西方語文學研究著作的扎實和精緻。雖然一度也曾被以薩義德的「東方主義」理論為代表的西方殖民和後殖民時代文化批評理論深深吸引和打動，留學期間，也曾參加波恩大學神學系和哲學系聯合主辦的一個題為「跨文化、跨宗教對話：宗教史研究」的跨學科的研究生班，與一幫言必稱《舊約》、《新約》和韋伯、海德格爾的新銳神學家、哲學家和宗教學家們一起廝混了整整四年，跟著他們學習和討論各種各樣傳統的和新潮的理論，學得非常辛苦，也一知半解地學到了不少東西，從此以後至少對西方的東方學家們「葉公好龍」式的東方觀有了深刻的認識，也對西方人隨意挪用、誤讀東方的宗教文本有了本能的警覺，但終究本性難移，自己所作研究基本上還是遵循語文學的方法，也只有回到語文學

研究才像是回到家中一樣舒服。

　　我寫作博士論文的這段時間，正好與參加「跨文化、跨宗教對話」那個研究生班同時。與學習理論的收穫比較起來，我還是覺得自己在學習和實踐語文學研究方法上的收穫更大、更直接。寫作和修改博士論文的漫長過程，讓我對語文學的方法及其魅力有了更深刻的體會。首先，我認識到整本地翻譯一篇「東方的文本」，決不是一種機械的、沒有多少學術意義的勞動，相反它既是一種最有效的語文學習的基礎訓練，同時也是西方語文學實踐的一項最基本的內容。按照西方學者的說法，語文學就是「慢慢讀書的藝術」（philology is the art of reading slowly）。古代文人好讀書不求甚解或不失為一種灑脫，但現代學者若亦如此則一定有失專業精神（unprofessional）。西諺有云：「讀書不求甚解是對書的漠視」（to read and not to understand is to disregard），一知半解地讀書，還不如不讀書。若想讀出字裡行間的意思，且避免誤讀，除了慢慢地讀，沒有其他的辦法。

　　語文學的慢讀工夫首先以釐定或設定文本（establishing or constituting a text）為基礎，這個過程對於從事現代研究的學者來說不見得那麼重要和困難，畢竟他們不常遇到像喬伊斯的《尤里西斯》（Joyce's Ulysses）這樣有爭議的文本。但它對於像我這樣研究非本民族語言之古典文本的人來說不但非常重要，而且還特別困難，需要以長期、耐心的專業語言訓練為前提，而且還要學會運用paleography（古文書學）、

codicology（手稿學、書籍考古學）以及文本批評（textual criticism）等極其專業的方法，否則就沒有能力處理那些不是殘破就是有多種不同版本傳世，而且與現代語文相差很遠的古典文本。當然即使閱讀自己的母語文獻，正確理解一個古典的文本實際上也並不那麼簡單。自我感覺最有把握的東西，也往往是最容易出錯的地方，一個沒有受過專業訓練的人實際上很難真正理解自己民族的古典文本，因而同樣需要設定所讀文本的語言的和歷史的前後聯繫。

去年5月，我在巴黎遇到美國印第安那大學中央歐亞系教授、漢藏語言學、藏學和歐亞學大家Christopher Beckwith先生，他對我說，迄今為止中外漢學家中間幾乎沒有人像西方古典語文學家設定西方古典文本一樣處理過漢文經典，所以至今沒有出現一本像樣的漢文經典文本的合校本（critical edition）。在這一點上，漢學大大地落後於印度學、藏學、蒙古學等其他東方學研究的分支學科。儘管中國的經學研究已有上千年的傳統，但對漢文經典文本的釐定和設定與西方古典語文學對西方經典文本的設定相差很遠，傳統漢學研究並沒有完全走到盡頭，回歸語文學也是一件迫切需要做的事情。

按照語文學的傳統，若要正確理解一個文本，我們就必須認真對待文中出現的每一個詞彙，必須根據其前後聯繫和它早先的出處、例證，盡可能設法重建這些詞彙本來的生命（original life），品味出其意義上的細微差別（nuances），

然後來確定它們在這個文本中的確切意義。若要正確理解一種古代文明的文字記錄，我們還需要掌握大量廣義的文化史知識，如民俗、傳說、法律和習俗等等。此外，一個文本的語文學閱讀還要照顧到這個文本用以表達資訊的各種不同形式，所以它還涉及語言風格、韻律和其他相關的研究。總之，要保證我們閱讀文本時不一知半解，不犯斷章取義或者類似的錯誤，我們只有堅持讀書而求甚解的慢讀習慣。強調這一點，對於當下我們這個習慣於從網路上迅速獲取資訊、卻懶得翻開一本字典或者一本參考書的時代尤其重要。於我而言，從頭到尾翻譯藏文達賴喇嘛傳這樣非母語的古典文本，經歷一個艱苦的慢讀過程，不但使我閱讀古藏文文本的水準有了顯著的提高，而且也使我對這個文本的理解和我起初瀏覽時的理解相比有了質的變化。

用語文學的方法處理一個文本，其目的是要重構（reconstruct）或者恢復（restore）這個文本原有的十分豐富的內涵和生命，從而對它進行解釋（interpret）和評論（comment）。釐定或者設定一個文本並不只是一個機械的、技術性的活動，不但其過程即伴隨著研究者個人的理解和解釋，而且其目的也是最終要給這個文本以合理的解釋和評論。有人以為解釋和評論不能算是純粹語文學的內容，因為它們必須涉及觀念和理論的東西，但對文本的設定和確定與對它的解釋本身是沒有辦法完全分開來進行的。若不首先以語文學的方法對這個文本的豐富內容進行重構和恢復，任何解釋和

評論都將難以實現。相反，完成了重構和恢復，解釋和評論便水到渠成。設定文本的目的就是要復原這個文本原來的語言的和歷史的關聯，而不是預設某個觀點或者概念，若讀者頭腦中帶著某個觀念或觀點來閱讀文本，那麼他往往只著意於在文本中尋找可以證實自己已知觀念的內容。而當我們脫離預設的觀念來閱讀文本，則常常能夠讀到很多預期之外的其他內容（otherness），使閱讀的過程充滿驚喜和發現。

當我開始譯注一世達賴的兩部傳記時，我沒有奢望要重構 15 世紀西藏政治和宗教的歷史。當我完成了譯注之後，我卻驚喜地發現這樣一部歷史已躍然紙上了。大家知道，藏文文獻之多僅次於漢文文獻，但由於受佛教的影響，任何藏文文獻資料都是佛教化了的東西，從中很難剝離出純粹歷史的內容。不管是一部西藏教法史（chos'byung），抑或一本喇嘛的傳記（rnam thar），如果我們只是粗粗地閱讀而不求甚解，那麼，除了被無休無止的佛教名相搞暈了頭腦外，我們或將一無所獲。但當我將一世達賴傳記中出現的所有人名、地名、寺院名，以及各種經典、法物、儀軌的名稱、背景和傳承一一考證清楚，即發現有關 15 世紀西藏政治、宗教，乃至經濟、藝術的內容，特別是有關格魯派興起和達賴喇嘛體制形成的過程，已被全部包羅進來，重構這段歷史已不再是一項不可完成的使命了。一世達賴喇嘛在哪裡學／傳哪一種法、受何人支持／排擠、請何人授法、造像、去哪裡建寺、舉辦法會等等，都不是偶然發生的事情，都有其深刻

的歷史背景，一旦把他們的緣由和來龍去脈搞清楚了，我們即可從一部充滿宗教說辭的高僧傳中構建出一部傳主所處時代的教法史。這就是語文學研究的魅力所在，也是我寫作這篇博士論文的用心所在，這篇論文的學術貢獻也盡在於此。所以，若顧彬先生真的有意要知道我的心在哪裡，那麼我可以明白地告訴他：我的心就在語文學，能成為一名優秀的語文學家是我今生最大的野心。

五

最近幾年，顧彬先生成了中國大眾傳媒熱衷追逐的對象，作為一名海外漢學家能在中國如此的鼎鼎大名，他的造化實在是大。然而，這一切看起來與學術本身沒有多大的關聯，更多是因為顧彬先生說出了「20世紀的中國現代文學全是垃圾」這樣一句讓人莫名驚詫的話。真不知道顧彬先生是從觀念到文本、還是從文本到觀念得出了這樣一個聽起來非常不學術的高論？我也不免好奇起來，想問一下顧彬先生，你說此話時你的心又在哪裡？顧彬先生這一回該不是利用自己西方學術權威的身份，憑藉西方對東方的文化和「話語」霸權，把好心崇拜洋教授的中國人很過癮地給忽悠了一把吧？！

原載《文景》，2009 (6)

說學術偶像崇拜和學術進步

一

作學術研究應該重視前人的研究成果、後輩應該尊重前輩，這是做學問和做人最基本的道理。如果不很好地了解過去學術發展的歷史和理路，我們今天的學術研究就會失去堅實的根基和深厚的傳統。對學術偶像們的崇拜，確切地說，是對他們的學術方法和學術成就的學習和吸收，對每個在學術領域蹣跚學步、艱難成長的學人而言無疑都是重要的幫助。但是，盲目崇拜和神化學術權威則是學者治學之大忌，因為學術的進步需要理性的批判。如果對學術權威的學問並無深刻的領會，對他們的學術方法、成就，以及他們的局限和不足沒有專業和歷史的把握，卻對他們的生平逸事和人際脈絡瞭若指掌，說起來頭頭是道，如數家珍，則是一種十分令人討厭的中國毛

病，凸現說者追星式的幼稚和無知。一代人有一代人的學術，即使像王國維先生這樣學術之博、精「幾若無涯岸之可望，轍跡之可尋」者，陳寅恪先生依然以為「先生之著述，或有時而不章；先生之學說，或有時而可商」。學術的進步必須長江後浪推前浪，晚輩不應該一味崇拜前輩偶像，而應當知道前輩學術之成敗，不斷地發現新的學術偶像，得到新的啟發，受到新的挑戰，見賢思齊，自己的學問才會不斷地成長和進步，青出於藍而勝於藍。如果一個人永遠只對一兩位過去了的偶像推崇備至，對他們學術毫無批評精神，或者永遠發現不了新的偶像，這或表明他自己的學術視野永遠停留在一個角度，他的學問也一直在原地踏步。

二

問學之初，我曾經十分傾心地崇拜過兩位西方學者，一位是 20 世紀最傑出的藏學家、義大利學者圖齊（Giuseppe Tucci, 1894-1984）先生，另一位是第二次世界大戰後德國漢學的領袖人物、世界著名宋遼金元史研究專家傅海博先生。這兩位先生既是學問的大家，也是 Charisma 十足的大人物。圖齊先生是當代藏學研究的奠基人，他一生留下了近四百種著作，涉及西藏語言、文獻、考古、佛教、歷史、藝術、民俗、地理等各個領域，且均有非凡的成就。不僅如此，他還創立了義大利遠東研究院，創辦了享譽世界的「羅馬東方學研究叢書」和學術期刊「East and West」。沒有圖齊，今天

的世界藏學研究，甚至世界東方學研究一定是另外一番景
象。而傅海博先生則是當代德國乃至世界碩果僅存的最傑出
的老一輩中國古代歷史研究大家，憑他對中國古代歷史文獻
的精熟和他扎實的語文學功力以及出色的學術組織能力，西
方學界宋遼金元史研究的水準從此躍上了一個新的臺階。不
僅如此，傅海博先生桃李芬芳，他的弟子們一度幾乎佔領了
德國所有大學的漢學教席，使得第二次世界大戰後德國成為
世界漢學研究重鎮。

　　不消說，天底下有的是像我一樣對圖齊和傅海博這兩位
前輩大家推崇備至的人，但我對他們的崇拜有我非常特殊的
淵源。我對圖齊的崇拜多半緣於閱讀他的傳世名作——《西
藏畫卷》（*Tibetan Painted Scrolls*, vols. 1-3, Rome, 1949），
這是一部研究藏傳佛教藝術，特別是唐卡藝術的開山之作，
而其中的第一卷則是對中世紀西藏政教歷史的綜述。圖齊將
天女散花般散落在卷帙浩繁的藏文文獻中的歷史資料一一探
尋出來，把紛繁、複雜的西藏中世紀史梳理得有條有理，令
人一目了然。他既能作抽絲剝繭式的語文學研究，又能高屋
建瓴地作宏大敘事，將這兩種能力結合得如此完美，令我歎
為觀止。對傅海博先生的崇拜則是因為閱讀了他一系列有關
元代西藏研究的論文，雖然傅海博不是一位西藏學家，但他
旁徵博引稀見元代漢文文獻以解讀藏文詔令和文誥，並解釋
西藏歷史、宗教和人物史事，解決了許多令藏學家們一頭霧
水的疑難問題。他的漢學知識的廣博和他作語文學研究的細

縱令我這位漢族西藏史家汗顏,從此不敢輕視西方漢學家對漢語文文獻之發掘和研究的能力。由於我初入學界所做的題目正好是元代西藏研究,閱讀圖齊和傅海博兩位先生的著作對我來說無異於經歷一場學術啟蒙,對他們的追隨設定了我自己最初的學術道路。總之,我對這兩位學術偶像的崇拜不可與追星同日而語。

歲月荏苒,一晃二十餘年過去了。我的學術興趣幾經轉移,陸續也有新的學術偶像出現,但我對圖齊和傅海博先生之學問的敬仰之情不減當年。當然,偶像也難免有黯然失色的時候,對圖齊的失望和批判緣於發現這位 20 世紀最優秀的西藏學家和東方學家,政治上卻極其不光彩。圖齊曾經是一位與墨索里尼政權有密切聯繫的鐵桿法西斯分子,他的東方學研究背後有著深刻的法西斯主義背景。他本人曾經對日本的武士道精神深深著迷,還為加強日本和義大利兩個法西斯政權間的聯繫而搖旗吶喊過。一位學術的巨人曾經是一位政治齷齪的人物,想來令人扼腕。對傅海博先生過去的政治面貌我不甚了了,他的青年時代正是德國納粹猖獗的年代,很多與他同輩的學人,如同為圖齊和傅海博先生之好友的世界蒙古學大佬 Walter Hessig 先生就也曾與納粹政府有所瓜葛。我衷心地希望傅海博先生比圖齊和 Hessig 有一個更清白的過去,但對他的學問我同樣不再只有崇拜而沒有批評了。

多年前,我在 1994 年出版的 Asia Major(《泰東》)第 7 卷上讀到傅海博先生的一篇新作,題為"*Consecration of the 'White Stūpa' in 1279*"（〈論 1279 年的白塔勝住儀軌〉）。這是傅海博先生 80 歲時發表的作品，是他晚年的代表之作。他利用所見各種文字的文獻資料，對北京元建妙應寺白塔的歷史作了迄今最充分的研究。文中傅海博先生對元人祥邁所撰〈聖旨特建釋迦舍利靈通塔碑〉作了重點翻譯和解釋，照例旁徵博引，鞭辟入裡。可是，他的譯文中竟然出現了一處令人觸目驚心的硬傷，令我深為偶像惋惜。〈聖旨特建釋迦舍利靈通塔碑〉中有句云：「取軍持之像，標馱都之儀」，傅海博將其譯做「(The construction) was in the hands of selected soldiers, and its shape symbolized the form of a form of a sacred element」。他竟然將「軍持」翻譯成「the hands of selected soldiers」，譯言「所選士兵之手」，而不知道漢文「軍持」是梵文 Kundikā 的音譯，意為「瓶」、「淨瓶」，此處指的是藏式覆鉢形菩提塔如淨瓶般的形狀。而「馱都」確如傅海博所認定的那樣是梵文 dhātu 的音譯，通譯做「界」，但 dhātu 也有很多其他的意思，如傅海博認為的「a sacred element」（成分、要素）等。可偏偏它在這裡的意思與「成分」毫不相關，它實際上指的就是佛之舍利。所以這句看起來挺複雜的話可以簡單地翻譯成「(The stūpa) takes the shape of a vase to mark the manifestation of Buddha's relics」。指出傅海博著作中的這個硬傷，並無意於損害偶像於我輩心目中的高大形象，先生一世的英名也決不至於因此而毀於一旦。我在此只是想藉此說明任何權威都有其各自的

局限，都會與常人一樣犯可笑的錯誤，盲目崇拜和神化學術權威實不可取。

三

在我從對西藏歷史研究的專注中走出，轉而更多地注意藏傳佛教研究之後，我最欽佩的學術偶像無疑是 David Seyfort Ruegg（1931-）先生。出生於紐約的 Ruegg 先生，早年受學於法國高等研究學院，主修歷史學和梵文，研究印度語言哲學。後於巴黎索邦大學獲博士學位，研究印藏佛學中的「如來藏」思想。一生歷任法國遠東學院、荷蘭萊頓大學、美國西雅圖華盛頓大學、德國漢堡大學、英國倫敦大學等學術機構的教授、研究員，從事印藏佛教的哲學、語文學和歷史學研究，是世界最著名的印藏佛學家之一，20 世紀 90 年代出任國際佛學研究會主席一職將近十年。

我對 Ruegg 先生的欽佩首先是因為他的博學和傑出的語文能力。他是一位典型的印藏佛學家，說他兼通印藏佛學實在不足以表達他的能力和成就，更確切地說他是貫通了印藏佛學。他對梵文和藏文兩種語文工具的精熟，使他可以廣泛地運用這兩種語文的歷史和宗教文獻，對佛教哲學思想在印藏兩種佛教傳統中的源流有極其深刻的把握。Ruegg 先生對佛教的如來藏思想、中觀哲學、政教理念、「他空見」等都有精深的研究，他的相關著作都是業內的經典作品。晚近，Ruegg 又出版了一部題為《南亞佛教與婆羅門教／印度教和

佛教與西藏和喜馬拉雅地區「地方崇拜」的共生關係》
（*The Symbiosis of Buddhism with Brahmanism/Hinduism in
South Asia and of Buddhism with "Local Cults" in Tibet and the
Himalayan Region*, Austrian Academy of Sciences, 2008）的專
著，再次顯示了其學識之淵博。

　　除了博學以外，我欽佩Ruegg先生的另一個重要原因是
他打通理學和樸學後所達到的崇高的學術境界。作為一位歐
洲傳統訓練出來的語文學家，他在理學方面的造詣在同輩中
無與倫比。歐洲的佛教學研究傳統以語文學研究為主流，對
梵、藏文佛教文獻的出色的語文學處理是歐洲佛教研究的一
大特色，對梵文和藏文佛教文獻的釐定、譯注和解釋是印藏
佛教研究的主要內容。作為一位典型的歐洲佛教學者，Ru-
egg先生對用語文學方法處理梵、藏文佛教文獻駕輕就熟，
他對「如來藏思想」和「中觀哲學」的哲學史式的研究就是
建立在對相關的大量梵、藏文佛教文獻的譯注和解釋的基礎
之上的。但他的每一項研究往往都超越一般語文學家研究佛
教文獻所能預期的成就，而賦予其語文之外的哲學和文化意
義，為佛教的語文學研究樹立起更高的哲學和文化價值。

　　不僅如此，Ruegg對世界人文學界，特別是文化研究的
新理論、新思想極為敏感，常常將它們精妙地結合到他自己
所從事的研究領域之中。例如，他曾經對佛性論，特別是印
藏佛教傳統中的頓悟和漸悟思想作過非常出色的比較研究，
出版過一部題為《比較觀中的佛性、心識和漸悟問題》

（*Buddha Nature, Mind and the Problem of Gradualism in a Comparative Perspective*, London, 1989）的經典著作，不但對印藏佛學傳統中有關頓悟與漸悟的文獻和思想作了深入的討論，而且還將當年流行的「歷史記憶」和「傳統的創造」等新理論運用到他自己的研究之中，非常精闢地指出藏文歷史文獻中對「吐蕃僧諍」的記載看起來不像是一個真實的歷史事件，而更像是一個半歷史的 topos，和尚摩訶衍已經成為一個非歷史的、具有象徵意義的人物，而「吐蕃僧諍」成了一個歷史與神話交雜的東西，或者說是一個「記憶之場」。正是受Ruegg這段話的啟發，我對藏文文獻中有關和尚摩訶衍及其「吐蕃僧諍」的記載作了系統的檢討，得出的結論與Ruegg的預想完全一致，藏文文獻中有關和尚摩訶衍及其教法的說法基本上是後世藏族史家創造出來的一個傳統。[1]

對Ruegg之學問的崇拜無疑與我個人的學術志趣和追求相關。我自己所作研究通常採取語文學的方法，但我也非常希望能夠為自己所作的小學式的研究找到直接的理論和哲學的支撐，希望自己從事的語文學研究能夠擺脫匠人之氣，而更富有人文精神和智識、腦力的挑戰。然而，要將理學和樸學完美結合，將學術著作寫得既扎扎實實、無懈可擊，又充

1　參見沈衛榮：〈西藏文文獻中的和尚摩訶衍及其教法——一個創造出來的傳統〉，載《新史學》，第 16 卷第 1 期，2005，1-50頁。

滿智慧、發人深思，這實在是一件非常困難的事情。不才如
我，當然不敢有此奢望。但正因為如此，Ruegg 先生才成了
我長期崇拜的學術偶像。

四

除了 Ruegg 先生，我曾十分欽佩的學術偶像還相當不
少。例如，美國印第安納大學中央歐亞系的 Chris Beckwith
（1945-）教授就是其中之一。Beckwith 先生的大作《中亞
的吐蕃帝國》（*Tibetan Empire in Central Asia*, Princeton Uni-
versity Press, 1987），利用漢、藏和阿拉伯文獻資料，宏觀
地構建了吐蕃對外擴張和吐蕃帝國的歷史。Beckwith 利用他
兼通漢、藏和阿拉伯文獻的傑出能力，完成了中亞學研究的
一樁宏大建構，並獲得了獎勵給天才學人的麥克阿瑟獎。閱
讀 Beckwith 此書給我留下的最深刻的印象，也是我至今依
然對它推崇備至的一個重要原因，是 Beckwith 要言不煩、
舉重若輕的大家手筆。紛繁複雜的問題到了他的筆下，好像
都一目了然，讀來讓人十分愜意。雖然中外學者，包括我的
朋友范德康（Leonard van der Kuijp）教授，都對 Beckwith
這部大作有過很多這樣那樣的批評，但在我看來，《中亞的
吐蕃帝國》這部卷帙上無法與圖齊之《西藏畫卷》同日而語
的小書，卻是繼其之後世界藏學研究的又一部有里程碑意義
的巨著。

Beckwith後來專注於建構漢藏語系的語言學研究，隔行

如隔山，讀他的研究論文常常只能看懂結論，而其論證過程則常令我墮入五里霧中。幾年前，Beckwith發表過一篇試圖重構「吐蕃」兩字於唐代時的發音的文章，其結論為「吐蕃」實際上就是漢文文獻中的「發羌」。這樣的結論大概有助於我們理解漢藏兩個族群的源流，只是對其論證過程我實在無法如實體會。前年春天，我有幸在巴黎恭聽了Beckwith的一場學術報告，主題是對漢文古文獻中「月支」一詞之語源和讀音的重構。他的結論是「月支」的「月」字相當於Toka，而「支」字則與匈奴語中的「王」字對應，所以「月支」就是「吐火羅王」的意思。同樣，我對他論證這一觀點時所用的那一套語言學術語一知半解，所以沒有辦法跟隨他的論證理路。而同堂聽講的多為從事歐洲古代語言研究的法國語言學家，他們對他的這個報告好像推崇備至。真希望Beckwith確實用他出色的語言學和語文學訓練為我們解決了這兩個長期以來傳統漢學研究所無法解決的難題。

繼 Beckwith 的《中亞的吐蕃帝國》之後，又一部曾給我留下極為深刻印象的學術著作是人類學家、英國Cardiff大學宗教學和神學教授 Geoffrey Samuel 先生的大作《文明的薩滿：西藏社會中的佛教》（*Civilized Shamans: Buddhism in Tibetan Societies*, Smithsonian Institution Press, 1993）。閱讀這部長達七百多頁的大書對我來說是一種全新的經驗，它與我習慣閱讀的歷史學和語文學類著作在風格上幾無共同之處，但它給我帶來了前所未有的愉悅和興奮。Samuel與其說

是一位西藏學家，不如說是一位人類學家和宗教學家，但他的著作卻給西藏研究帶來了令人神清氣爽的一縷清風。他形象地用「文明的」和「薩滿」來表徵藏傳佛教於顯密二宗均十分出彩的典型特徵，並以它們為主線來分析 7 世紀至近代西藏社會發展變化的過程，以及藏傳佛教的這兩種典型特徵與西藏社會發展變化之間的緊密關聯。《文明的薩滿》一書將人類學的調查資料和廣泛的文獻研究完美地結合到一起，通過對整個西藏歷史之宗教結構的共時的考查和對宗教生活之社會、智識和精神成分的歷時的分析，為讀者奉獻了一部綜合研究西藏社會和宗教的具有里程碑意義的優秀作品。嚴格說來，《文明的薩滿》既不是一部西藏宗教的地緣政治研究，也不是一部西藏的宗教、文化史，更不是一部研究大乘佛教的專業著作，但它巧妙地包羅了上述所有這些內容，為讀者理解西藏社會和藏傳佛教提供了最有利的視角、最全面的資訊和最發人深思的啟示。

　　近年來，我和我的學生們又都成了美國印藏佛教學者、Fairfield 大學宗教學教授 Ronald M. Davidson 教授的粉絲，他的新著《西藏文藝復興：西藏文化再生中的密宗佛教》（*Tibetan Renaissance: Tantric Buddhism in the Rebirth of Tibetan Culture*, New York: Columbia University Press, 2005）成了我們研究藏傳密教，特別是黑水城出土藏傳密教文獻和藏傳密教於西夏和蒙元時代在內地傳播歷史時常備左右的參考書。Davidson 別出心裁地將 10 世紀中到 13 世紀初這段時間

稱為西藏的文藝復興時期,通過對大量印度成道者所傳密教
文獻於西藏傳譯的精細研究和對以薩迦派道果法為中心的密
法教義和修法儀軌的描述和詮釋,Davidson對最終成為藏傳
佛教之典型特徵的密教傳統的形成過程,對藏傳密教的印度
淵源、文獻依據、師承次第等都作了清楚的交代。在這一部
頭不大的專業著作中,我們幾乎可以找到有關早期藏傳密教
的所有有用的資訊,為我們深入研究薩迦道果法在西夏和元
朝的傳播提供極大的方便。

　　Davidson對梵、藏文密教文獻有全面和精深的了解,他
的著作為讀者提供了大量一手的資料。此前不久他出版的
《印度密教:密教運動社會史》(*Indian Esoteric Buddhism:
A Social History of the Tantric Movement*, New York: Columbia
University Press, 2003)從社會史、文化史的角度研究印度密
教,它和《西藏文藝復興》一起成為研究印藏佛學的當代經
典。儘管西方的印藏佛教研究已有相當悠久的歷史,但以往
的研究,如前述Ruegg的著作,較多地集中在對印藏佛教思
想的比較研究之上,對印藏密教傳統的比較研究尚未全面展
開。Davidson的這兩部著作開風氣之先,引領世界印藏密教
研究新潮流。他之所以能有如此之成就,首先得歸功於他超
強的語文能力,他的所有研究都建立在他對大量梵、藏文密
教文獻的精細的譯解的基礎之上。讓我頗為吃驚的是,最近
Davidson竟然開始大量利用漢文佛教文獻來研究早期的陀羅
尼。西方印藏佛學家中少有兼通漢語文者,Davidson早年以

研究印度梵文佛教文獻和哲學見長，後專擅印藏密教，學習漢語文、重視漢文密教文獻，恐怕是最近的事情。從他的這段學術經歷中，我們見到了一位優秀的西方佛教學者的學術軌跡。

值得一提的是，以上這幾位我所推崇的學術偶像都不是名牌大學的大牌教授，但他們的學術能力和學術成就無不鶴立雞群，令人肅然起敬。文章千古事，得失寸心知，希望一位中國同行對他們由衷的欽佩能夠給他們帶去些許的慰藉和幾分的自豪。

五

吾生有涯學無涯，幾十年在學術道路上蹣跚學步，不知不覺間老之將至。令我無比欣喜的是，很多比自己年輕得多的青年才俊在學術上已遠遠走在了自己的前頭。他們出色的學術成就讓我體會到了什麼叫做後生可畏，遂知大師、偶像不見得非得是古人、老人不可。

近年來，我讀到了不少青年學術同行們的優秀作品，其中給我留下最深刻印象的無疑是芝加哥大學神學院宗教史研究助理教授 Christian K. Wedemeyer（1969-）先生的著作。Wedemeyer 是哥倫比亞大學宗教系的博士，曾師從美國最著名的藏傳佛教專家、宗喀巴講座教授 Robert Thurman 先生。Thurman 貴為哥大佛學教授，但其做派更像是一位藏傳佛教的傳教士。雖然在民間有十分巨大的影響力，但其著作的學

術含量則實在不高。令人吃驚的是，Wedemeyer 的治學方法與他的老師有天壤之別，他竟然是一位非常出色的語文學家。他出版的第一部專著是聖天造《合行明炬》的譯注本（*Aryadeva's Lamp that Integrates the Practices (Caryamelapakapradipa): The Gradual Path of Vajrayana Buddhism according to the Esoteric Community Noble Tradition*, New York, 2007），遵循的完全是歐洲佛學研究傳統的語文學方法，從中可以看出他深厚的語文學功底。Wedemeyer 兼通梵、藏兩種語文，擅作佛教文獻之比較研究的能力在他的另一篇論文中反映得更加淋漓盡致，這篇論文題為〈譯師之功的誘人痕跡：宗喀巴著述中梵文資料的別樣翻譯〉（"Tantalising Traces of the Labours of the Lotsāwas: Alternative Translations of Sanskrit Sources in the Writings of Rje Tsong kha pa," in *Tibetan Buddhist Literature and Praxis: Studies in its Formative Period, 900-1400*, edited by Ronald M. Davidson and Christian K. Wedemeyer Leiden: Brill, 2006, pp. 149-182），對宗喀巴著作中所引述梵文文獻的誤譯、誤解作了十分精到的檢討和批判，對傳統以為藏譯佛教文獻十分忠實梵文原本的說法提出了有力的質疑，並進而對梵文佛教文獻於西藏傳譯過程中有可能出現的問題作了非常有見地的討論。

更令我吃驚的是，與他深厚的語文學功力相比，Wedemeyer 的哲學和理論修養似乎還更勝一籌。Wedemeyer 近十年間發表的論文總共不足十篇，但篇篇珠璣，其中有兩篇文章

對印藏密教研究帶來了顛覆性的震撼。第一篇題為〈修辭格、類型學和轉向：密宗佛教史學的簡短世系〉（"Tropes, Typologies, and Turnarounds: A Brief Genealogy of the Historiography of Tantric Buddhism," *History of Religions*, vol. 40, no. 3 (February 2001), pp. 223-259），它對西方一個半世紀以來的密宗佛教歷史編纂的歷史（the history of the historiography of Buddhist Tantrism）提出了根本性的質疑和批判。Wedemeyer 在其文章開頭提出了如下一個人文學科建設中帶普遍性的問題：在眾多學科的初始階段，通常都會預設一些臨時性的理論，用來為這個形成中的知識領域提供一個大致的結構，以便更詳細的研究得以開展。這些理論，除非很快就被推翻或者隨後被重新考量，設定了初期研究的程式，變成了組成這個學科研究背景的重要成分，甚至成為這個學科不言而喻的「公理」。而一旦成了「公理」，這些假設，儘管完全沒有（或者只有微弱的）實證依據，通常會定義、結構和界定這個學科之學術研究的路線。而當足夠多的時間和能量已經被投入到了預設那些「既定觀點」之正確性的研究之中時，它們從此以後就再也不會受到質疑，以免打破學科之平靜的外表，也不使讓人感到舒服的「進步」的幻象被打擾。就是由於這個原因，有時我們可以真切地見到一種非常強大的、跨越好幾代學人的學術保守主義，在這種學術保守主義之下，長輩學者們（權威、偶像）非常不願意鼓勵（且不去說「允許」）對一個領域的那些最基本的假設作激進的修正。

　　接下來Wedemeyer就以西方印度密宗佛教歷史編纂學為例來說明那些本來毫無實際根據的「既定的觀點」是如何設定了西方學者近二百年來的密宗佛教研究、如何決定了密宗佛教史的建構和敘述範式的。他的文章提出了一個印度密宗佛教歷史編纂學的世系譜，特別強調了西方密教研究及其成果之歷史背景，揭示佛教史大綱的最初構建如何決定性地受到了不加甄別地選擇對用來結構這個歷史的敘述原型（narrative archetype）的影響，這個大綱又是如何為對印度宗教的最早的詮釋模式所確認，而由這個大綱設定的寫史傳統及其關聯的說法又是如何因為一位本來很有見識、而且註定要成為 20 世紀最著名和最有影響力的佛學教授的戲劇性的投降而被作為不二之論定格為佛學研究之正統的。

　　Wedemeyer整篇論述十分的精緻、複雜和巧妙，富有智性、理性和思辨性，讀起來讓人覺得刺激、過癮，又處處發人心智。他的主要觀點是說，西方學者把印度佛教視為一種過去現象，把它在印度的消亡當成既成事實，於是採用歷時的敘述模式來構建佛教的歷史，講述佛教在印度從生到死的一個完整的故事。當西方學者在 19 世紀初開始構建佛教歷史的時候，西方最流行將歷史當做一種有機的發展過程（organic development）來描述，歷史無非是從出生、成長、成熟到衰落和死亡這樣一個有機的發展過程。於是，佛教的歷史順理成章地按照這個敘述原型被建構起來了。釋迦牟尼佛的出生和宏化是佛教的誕生期，小乘佛教是佛教的成長期，

大乘佛教是佛教的成熟期,而密乘佛教則是佛教的衰亡期。
在這樣的一個敘述模式之下,密教自始至終被當做 7 世紀才
開始出現的,印度佛教的最後,也是最墮落、没落和行將消
亡的一個階段,儘管密教至今未亡,它依然是藏傳佛教最重
要的一個活著的傳統。而密教中出現的性瑜伽等修習方式,
正好符合將道德淪喪,特別是性行為的墮落作為一種文明衰
亡之重要標誌的西方傳統,於是,密教史的研究就成了一部
佛教衰亡史的書寫過程。這種敘述原型形成了強有力的話語
霸權,即使是世界上最優秀的佛教語文學家也難以擺脫這種
霸權的控制,他們的研究和敘述處處受到這些「既定之見」
的左右。Wedemeyer這篇優秀的論文讓我們終於清醒過來,
西方近兩百年來密教研究的傳統必須有一個根本性的改變,
對那些已成「公理」的傳統說法需要作嚴肅、歷時的清算和
重新考量。這樣的真知灼見又何嘗不可以推而廣之,我們是
否都應該重新考量我們各自學科中那些被我們崇拜的行內巨
擘、大腕們設定的那些「公理」呢?

　　Wedemeyer另外一篇發人深省的文章題為〈牛肉、狗和
其他神話:大瑜伽密教儀軌和文獻中的引申符號學〉("Beef,
Dog and Other Mythologies: Connotative Semiotics in
Mahāyoga Tantra Ritual and Scripture," *Journal of the American
Academy of Religion*, vol. 75, no. 2 (June 2007), pp. 383-
417)。在這篇文章中,Wedemeyer 試圖處理密教研究中另
一個長期令佛教學者爭論不休的十分棘手的大問題,即如何

來解釋密宗佛教中那些有悖常理、十分違規的成分。密教長期受人詬病的一個重要原因就是其修法中包含了很多違犯佛教戒律，甚至與世俗道德觀念相抵觸的特殊修法，如男女雙修和「五肉」（狗肉、馬肉、牛肉、象肉和人肉）、「五甘露」（大香、小香、精、血和骨髓）供養等等。對於這些極為怪異的修法到底應該如何解釋，學界歷來有很多激烈的爭論，有人以為應該按其直接的字面意義來理解它們，將它們視為實際的修法；也有人把它們當成特殊密碼，只具有比喻和象徵意義，認為這類密乘修法是觀修，而不是實修。而 Wedemeyer 則提出：以上兩種說法，不管是實指，還是喻指，都把它們當做直接的指義自然語言（directly denotative natural language）的範例來處理，所以都沒有抓住這些傳統之符號學的最本質的方面。他的這篇論文試圖表明密乘大瑜伽續部採用的是一種可稱為「引申符號學」（connotative semiotics）的指義形式，在這種形式中，來自自然語言的符號（一種能指和所指的結合），在一種更高層次的話語（神話語，mythic speech）中，有能指（signifiers）的功用。將這些符號學工具引入對解釋密教修法之批評中的目的，無非是要人認知，不管是儀軌的實修，還是經典的敘述，其中起根本性作用的是一種關於清淨和污濁的語法規則（清濁無二），而這種規則出現在與早期密乘佛教和更廣泛的印度宗教常規的重要對話之中。這表明見於密乘佛教中的這種對常理的違背表示的既不是「部落式」（字面的、原始的）的修

習，也不是純正的瑜伽密碼（象徵性的），而是反映了主流印度佛教固有的關注。

　　Wedemeyer 以討論密乘大瑜伽部最著名的續典《密集本續》中提到的「五肉」、「五甘露」供養的解釋問題為出發點，說明從儀軌的實修和經典的敘述的兩種角度來看，不管是從其字面上，還是從其象徵意義來解釋這種奇特的供養法都不足以給解釋它們實際的宗教意義，所以他建議釋者要跳出指義語言的框框，在引申符號學體系（a system of connotative semiotics）中來重新考量這些密宗符號的解釋問題。所謂「引申符號學」是「一種不是由它的字面意義，而是由它的意圖（intention）來定義的語言，它的意圖因為沒有在字面意義中表達出來，故被凍結、淨化，乃至永恆化。這種神話語言的構成成分的模糊對於指義（signification）而言有兩種後果，它從此表現得既像是一種通告，又像是對一個事實的陳述」。具體而言，所謂「五肉」、「五甘露」，我們既不能直接從其字面的意義上去理解，也不能把它們簡單地看做一種具有比喻和象徵意義的密碼，而應該把它們看做「引申符號」，找出它們的字面意義中沒有被表達出來的潛在的意圖，以理解其實際的宗教意義。而這個沒有在字面上被表達出來的意圖實際上就是佛教的清淨和污濁無二的法則，引申開來說就是輪（迴）涅（槃）無二、煩惱和覺悟一味的成佛境界。所以，這些看似有違佛教戒律的怪異修法不過是標示成佛境界的「引申符號」。

如何解釋這些怪異的密宗修法一定還將繼續成為佛教學者們長期爭論的一個焦點，但Wedemeyer上述這種解釋無疑為我們提供了一種新的思考方法。作為研究密乘大瑜伽部的頂級專家，Wedemeyer將西方符號學的理論如此巧妙地引進自己的專業研究之中，令人大開眼界。他在上述著作中所表現出來的在理學和樸學兩個方面的非凡造詣，令我在閱讀他的著作時腦中常常掠過這樣的一個念頭：中國佛教學界何時會出現一位像 Wedemeyer 這樣的青年才俊呢？ 我相信那時一定就是中國之學術雄起於世界之日。

六

世人走過的學術道路千差萬別，每個人或都應該有一個與眾不同的崇拜和揚棄學術偶像的個人經歷。我相信每一個有過這樣經歷的人最終都會得出同樣的結論：任何學術偶像都不是永恆和不可超越的。一代人有一代人的學術，後代超越前代是大勢所趨。在圖齊的時代，他的《西藏畫卷》和《西藏宗教》（*The Religions of Tibet*, University of California Press, 1988）無疑是最傑出的經典，但到了 Samuel 的時代，《文明的薩滿》就理應取代《西藏宗教》的經典地位。圖齊無疑也曾經是 Samuel 的學術偶像，Samuel 曾是圖齊《西藏宗教》一書的英文譯者。但 Samuel 的《文明的薩滿》和他最近出版的新著《瑜伽和密教的起源》（*The Origins of Yoga and Tantra: Indic Religions to the Thirteenth Century*, Cambridge University Press, 2008）最終超越了圖齊的《西藏宗教》。西藏宗教研究在圖齊和 Samuel 兩代學人之間完成了學術的更新，取得了明顯的進步。而無論是從理學還是從樸學的角度來看，血氣方剛的 Wedemeyer 的能力和水準都已經絲毫不遜色於年高望重的 Ruegg。毫不誇張地說，今日的 Wedemeyer 已經具備了最終超越 Ruegg 的所有潛質和能力，明天的 Wedemeyer 一定會成為今日的 Ruegg，他們註定都是印藏佛學研究的祭酒級人物。

從自己學習和吸收上述這些學術偶像之學術成就的經歷中，我深深感到不管身處哪個學科、在作什麼樣的課題研究，用語文學的方法作仔細的文本研究應該是每一位學者必須具備的最基本的功夫。特別是對初入學界的新人而言，要想不在茫茫學海中迷失方向，用語文學的方法老老實實地作文本研究無疑是一個相對安全、可靠的定位方式。這樣的方式不但能夠使人得到最基本的學術訓練，而且其學術成果也最具原創性，能夠給讀者提供新的知識。而學術研究最理想的方法應該是理學和樸學的完美結合。一部精緻、複雜的語文學著作，如果缺乏哲學和思想的意義，終難脫離匠人之氣，缺少思想和智識的力度和挑戰。而一位學者若完全缺乏對文本作語文學研究的能力和耐心，只專注於空洞的理論探索和哲學思辨，則他既不可能寫出有豐富的實際內容的好作品，也永遠不可能創造出能給人以啟發的新理論。描述和解釋作得再完美、再迷人，也只是一種形式的變換和更新，無

法替代扎實、精緻的文本研究。作學術研究只重視理論、解釋，而輕視甚至捨離對文本的語文學研究，則是捨本求末，或能眩人耳目、譁眾取寵，但既不會給我們帶來新的知識，也不會給學術研究帶來實質性的進步。

原載《東方早報・上海書評》，2010 (5)

我讀馬麗華

一

　　大概是 1991 年，我正在德國波恩大學與我
的導師 Klaus Sagaster 教授一起閱讀八思巴帝師的
《彰所知論》。這是八思巴帝師專為元世祖忽必
烈汗的太子真金寫的一部佛教入門書，講的是佛
教宇宙觀和世界史。《彰所知論》是我老師的
「舊情人」，他的德文譯稿是 20 世紀六七十年
代時的舊作，還是用打印機打出來的，已經開始
發黃。對我來說它卻是「新相知」，出國前我專
治西藏歷史，山國後更多注意佛教，正需要這樣
一部入門書。故師徒授受，其樂融融。就在這個
時候，一個很偶然的機會，我讀到了馬麗華發表
在一本不常見的文學期刊上的長篇遊記——《藏
北遊歷》。讓我吃驚的是，文中一位苯教活佛向
作者轉述的有關世界起源的說法，竟然與我們正

在閱讀的《彰所知論》中的說法一模一樣。莫非是作者搞錯了？分明是佛教的東西，何以從一位苯教活佛口中娓娓道出呢？細一想，佛、苯之間的關係本來微妙，雖然對苯教的來歷依然眾說紛紜，但後來苯、佛趨同確是不爭的事實。所以，元朝的八思巴帝師和當下這位苯教活佛有關世界起源的說法基本一致實在不足為奇。突然之間，我若有所悟，原來學問不見得一定要在課堂上學到、養成。從此我記住了馬麗華這個名字。

很快我又讀到了馬麗華的第二部長篇遊記——《西行阿里》。如果說西藏是世上的「第三極」，那麼阿里無疑是極地之極地。1988年夏天，年輕力壯的我，曾和幾位藏學同好結伴同遊西藏，走了一個多月，去過不少地方，但好像從沒敢動過要去阿里的念頭，儘管當時我正對元朝在納里速古魯孫（即阿里三圍的元代音譯）地區的施政十分的感興趣，也正在翻譯一部以古代阿里西部地區為中心的拉達克王國的歷史著作。可當時西藏實際的交通條件和我本人的經濟狀況、旅行經驗等都不足以讓我生起西行阿里的勇氣，阿里是一個可望而不可即的地方。然我做不到的事情，馬麗華卻輕而易舉地做到了。追隨她的腳步，透過她的描述，我終於有機會領略極地的自然風光和人文遺跡。許多神往已久的場景、人物和故事，通過馬麗華的生花妙筆一一變得鮮活起來。以前關注、了解阿里的歷史，只靠有數幾本古籍中的隻言片語，不但霧裡觀花，真相模糊，而且每每將研究的對象「文本

「馬麗華走過西藏紀實」系列書影

化」,把現實萬象、眾生風流一筆勾銷。讀了《藏北遊歷》和《西行阿里》,我才深切體會到讀萬卷書、行萬里路,端的是讀書人的陽關大道。雖不能至,心嚮往之。

　　1994 年夏天,我又在北京街頭的小書攤上買到了馬麗華的新作《靈魂像風》,一遍讀罷,感動不已,隨後買下十多本,快遞給海外好友,要與他們共享讀書之樂。當時國內知識界正熱炒「河東河西說」,國人急切地要把不久前還備受奚落、譴責的中國傳統文化,確切地說是漢文化,重新推上神壇,以重塑「民族精神」。作為一名海外遊子,對此我頗不以為然,甚至有點憂心忡忡起來,卻也無可奈何。此時讀到馬麗華的《靈魂像風》,宛如春風撲面,讓我備感清新和親切。當別人急於要向世界說「不」的時候,馬麗華正汲汲行走於西藏中部的山谷、鄉野和村落、寺院之間,與藏族農民、僧人和朝聖者一起,追逐著西藏文明像風一樣的靈魂。在馬麗華的筆下,我們看不到漢族文化的優越感,知之為知

之，不知為不知，她全身心投入地做著一件事情，就是腳踏實地地去觀察藏族文明現存的各種表現形式，追根究底地弄清其歷史淵源和流變，從而用心去理解看起來似乎難以理解的獨特的宗教、文化形式和生活方式。在別人只注意發掘儒家文化的現代價值、多為漢文化唱讚歌的時候，馬麗華卻清醒、認真地與藏族同胞做著跨宗教、跨文化的對話，在用一顆赤子之心體會漢藏兩種文化的燦爛和殊勝，尋求著以美人之美、美美與共的態度來構建多元一體、和諧多姿的中華民族大家庭的理想途徑。她的所思、所為與她身處的那個多少有點喧囂和功利的時代形成強烈對照，然與費孝通先生等幾位超越時代的先進知識份子並行在同一軌道上。

出版《靈魂像風》之後，馬麗華暫時離開了風花雪月的文學世界，將筆觸伸展到了自然科學領域，採寫、出版了《青藏蒼茫——青藏高原科學考察五十年》，把一部高原生成演化的自然史和中國科學家為時半個世紀的考察歷程從頭道來。經歷了這種不同尋常的知識積累，馬麗華從此對獨特的自然環境對於生存其間的民族歷史進程和文化走向的重要影響有了深刻的體會，她對藏民族乃至中華民族的生存發展史的考察從此也有了更加廣闊、更加壯麗的背景。

2003年初春，我在臺北的一間書店裡看到了剛剛出版的馬麗華的又一部新作——《藏東紅山脈》。這一次，馬麗華把筆觸接近了她一向敬畏的橫斷山脈，並把這部記載紅山脈中、紅土地上的自然風物和人文景觀的遊記作為她西藏紀實

文學的封筆之作。我從事藏學研究算起來已有二十多個年頭了，不可思議的是，我對藏東紅山脈竟然從沒有給以足夠多的關注，似乎在等著馬麗華來領我沿著茶馬古道一路走來，補上這一課。而正當要被馬麗華領著「走出紅山脈」時，我再度受到震撼：在西藏住了近三十年，看起來已經與西藏水乳交融了的馬麗華，卻坦承她與西藏人的關係終究還是「隔了一層金屬一層玻璃」，因為在高原風雨驟起之時，「我既不可能把他們請上車來聊避風雨，也不可能跳下車去與他們風雨同行」，所以即使作過近三十年的努力，其結果還是「多年以前我曾自感接近了似是而非的頓悟，但多年以來又游離了那個似乎可見的臨界點」。這是何等的襟懷坦白！馬麗華三十年的西藏經驗讓我們明白：漢藏兩個民族之間文化的融合和情感上的親和關係的建立，最需要的是漢藏百姓「風雨同行」。

二

馬麗華的這四部遊記，積近三十年在西藏生活、工作的經歷，以難以掩飾的激情和行雲流水般的文采，帶領廣大讀者一路《走過西藏》，觀賞雪域自然之奇異，見識藏地人文之偉大，實在是千年難得的優秀作品。《走過西藏》系列遊記曾經在海內外風靡一時，馬麗華的「粉絲」有老、中、青好幾代人，且遍佈世界。20 世紀 90 年代中期以來，國人表現出了對西藏和西藏文化的愈來愈強烈的熱情和嚮往，對此

馬麗華和她的遊記功不可沒。

讀過《靈魂像風》之後，馬麗華也成了我心中的偶像，我是她的海外「粉絲」。雖然尚無緣親見偶像本尊，但每與人談起西藏，我自言必稱馬麗華，迫不及待地要將她的大作介紹給每一位嚮往雪域、並有意了解西藏文化的潛在讀者。1999冬，我參加了在臺北召開的海峽兩岸藏學家大會，在一群藏學家中間公然聲稱：「一百個藏學家，不如一個馬麗華」，語驚四座。聽眾中有人應聲附和，但或有人嫌我言過其實，甚至危言聳聽。然平心而論，就對西藏和西藏文明的全面了解、對西藏同胞和西藏文化的深切關心、對進行漢藏文化對話之意義的理性自覺和對漢藏文化交流的鼎力推動，作為藏學家的我們中間又有幾個能夠和作為作家的馬麗華相提並論呢？我們中間又有誰的作品能像馬麗華的《走過西藏》一樣受到如此眾多的讀者們的喜愛，並產生如此巨大、積極的社會影響呢？反正我有自知之明，自愧不如，在哪方面都無法望其項背。

如果我們將馬麗華與古今中外其他的西藏旅行家和作家相比的話，她同樣出類拔萃。直到幾十年前，真正踏上「第三極」的非藏族人為數寥寥，所以有幸踏上這塊土地本身就是傳奇。有此等榮幸者，多半也成了傳奇人物。然而他們所說的西藏故事，常常也充滿了傳奇色彩，甚至帶點天方夜譚的意味。近代到過西藏的西方探險家、傳教士、政客等，或者十分誇張地浪漫化、神話化西藏，把西藏塑造成世間「最

後的一塊淨土」——香格里拉；或者帶著滿腦袋的「文化背景書」，像個草菅人命的判官，用粗重的黑筆，將西藏文明之瑰麗一筆筆勾去。很少有人能夠不受個人情感羈絆、擯棄文化偏見，平心靜氣地將一個客觀、真實的西藏形象傳遞給廣大讀者。即使在今天，西藏早已不再是「禁地」，每年入藏的遊客又何止成千上萬。一時間，有關西藏的書寫也多了起來，甚至成為一時之尚。但同樣的，許多人對西藏的欣賞和了解僅止於浮光掠影，他們對西藏的那份熱情讓人覺得他們多少有點像是在藉西藏山川之美，以寄託自己的遐思、夢想。古今中外，至今還很少有人像馬麗華那樣，在西藏一住二三十年，懷著一顆永不饜足的求知心，一顆波瀾不驚的平常心和一份推己及人的真性情，讀萬卷書，行萬里路，天上人間，盡入法眼，今人往事，皆成文章，向世人勾畫出一個活生生的西藏，一個雖非臆想中的香格里拉，卻也不是全無風流的地方。

　　馬麗華在西藏度過了生命中最年輕、最美麗的三十年時光。在這段時間內，她一步一個腳印地走遍了西藏的高山大川，用眼睛去看，用嘴巴去問，用耳朵去聽，用心靈去體會，與雪域的「木門人家」、「黑頭百姓」將心比心。不管是學富五明的喇嘛，還是目不識丁的牧人，都曾是她了解西藏文化的老師；看得見的人物和看不見的神靈，都是她探究西藏文化之奧秘的對象。作家的敏感、行者的博學，再加上人類學工作者的細緻，使得馬麗華筆下的西藏真實動人，耐

人尋味。馬麗華無疑是一位天才的作家，但成就她的首先並
不是她出色的文學想像力，而是她對西藏這片土地的熱愛、
了解和她對西藏人民的真誠和理解；是作品中處處閃現出
她的善良、率真和虛懷若谷等人格魅力。她的系列遊記之所
以廣受歡迎，不只作品本身極具文學觀賞力，更在於它們是
導引大眾閱讀西藏、欣賞西藏的可信教科書。

　　閱讀馬麗華的著作、回顧馬麗華三十年間走遍西藏的不
尋常的經歷，免不了有人要將這位來自齊魯大地的女作家、
女詩人想像成一位傳奇或者神奇的人物。十分難能可貴的
是，不管是馬麗華筆下的西藏，還是她筆下的自己，都自覺
地遠離傳奇或者神奇。馬麗華三十年的西藏經歷更像是一個
「祛魅」的過程，她學習、體會西藏的過程，不僅是她對西
藏文明的理解由淺入深、次第升華的過程，而且亦是她不斷
地改變和改善她對自我的認識的過程。在《藏東紅山脈》的
後記中，馬麗華告訴我們：「在曾經陌生的異民族地區，最
初是明顯的生存外貌之差異吸引了我。當我刻意去搜集這種
差異，差異便消失了，我找到了更多的『共同』。……是
『神秘』誘惑了多少個世紀以來西方探險家的腳步紛至沓
來，但對生活其間的我來說，最經不起推敲的是神秘感，它
最先消失。沒有了神秘，至少還有神奇感吧，神奇感的安慰
有效也有限，當它也成為視野中司空見慣的常態，連帶對世
界一應美景都失去了觀賞的興致。我探求未知，未知就不存
在了；沒有什麼是不可以理解和解釋的，真正不可理喻之

物，我們連了解它的興趣都没有。」對於那些沉醉於西藏之「魅」中不能自拔，或者急著要「入魅」，或者一心「返魅」（re-enchantment）的西藏發燒友們來說，馬麗華的這番大姐自況不免掃了他們的雅興。如果西藏並不神秘，也不神奇，而且「間接了解的藏傳佛教，奇蹟的發現為零」，那麼，他們再可到哪裡去抒發他們的思古幽情和寄託他們滿肚子的希望呢？將西藏神話化為「香格里拉」，或者「最後的淨土」，聽起來委實不俗，看起來也像是對西藏情深意切，一腔熱血，可與此同時一個真實的、物質的西藏卻遠離我們而去，留下的是一個虛無縹緲的「精神家園」。如果西藏滿目神奇、天生美麗無瑕，早已是人間天堂、佛家淨土，那麼除了望著或深藏於雪山深處的「藍月谷」（blue moon val-ley）興歎外，我們還能為西藏做些什麼呢？

創造了西藏神話，並同時也把自己推上神壇的人古已有之，其中具世界級影響的人當中就有兩位傳奇女了，她們是靈智學的創始人布拉法斯基夫人和號稱世界上第一位成功闖入禁城拉薩的法國女子大衛·妮爾。布拉法斯基夫人本是來自俄國的半仙式人物，為尋求神秘智慧和方術，隻身前往東方求法。她自稱是藏傳佛教徒，曾在喜馬拉雅山腳下的西藏住了七年，還在扎什倫布寺近處隨密教高手習法兩年。後奉西藏大士之命往紐約成立靈智學會，將科學、哲學與古老的東方智慧結合，創造出一種新的科學的宗教——靈智學。靈智學很快風靡全球，布拉法斯基夫人成了 19 世紀歐美最有

影響力的女性，而西藏作為保存西方早已失落了的神秘智慧的地方，從此也成了西方精神追求者的聖地。可是，有誰真的相信布拉法斯基夫人曾經到過西藏，更不用說是住了七年。在她那本號稱是受西藏大士心靈感應而寫成的《西藏密法》中，除了那圈神秘的光暈以外，又有多少貨真價實的西藏貨色？人稱宗喀巴轉世的布拉法斯基夫人其實對西藏所知不多，她宣揚的靈智也與藏傳佛教沒有多少關係。同樣，人稱「巴黎奇女子」的大衛・妮爾以其 1924 年化裝「禁城之行」而名揚天下，成為世界最著名的旅行家之一。可她筆下所記載的這次旅行到底有多少是歷史的真實，大有疑問。大衛・妮爾女士雖然自稱不相信奇蹟，卻非常善於創造奇蹟，也沒有人懷疑她的一生本身就是一個奇蹟。她留下了三十餘部著作，成功地將自己塑造成一位西藏和藏傳佛教的絕對權威。頗令人遺憾的是，細讀她的《我的西藏之旅》（*My Journey to Tibet*）和《西藏的神通和秘密》（*Magic and Mystery in Tibet*）等書，不難發現書中所涉藏傳佛教的知識，有不少明顯是販賣了布拉法斯基夫人的東西，而她在書中情不自禁地流露出的西方式的優越感和她對藏族百姓和藏族文化居高臨下的態度，讓人忍不住回想起那個曾給包括西藏在內的東方民族帶來巨大災難的殖民主義時代。

　　毋庸置疑，馬麗華在西藏的經歷和她對西藏文明之了解的深度，都遠遠超越布拉法斯基夫人和大衛・妮爾女士這兩位世界級的名女人，然她不以神奇自居，也無意神話化西

藏，這正是她超越古人、笑傲江湖的神奇之處。

三

　　三年前，我海歸回北京工作，終於見到了已神交十五年的偶像。馬麗華一看就是一位飽經風霜、幾度輝煌、有著豐富閱歷的人物。曾經滄海難為水，她言談舉止間透出的那份大氣、寬厚和蒼涼，亦只會在她這樣的人身上出現，而她的善良、熱情和心無城府是她不變的「註冊商標」。三年來，我與馬麗華成了時相往還的同事和朋友，工作上精誠合作，平日裡亦師亦友，奇文共欣賞，疑義相與析，偶像依舊是偶像，崇敬一分不少，但多出了幾分親切。能與馬麗華為友，實在是我一生的榮幸。

　　2003 年，馬麗華離開西藏，來到北京中國藏學研究中心工作，出任中國藏學出版社總編。從一位名滿天下的大作家，轉身成為一名主要為他人作嫁衣裳的專業編輯，這樣巨大的變化在外人看來是有點委屈了創作欲極其旺盛的馬麗華。但她顯然很勝任這個新角色，近年來中國藏學出版社常有高品質的學術著作出版，對此馬麗華的功勞自不可沒。雖然她一時還放不下她的老本行，到北京後竟然還完成了一部被人認為是「具有強烈後現代色彩」的長篇小說──《如意高地》，但她的主要精力無疑已經集中到編輯學術著作上頭，她的主要興趣也從文學轉向了學術。與普通編輯不同的是，馬麗華編書做的不只是文字編輯工作，而更像是文史研

究工作，每編輯一部學術著作，就像是開始一個新的研究課題。幾年下來，馬麗華的作家身份漸漸淡出，她的學者氣質越發明顯。對於學術，她不但敏感，而且執著，對他人的學術論著有極高的鑒賞力，經常會發現一些別人很少注意的好文章，想到一些別人想不到的好題目。對她自己關心的題目則常常刨根究底，一路深挖，非弄個水落石出不可。在我看來，作為研究藏族歷史、文化的學者馬麗華與作為觀察、書寫西藏的作家馬麗華一樣不同凡響。

近兩年前，聽人說馬麗華正在用文學的筆法寫一部研究西藏文史的著作，對此我一直充滿期待。坊間大話西藏的書越來越多，但既可讀又靠譜的書卻少之又少。將跌宕起伏的西藏歷史和甚深、廣大的西藏文化，寫成一部讀來輕鬆愉快、掩卷發人深省的亦文亦史的著作，這樣的事大概只有身兼作家和學者雙重身份的馬麗華才有資格去想、去做。當然，暗中我也為馬麗華捏著一把汗，用行雲流水般的文筆寫一部歷史著作是每個歷史學家都曾有過的夢想，但像黃仁宇《萬曆十五年》那樣好看的正經歷史著作畢竟太少。待圖文並茂的《風化成典——西藏文史故事十五講》一書擺到我的面前，細細翻過一遍，我心裡的石頭才終於落地。馬麗華畢竟是馬麗華，她在這部新著中以學究式的細緻、哲人般的洞察力和舉重若輕的生花妙筆，為我們打開了一部上下幾千年、縱橫上萬里的西藏歷史文化長卷。

「風化成典」看起來像是馬麗華新創的一個詞彙。歷史

長，何時不精彩？人海闊，何日不風波？可歷史上的人和事大部分經不起時間的風化，即便一時風光無限，氣象萬千，終難逃脫零落成泥碾作塵的淒涼和無奈。只有極少數的人和事，能千古不朽，歷久彌新，時間不但不能使他們風化成塵，相反卻令他們超越、昇華，成為典故，甚至經典。而這些典故、經典即是我們今天通常所說的「文化密碼」

《風化成典——西藏文史故事十五講》書影

（cultural code），是幫助我們打開一個古老文明寶庫的鑰匙。我想馬麗華將她的新作定名為《風化成典》正是這個意義，表明她無意於撰寫一部西藏文明通史，而只是想通過西藏歷史上幾個已被風化成典、成了文化密碼的特殊人物、事件，來解讀、演繹西藏歷史文化的特點和精彩。她選取了西藏歷史上十數個最富生氣的歷史時代和最精彩的歷史片段，以及數十個西藏歷史上頗具影響的人物和事件，在中華民族演進史，特別是漢、藏、蒙古、滿等民族之政治、軍事、經濟和文化互動、融合的大背景下，娓娓道出，細細評點，既條理清晰地縱論西藏歷史、文化形成、發展的過程，又濃墨重彩地描繪了西藏歷史文化的獨特風格和殊勝之處。

　　三十餘年的置身西藏和面向西藏，旨在增進漢藏兩個民族在文化和情感上的親和關係，已成為馬麗華生命中的一項重要內容。她的這份情懷，不但表現在對千餘年來漢藏兩個民族間文化交流互動的格外關注，而且亦明顯地反映在《風化成典》這部新著中。這一次，馬麗華挑選了若干個在漢藏文化交流史上特別有影響的人物，用文學的生動描述了背後的歷史故事，再用史家的深刻分析了這些人物和事件對於漢藏文化交流、融合的意義和影響。例如，透過對古藏文史書中常常出現的和尚「隻履東歸」的故事的還原，馬麗華將漢藏兩種佛教傳統之間你中有我、我中有你的複雜關係作了形象的說明。和尚摩訶衍「隻履東歸」的故事，原本脫胎於漢地禪宗佛典《歷代法寶紀》中記載的菩提達摩「隻履西歸」的故事，喻指摩訶衍雖然被迫離開吐蕃，「隻履東歸」，但他所傳的禪宗佛教卻早已在吐蕃生根發芽，就像禪宗佛教的祖師菩提達摩被迫「隻履西歸」，但他所傳的禪宗佛教卻成了漢傳佛教中影響最大的一個分支一樣。而前弘期藏族史家很快能將「隻履西歸」這樣的典型的漢文化母題，如此天衣無縫地運用到他們自己的宗教歷史敘事中去，這本身即說明，古代漢藏兩個民族文化間之融合的深度，遠遠超出了我們的想像。

　　再如，《風化成典》中對曾被陳寅恪先生與玄奘大師相提並論、譽為「一代文化托命之人」的大譯師法成的事蹟及其象徵意義，作了自成一家之言的表述。法成，藏名'Gos

Chos grub，是吐蕃佔領敦煌時代兼通漢藏的著名大譯師，今存漢藏文大藏經中，都保存有許多他翻譯的佛教經論。他曾將漢文的《金光明經》、《楞迦經》、《賢愚經》等著名佛典翻譯成藏文，又將《般若波羅蜜多心經》、《諸心母陀羅尼經》等佛經從藏文譯成了漢文，不管是漢譯藏，還是藏譯漢，其譯文的質量都絲毫不讓羅什、奘公。此公究屬何許人也？中國的藏學家相信他是出自西藏貴族'Gos氏（譯為管氏或桂氏）之家的藏族譯師，而日本及西方學者則多半相信他是漢人法師吳法成，與敦煌藏經洞中有立像的那位洪辯法師是一家人。或許我們永遠也說不清楚法成到底是漢人還是藏人，但他的曾經存在卻清楚地告訴我們，漢藏兩種文化傳統之間有著切割不斷的緊密聯繫。

還有，《風化成典》中對元朝西藏與蒙古、漢、西夏、畏兀兒等民族間的政治和文化關係，均有專章的論述，其中提到了宋朝末代皇帝被蒙古人送往薩迦，最後成為一位藏傳佛教高僧的故事。這個故事聽起來匪夷所思，但絕非小說家言，這位「天尊」用藏文寫成的著作至今保留在藏傳佛典中。實際上，這個故事不過是蒙元時代多元文化互動的一個縮影。早在蒙古入主中原以前，藏傳佛教已經在居住於中國西北地方的畏兀兒和西夏人中間傳播，薩迦班智達和八思巴帝師與蒙古王子闊端成功結盟，這不但使西藏在政治上成為蒙元王朝的一部分，而且亦使藏傳佛教文化迅速在蒙古和漢人中間廣泛傳播，成為元朝文化的一個標誌性特徵。有元一

代，西藏喇嘛成了帝師，久居京城和內地傳法的喇嘛不計其數，而因各種原因被送往吐蕃的漢、蒙古、西夏、畏兀兒人也為數不少。認識這段歷史，對於我們今天正確地理解中華民族形成、發展的歷史，以及構建中華民族的民族認同有深刻的啟發意義。

《風化成典》一書中充滿了這樣的典故，其中有一些我們耳熟能詳，但馬麗華給其以我們不曾注意到的新意，其中有一些，我們聞所未聞，屬於馬麗華的「考古新發現」。通過馬麗華對這些典故的描述和解釋，一部借助藏學界最新研究成果、並將史學與文學完美結合而寫成的好書就擺到了我們的面前。

四

我讀馬麗華已有近二十年的歷史了，讀了不少，獲益良多。可是，不管讀她的什麼著作，其實我都是從一位學者，特別是一位歷史學家的角度出發，把馬麗華當成一位文化學者來讀的。對馬麗華決不應該只有這麼一種讀法。馬麗華還是一位出色的小說家，浪漫的詩人，有成就的旅行家，優秀的攝影師，有愛心且有責任感的社會、人文學者和一位熱愛西藏、熱愛生活的普通人，如果你正好也是一位小說家、詩人、旅行家、攝影師、社會、人文學者，或者你同樣是一位熱愛西藏、熱愛生活的普通人，那麼你從馬麗華那裡一定能夠讀出那份只屬於你自己的特殊感受，獲得那份只屬於你自

己的啟發和教益。

大家何不都來讀讀馬麗華呢？！

原載《文景》，2009 (4)

「漢藏佛學研究叢書」
編輯緣起

一

對世界佛學研究現狀稍有了解的人都知道，當代佛學研究領域內最有人氣、最有成就的一個分支是「印藏佛學研究」。佛教雖然起源於印度，可是印度佛教早在 13 世紀初就已消亡，用梵文記錄的大乘佛典保存下來的不多，所以重構印度佛教及其歷史絕無可能僅僅依靠印度本土的資料來完成。而藏傳佛教包羅了印度佛教的所有傳統，其密教修法更遠遠超越了印度原有的傳統。對藏傳佛教的研究可以被用來復原、重構已經失落了的印度佛教傳統，所以當今世界佛學研究即以印藏佛學研究為主流。

千餘年來，藏傳佛教備受外人誤解、歪曲。東西方人都曾稱其為「喇嘛教」，誣其為「妖術」、「鬼教」。事實上，藏傳佛教之三藏、四

續深妙不可測，乃現存所有佛教傳統中的奇葩。從文獻學的角度來看，藏文大藏經收錄了 4569 部佛典，包含了絕大部分印度佛典，特別是後期大乘佛典的完整翻譯。藏文本身乃參照梵文人工制定的書面語言，語法和構詞方式貼近梵文。早在 9 世紀初，吐蕃譯經高僧就專門編制了正字法字典和語彙手冊《翻譯名義大集》，確保了書面語言的規範化。藏文佛經翻譯常有流亡的印度學問僧加入，使其質量得到了可靠的保證。所以，藏文成了今天研究印度佛教者必須掌握的語言工具，人們通過藏文翻譯來重構梵文原典，理解佛教原典的微言大義。從佛教教義的角度來看，西藏歷史上出現了一大批傑出的佛教學者，如俄譯師羅丹喜饒、薩迦班智達、布敦、龍青繞絳巴、宗喀巴等，他們於闡發印度佛教教義，特別是在因明、唯識和中觀哲學上取得的成就，決不遜色於任何漢傳佛教的高僧大德。對他們的著作的研究有助於我們更深入地理解印度佛學原理。再從藏傳佛教最顯著的特徵，即其密教傳統來看，西藏人以此為豐富世界文明作出了最大和最特殊的貢獻。見於現存藏傳佛教文獻中的五花八門的藏傳佛教密修儀軌是重構印度古老的密教傳統的最重要的資源，只有對藏傳密教作深入的研究，才有可能將古老的印度密教傳統的真面目揭示出來。

所有這些構成了「印藏佛學研究」形成和發展的基礎。將印度佛教和西藏佛教作為一個整體研究，追溯其根源、觀察其流變，無疑是佛學研究應當採取的正確方向。

二

　　可是，「印藏佛學研究」的絕對強勢，導致了人們對另一個本該受到同等重視的學科，即「漢藏佛學研究」的忽略。將漢傳佛教研究與印藏佛教研究割裂開來是目前國際佛教研究的一大缺陷。事實上，印藏佛學研究的進步離不開漢文佛典和漢傳佛教研究的幫助。漢譯佛典的出現遠早於現存的大部分梵文和藏文佛教文獻，早期漢譯佛經是研究大乘佛教之形成和佛典形成、發展歷史的最主要的資料。到 7 世紀的玄奘，漢傳佛教差不多已經完成了漢譯佛經的主要工程，大乘佛教的基本經典早都已經不止一次地被翻譯成漢文。而此時佛教才剛剛開始傳入吐蕃，專為譯經而造的藏文也才剛剛開始使用。數量上漢文大藏經遠少於藏文大藏經，但它不但包含較多的早期資料，而且其原本中多有來自西域的「胡本」，反映出別開生面的西域佛教特色；總之，漢譯佛經對於研究大乘佛教之成立的價值是無可替代的。即使從事印藏佛教研究，我們也必須從漢傳佛教中汲取滋養。

　　當然，我們倡導漢藏佛學研究決不是要將漢傳佛教研究整合到印藏佛教研究這一業已成熟的學科中去，而是要將漢藏佛學研究作為一門獨立的學科來建設。我們深信漢藏佛學研究不但能對印度佛教研究的深入提供極大的幫助，而且它將極大地推動漢傳、藏傳佛教研究本身的進步。從文獻學的角度來看，藏傳佛教經典中有大量不見於漢傳佛教中的文

獻。其中最多的是屬於密乘的續典和與其相關的儀軌和論書。密宗於印度的流行開始於 8 世紀之後，此時漢傳佛教的譯經高峰早已過去，各大教派業已定型，此前傳入漢地的密教以《大日經》、《金剛頂經》為中心內容，屬於早期密教之事部、行部和瑜伽部的修法，而屬於無上瑜伽部的密集、勝樂、喜金剛和時輪等修法當時沒有流傳到漢地。後來宋代著名譯師施護等人亦曾致力於無上瑜伽密續的翻譯，但由於譯文品質極差，其中關涉實修的內容又常遭刪減，故很難為佛教行者理解，影響極其有限。與此相反，無上瑜伽密修習卻成了藏傳佛教後弘期的主流，西番新譯密咒的主要內容就是無上瑜伽密續典和儀軌。要了解、研究和修習無上瑜伽密，漢文大藏經並不能為我們提供很多的幫助，我們唯一可以依賴的是藏文大藏經。

從佛教義理這個角度來看，由於印度中觀哲學大師月稱、寂天和因明學大師法稱都是在玄奘以後才出現的，故其所造宏論大部分沒有被譯成漢語，見於藏譯的中觀和量學部釋論有二百餘部之多，其中絕大部分沒有相應的漢譯本，中觀哲學和因明量學沒能在漢傳佛教中興盛自可逆料。然而，上述諸大師的哲學思想在藏傳佛教中的前弘期就經寂護菩薩和蓮花戒師徒傳入而立為正宗，到後弘期又經阿底峽大師推而廣之，後再經薩班和宗喀巴等本土大師的闡發，遂成藏傳佛教哲學義理中最具特色的內容。於此我們即可看出漢、藏佛教間的異同和藏傳佛教較之漢傳佛教的殊勝之處。

　　鑒於漢藏佛教之間的上述不同，漢藏佛學研究的一項重要內容應該是從語文學和文獻學角度對漢、藏佛教文獻本身進行對勘、研究。佛學研究發展到了今天，卻依然未能解決佛經文本的準確性和可靠性問題。要使佛學研究建立在一個扎實、可靠的文獻基礎之上，我們首先應該下工夫釐定佛經翻譯的文本。在梵文原典所剩無幾的情況下，對勘漢、藏文佛經無疑是揭示漢、藏文譯文中出現的種種紕漏，釐定漢、藏文譯本的唯一可取的道路。漢、藏譯佛典二者的翻譯品質有很大的差別，相對而言藏文佛典的品質要高於漢文藏經，可用做釐定漢譯佛經文本的參照，通過二者的對勘來訂正漢譯佛經中出現的明顯疏誤。但是，藏譯佛經也並非篇篇珠璣，譯文品質因人而異。在千餘年的流傳過程中，也出現了種種版本學上的問題，僅僅依靠藏文佛經本身的對勘難以解決問題，同樣必須依靠梵文原典或者相應的漢文譯本為參照而訂正錯誤。而且，儘管漢譯佛經對譯同一梵文詞彙所用譯語往往缺乏一致性，但這種不統一性有時比機械的統一更有助於我們了解譯者對其所譯佛經的理解。漢譯佛經中有時還會插入人稱「中國撰述」的東西，乃譯者譯經時從中國的思想和文化背景出發對其所譯內容作的討論，對漢傳佛教思想的研究有很大的幫助。

　　此外，漢藏佛經的對勘還有助於我們正確地理解漢文佛經這一種特殊類型的古代漢語文獻。漢語佛典是從與古代漢語言、文字習慣迥然不同的印度古典佛教語言梵文或其他西

域古文獻中翻譯過來的一種非常特殊的古漢語文獻，其中出現了許多特殊的新創和口語詞彙，亦出現了許多與古代漢語文獻行文習慣非常不一致的鮮見的語法現象。對於缺乏佛學背景知識和不習慣於閱讀佛學文獻的人來說，閱讀和理解漢文佛教文獻決不是一件容易的事情。要切實有效地解決漢譯佛典之新創詞彙和特殊語法現象的理解問題，必須將早期漢譯佛典與同一經典的現存的梵語、巴利語、藏語等文本進行對比，在吸收漢學與印度學、佛教學、藏學等方面的成果的基礎上，對每一部早期漢譯佛典中的詞彙、語法進行研究。

三

應該說漢藏佛學研究是一門學術門檻比較高的學問，從事這門學術研究的人至少應該兼通漢藏，並具備必要的梵文知識和佛學素養。與此同時，漢藏佛學研究也是一門非常具有現實意義的學問，它有助於漢藏兩個民族加深了解他們之間文化交流和融合的歷史，促進他們在宗教和文化上的相互理解，培養和建立起他們在文化和情感上的親和力。

漢藏兩個民族間的文化交流源遠流長，漢藏佛教之間你中有我、我中有你。藏傳佛教並不只是源於印度佛教，漢傳佛教對其傳統的形成同樣有過巨大的影響。按照西藏人自己的歷史傳統，佛教是在吐蕃贊普松贊干布時期分別通過其迎娶的尼婆羅公主和大唐文成公主兩位妃子傳入吐蕃的。文成公主居藏時期，既有大唐往印度求法途經吐蕃的漢僧往還，

亦有就在吐蕃傳法、譯經的和尚常住。8 世紀下半葉是吐蕃
王國的全盛時期，亦是漢藏佛教交流的黃金時期。當時曾出
現過像法成這樣兼通藏漢的大譯師，為數不少的漢、藏文佛
經於此時分別被譯成了藏、漢文。尤其為人稱道的是，漢地
的禪宗曾於此時傳到了吐蕃，且深受吐蕃信眾的喜愛，幾乎
所有重要的早期禪宗經典都曾被譯成藏文。不幸的是，隨著
8 世紀末「吐蕃僧諍」的發生、9 世紀中朗達磨的滅佛，以
及後弘期藏族史家對「吐蕃僧諍」這一事件之歷史傳統的建
構，漢藏佛教之間的交流趨於停頓。但「和尚」的影子事實
上從沒有在藏傳佛教中消失，不管是寧瑪派的大圓滿法，還
是噶舉派的大手印法，其中都有漢地禪宗教法的影響。自 11
世紀初，藏傳密教開始通過中央歐亞的西夏、回鶻等民族在
漢人中間傳播，到了蒙元王朝，藏傳密教更進一步深入到中
原腹地，漢、藏高僧亦曾合作進行過勘同漢、藏法寶（佛
經）這樣的大工程。此後明清兩代的皇帝亦多半對藏傳密教
情有獨鍾，直到近代，藏傳佛教一直是漢傳佛教中一個醒目
的外來成分。總而言之，漢藏兩種佛教傳統間有千絲萬縷的
聯繫，對這兩種佛教傳統的研究作人為的割裂有悖歷史真實
和學術理路。

令人遺憾的是，今人往往以為漢藏佛教風馬牛不相及，
不但很少有人注意漢傳與藏傳佛教之間緊密的歷史聯繫，而
且還曾有相互妖魔化的傾向。我們將系統梳理漢藏佛教交流
史作為漢藏佛學研究的一項重要內容，目的就在於提醒世人

不要忘記過去。哲人有云，讀史使人明智，歷史的教訓可以
幫助我們理智地去面對和處理今天的問題。

四

　　儘管漢藏佛學研究今天還是一門受冷落的學問，可對它
的追求早已傾注了好幾代人的夢想。20世紀二三十年代流亡
中國的愛沙尼亞男爵鋼和泰先生就曾發願要同時利用印、
藏、漢、蒙等文字的佛教文獻，並借助在北京的藏、漢、蒙
古僧眾口傳的活的傳統來重建在印度已經消亡了的大乘佛教
傳統。他在北京建立的漢印研究所曾得到蔡元培、梁啟超、
胡適等著名中國學者的支持，聚集了包括陳寅恪、于道泉、
林藜光等的一批兼通梵、藏、漢的優秀中國學者。其中陳寅
恪先生海歸前亦曾有過對勘漢藏佛經的宏願，海歸後世事多
燦，未曾如願；而林藜光先生此後遠赴巴黎，對勘漢藏佛
經，成績斐然，可竟然沒有等到海歸的那一天就命殞第二次
世界大戰後的法都。此後由於敦煌漢傳禪宗佛教的古漢、藏
文文獻的發現，激發了世界各國漢、藏佛教學者對漢傳禪宗
教法於吐蕃傳播的歷史的濃厚興趣，漢藏佛學研究於 20 世
紀下半葉一度相當的活躍。法國漢學家戴密微先生於 1952
年出版的大作《吐蕃僧諍記》被人稱為「當代歐洲佛學、漢
學的最高權威」。可是這樣的氣氛自 20 世紀 90 年代以來已
不復存在，漢傳佛教和藏傳佛教的研究又重歸河水不犯井水
的局面。我們今天再提漢藏佛學研究，乃重拾中外幾代學人

的舊夢。

近年來，中國學術與國際接軌是人們常常談起的一個話題。可是，儘管中國的佛學研究發展迅速，但由於印藏佛學研究的強勢和中西佛教研究在學術方法上的差異，中國的佛學研究尚未能夠在國際佛教學研究領域內發揮應有的主導作用。長期以來，從事漢傳佛教研究的學者多半從中國古代思想史、社會史的角度來研究漢傳佛教，而很少將它與印、藏佛教聯繫起來研究，佛教征服中國的歷史似乎僅僅是佛教漢化的歷史。從研究方法上看，漢傳佛教的研究偏重於討論佛學義理及其與儒、道等漢族傳統哲學思想間的涵化，善於作哲學史、思想史式的研究，而印藏佛教研究，特別是歐洲傳

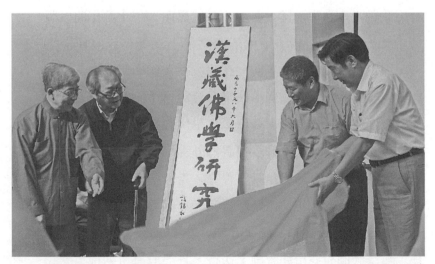

馮其庸先生、談錫永上師、紀寶成先生與拉巴平措先生共同為漢藏佛學研究中心揭幕

統的佛學研究注重文獻，以語文學研究為主流。這種方法上的差異無疑是造成今日印藏佛學研究與漢傳佛教研究兩個領域在學術上難以接軌的一個重要原因。打破這種局面的一個有效途徑就是鼓勵開展漢藏佛學研究，因為從事漢藏佛學比較研究，中國學者既具有西方學者不可企及的語言、文獻優勢，同時我們也要較多地側重於運用西方學術傳統中的語文學和文獻學的方法。總而言之，作漢藏佛學研究既保證我等中國學者能夠揚長避短，有望在較短的時間內作出令人矚目的成績，也可推動我們盡快地在佛學研究領域內與國際學術順利接軌，何樂而不為呢？

五

我雖身本江南漢蠻，心卻似雪域黑頭，二十餘年間以閱讀「梵天文字」、治「不中不西之學」為業，歷經顛沛之苦，卻也不改其樂。十年前，在我去往美國印第安納大學布魯明敦校區參加第八屆國際藏學會會議途中，在印第安納波里斯機場邂逅現任加拿大多倫多大學佛教學教授的邵兄頌雄先生，隨後便應邀往多倫多拜謁海外佛學名宿、藏傳佛教寧瑪派傳人談錫永上師，結下了善緣，走上了日後專治漢藏佛學研究之正道。十年間，談師於我，尊師善友，每次耳提面命，都令我如入法海、如沐春風。小子自知魯鈍，難堪重任，無奈談師對我始終激勵、扶持，且殷殷有所期待，令我不敢懈息，更不敢輕言放棄。

　　兩年前我毅然海歸，初衷之一就是要抓住良機，實現談師培養青年學子，共襄振興漢藏佛學盛舉之夙願，以回報尊師隆恩。兩年來，我勤勤懇懇，專心於授受、辯經和著作的藏式「學者三術」，其中做得最認真的一件事情就是倡導漢藏佛學研究。兩年多來，我逢人便說漢藏佛學，還連續兩年煞費苦心地開了一門叫做《漢藏佛學研究專題》的課，講課時以其昏昏，使人昭昭，可幸願意繼續跟我念書的幾位同學全都以漢藏佛學為專攻。我的學生們亦有幸得到了談師的重力支持，去歲，談師跋涉重洋，親臨北京授受、指導；今年談師又透過視訊大轉法輪，每週一次為他們演示佛教妙法大

1998 年秋，作者與談錫永上師、邵頌雄博士攝於多倫多、從此開始合作從事漢藏佛學比較研究

義；談師還發起成立
了「漢藏佛學研究基
金會」，以確保有志
於從事漢藏佛學研究
的青年學子衣食無
憂，並受到最良好的
教育和訓練。自 2006
年秋日起，我供職的
中國人民大學國學院

《漢藏佛學研究叢書》書影

和談上師、頌雄兄主持的北美漢藏佛教研究協會合力，並在
中國藏學研究中心的指導下，主辦《漢藏佛學研究叢書》，
至今已出《漢藏佛教藝術研究》、《聖入無分別總持經對勘
與研究》、《如來藏二諦見——不敗尊者說如來藏》和《辨
法法性論研究》（英文）四種專著，即將出版的有《梵藏漢
妙吉祥真實名經對勘》、《敦煌古藏文文獻研究論集》、
《黑水城漢、藏、西夏文藏傳密教文獻研究》、《大乘要道
密集漢藏對勘研究》、《四部宗義寶鬘釋論》、《漢藏佛
教藝術研究》（二）六種專著。我們主辦這套叢書的目的在
於打破漢、藏佛學研究間的此疆彼界，使漢藏佛學研究與印
藏佛學研究一樣成為當代佛學研究的主流，並團結海內外有
志於漢藏佛學研究諸同好，共同營造漢藏佛學研究的繁榮。
與此同時，十年來師資之遠大理想、師友之深情厚誼亦因此
而得以伸張，豈不快哉！是為緣起。

說漢藏交融與民族認同

一

　　因緣際會，我有幸參與了《漢藏交融——金銅佛像集萃》[1] 一書的編撰、翻譯和編輯工作。兩年多來，我在馮其庸先生、屈全繩將軍等師長們的關照下學習、工作，不但增長了見識，還收穫了濃厚的師友情誼。今天，當這部熠熠生輝的大書終於擺到我面前的時候，驚喜和感動一齊湧上心頭。讀書人每天和書打交道，平生所見最多的東西就是書，可是像《漢藏交融》這樣大氣、豪華的煌煌巨著，卻也難得一見。這部大書內容豐富、圖文絢麗、色彩逼真、形制精美，怎麼看都覺得它賞心悦目，不同凡響。作為這樣一部集學術、藝術、鑒賞於一身的大書的編撰者之一，我與有榮焉，何其幸哉！

1　北京，中華書局，2009。

　　編著《漢藏交融》一書原本是為北京東方瑰寶公司李巍
先生私人鑒藏的近千尊金銅佛像選編一份圖錄。選編過程
中，漢藏兩種佛教傳統和藝術風格水乳交融的特點給我留下
了極為深刻的印象，我深感如果不把漢藏佛教交融的歷史研
究、交代清楚，我們就根本無法説清和評估李巍先生三十年
來嘔心瀝血所收藏的這批金銅佛像的意義和價值。而對這批
金銅佛像的深入研究又使我們對漢藏兩種藝術風格相互滲透
和交融的歷史有了更加深刻的體會。李巍先生的藏品為漢藏
佛教藝術史研究提供了難得的新資料，對它們的描述和研究
本身就可成為一部優秀的漢藏佛教藝術研究作品。於是，我
們決定將這批金銅佛像放回到明清時代漢藏佛教交流這一大
背景之中，將對每一件藏品的精緻、仔細的個案研究與漢藏

彌勒菩薩像，明永樂年間
（1403-1424）造

四臂觀音像，清康熙年間
（1662-1722）造

佛教交流史的宏大敘事聯繫起來。所以，今天擺在我們面前的這部《漢藏交融——金銅佛像集萃》絕對不是一部簡單的藏品圖錄，而是一部高質量的漢藏佛教藝術研究著作。

《漢藏交融》主要分成兩大部分。它的第一部分是論述部分，由筆者的專論〈漢藏佛學交流和漢藏佛教藝術研究〉和王家鵬先生的總論〈甘青地區民間藏傳佛像新發現〉組成。前文概述自吐蕃至民國上下近一千四百年間漢藏佛教交融的歷史過程，特別是對漢藏佛教造像藝術的交融作了歷史的描述，為確定李巍先生珍藏的這批金銅佛像於漢藏佛教交流史上的意義和價值作了宏觀的把握。後文則通過對這批金銅佛像的藝術風格、題材、工藝、印文和題款（識）等內容的仔細分辨、比對和研究，並參照見於布達拉宮、故宮博物院等地的同類藏品，大致確定了這批原為甘、青地區民間收藏品的金銅佛像的生產年代、地點、系屬、工藝技術和風格特徵等，對它們作為文物和佛教藝術品的意義和價值作了微觀的界定。本書的第二部分是圖版，編者從李巍先生珍藏的近千尊金銅佛像中精選了最珍貴和最有代表性的九十九尊佛像，將它們細分成多元藝術風格、明宮廷藝術風格和清宮廷藝術風格三種不同類型，以專業的佛教圖像學描述方法，對每尊佛像的名稱、形制、尺寸、題材、工藝、風格、題款、法器、飾物及其象徵意義等作了簡明扼要的說明。這九十九尊佛像包括各種類型的諸佛、菩薩、護法、空行、祖師和成道者的尊像，對它們的圖像學描繪集中起來就是一部不可多

得的佛教造像學教材。這樣的著作國際上有瑞士學者 Ulrich von Schroeder 先生的巨著《西藏的佛教雕塑》（*Buddhist Sculptures in Tibet*, Hong Kong: Visual Dharma Publications, 2001）一書，而國內迄今沒有見到可與之相媲美的巨著，《漢藏交融》一書的出版終於彌補了這一缺憾。值得一提的是，《漢藏交融》一書為漢英雙語著作，雖然英文部分較漢文部分稍略，但基本內容一致，這在國內學術著作中尚不多見。它既顯示中國學術之國際化已取得輝煌成就，也為這部大書走向世界、進入世界學術和藝術流通市場提供了可靠的保證。

二

其實，對於漢藏佛教藝術，特別是金銅佛像，我是十足的外行。但對漢藏交融，我是念念在茲。小時候，聽著《北京的金山上》和《翻身農奴把歌唱》等歌曲，我和廣大藏族兒童一樣，遙望北京天安門，深情歌唱我們偉大的祖國。長大後，造化弄人，西藏研究成了我這位江南人畢生追求的事業，不管身在何處，西藏的山山水水、西藏的經文簡牘、西藏的像塔寺廟始終是我生活中的重要內容。二十餘年來，我勤勤懇懇地學習西藏語文，孜孜不倦地閱讀藏文典籍，一絲不苟地研究西藏的歷史和宗教。吾生有涯而學無涯，今日年近半百，學無所成，我所不懈追求的目標依然是如何正確理解甚深廣大的藏傳佛教文化，但漢藏交融對我來說則早已是

一個常識。漢藏兩種文化對我個人的成長都有過巨大的影響，雖然我對它們的了解同樣的一知半解。對漢藏兩種文化交流的歷史了解、研究越深入，我們就越發感受到漢藏兩種文化傳統的互相滲透是如何的深刻和不可分離。

遺憾的是，我深信不疑的這個事實卻並沒有完全為世人所了解和認同。記得 20 世紀 90 年代初我到德國留學攻讀藏學博士學位時，竟然有人懷疑我留德專攻藏學動機不純，或另有使命；十年後，我在德國大學代理藏學教席，當時依然有人質疑德國大學的藏學教席何以由一位漢人擔當？聽來匪夷所思。在這類奇怪的疑問背後實際上隱藏著這樣的一個事實：後現代的西方人將西藏理想化為一個精神的烏托邦，或者說香格里拉，而同時將 China（在他們看來是一個漢人的國家）編排成了一個與西藏完全對立的「異托邦」。烏托邦是一個莫須有的地方，就像香格里拉在英文詞典中的定義是「一個不為人知的地方」一樣，它表現的是與現實社會完全相反的、理想化了的一種完美形式。而與它相對立的「他者空間」，則是一個與烏托邦形成對立、甚至倒置的完全另類的地方。它與烏托邦中的完美形成強烈的對比，故稱「異托邦」。西藏即是當今西方人心中的烏托邦，代表了人們所能想見的一切美好，而 China 則正是與它形成強烈對立、對照的「異托邦」，代表了一切與美好相反的東西。所以毫不奇怪，在西方人眼中，我等漢人只能是西藏文化的殺手，漢藏文化是兩股道上跑的車，走的不是一條路。與西藏遠隔千山

萬水的西方世界，從此成了西藏的精神近鄰，曾經是侵略殖民者的西方人，脫胎換骨成了西藏文化的大救星。而千餘年來和藏族百姓緊鄰相伴、文脈相通的漢人，卻無厘頭地成了摧殘藏族文化的災星。真是豈有此理！

　　二十餘年前，中國的知識人，不管是漢族還是藏族，多半對自己的傳統文化持十分激烈的批判態度，將它們視為阻礙社會進步、經濟發展的巨大包袱，棄置如敝帚。今天，我們反其道而行之，傳統文化成了你我的最愛。經濟的繁榮、國家的昌盛讓我們重新樹立起了對民族文化的自信，傳承、弘揚民族文化成了我們不可推卸的職責和使命。而隨著全球化逐漸成為不可阻擋的大趨勢，各民族的民族文化實際上都面臨著前所未有的存亡危機。界定和構建我們的民族和文化認同自然而然地成為人們必須常常思考和討論的一個重要問題。毋庸置疑，一切建構自己的民族認同、鼓勵民族和文化自覺的努力，都對保存和光大本民族的文化傳統有積極的推動作用。對於一個弱小民族而言，構建它的民族和文化認同甚至與它作為一個民族或者說族群的生死存亡都有直接的關聯。可是，這樣的努力如果引導不當，往往也會走向它的反面，引出一系列負面的、甚至災難性的後果。對民族文化、傳統的過分渲染，對民族認同、文化自覺的過分執著，很容易轉化成激進、狹隘和非理性的民族主義。而帶著強烈的民族主義情緒構建出來的民族和文化認同多半是一個「想像的共同體」、一個莫須有的烏托邦。那些被用來和他民族作區

分的民族性格和文化傳統也多半是人為的創造物。為了構建
自己民族的認同，人們往往對不同文化傳統中那些相通、相
同的部分視而不見，卻十分執著地專注於發掘兩種文化中的
相異和不同之處。如果民族和文化認同的維持是建立在求
異、而不是求同的基礎之上，那麼它必將成為社會中的一股
分裂勢力（a divisive force）。有鑑於此，在積極構建漢藏兩
個民族各自的民族和文化認同，傳承和弘揚漢藏兩個民族的
傳統文化的同時，我們理應對這兩種傳統文化中那些互相交
融、和諧共通的部分予以更多的關注，而不應該斤斤於那些
歷史上以訛傳訛流傳下來的傳統，或者那些晚近才被人為地
構建出來的差別而無法釋懷。求同存異，方為正道！

三

　　漢藏文化從來就不是兩股道上跑的車，兩個民族走的常
常是一條路。今天或許有人會對「漢藏同宗同源」的說法很
不以為然，但美國最有成就的漢藏語言學家 Christopher Be-
ckwith 先生近年曾發表鴻文指出，古漢語文獻中「吐蕃」兩
個字原本的音讀就是「發羌」，可見人類學家王明珂先生將
他研究羌族歷史源流的名著題名為《羌在漢藏之間》確實是
很有見地的，或許更確切的表達還應該是「羌在漢藏中
間」。至少在今天的漢族和藏族人身上一定都還流著古代羌
人的血液。

　　漢藏是否同宗同源暫且不論，漢藏文化交融源遠流長則

是無可爭辯的事實。儘管漢族和藏族都有酷愛寫史的傳統，
但至今沒有人能夠說清楚漢藏之間的文化交流到底是從什麼
時候開始的。後世藏文史書中說，早在吐蕃第一位贊普松贊
干布的父親囊日松贊在世的時候，許多漢地的曆算、占卜和
醫學著作就已經被翻譯並流傳到了吐蕃，可按照傳統的說
法，藏文書面語是松贊干布時期才創立的。而藏族傳統使用
的占卜方式確實與漢地的九宮、八卦有著直接的淵源關係，
漢地的「河圖」、「洛書」，以及陰陽五行之說，也很早就
已經滲入西藏文化之中，可見藏族史家的說法絕非空穴來
風。文成公主入藏締結的不只是一段政治婚姻，它完成的更
是一次文化之旅。隨文成公主入藏的釋迦牟尼像成了西藏最
神聖的佛像，今天依然供奉在拉薩大昭寺內供人頂禮膜拜。
隨公主入藏的和尚們不只是把漢地飲茶的習俗傳到了吐蕃，
更將漢地的佛法帶到了雪域。漢傳佛教不但是藏傳佛教的兩
大來源之一，而且漢傳的禪宗教法一度是吐蕃最受歡迎的佛
法，從敦煌發現的古藏文文獻中我們幾乎可以見到所有早期
重要禪宗文獻的藏文翻譯。差不多是當今最受西方人歡迎的
兩種藏傳密法，即寧瑪派的「大圓滿法」和噶舉派的「大手
印法」，按照薩迦派和格魯派上師們的說法，它們根本就不
是從印度傳來的正法，而是漢地和尚摩訶衍所傳的「萬應妙
法」。中外學者們至今還在爭論那位被陳寅恪先生稱為「吐
蕃之奘公」的大譯師法成到底應該是漢人吳和尚，還是藏人
管法成，他翻譯的漢文和藏文佛經都是那麼的完美無瑕，很

難想像它們有可能出自一位外族譯師之手。應該說，法成就是吐蕃時代漢藏文化交融的產物和象徵，對他來說，漢藏一家。

當然從漢地傳到吐蕃的遠不只是佛法，從松贊干布時代開始，吐蕃就常「遣諸豪子弟入國學，習《詩》、《書》，又請儒者典書疏」。大量漢文經典在這個時候被翻譯成藏文，開始在吐蕃廣為流傳。在敦煌古藏文文獻中我們發現了《尚書》、《戰國策》、《史記》等漢文經典的藏譯殘本，還有像《孔子項托相問書》、《蟻穿九曲明珠》這樣屬小說家言的漢地故事居然也為吐蕃藏人所熟知，後者還被十分巧妙地搬到了吐蕃請婚大使祿東贊的頭上，要不是祿東贊善用漢人之道還治漢人之身，他能否不辱使命、為贊普請得大唐公主還很難說。吐蕃藏人吸收漢文化之早、其漢文化修養之高，我們還可從以下一個例子中見其一斑。在迄今所見成書最早的古藏文文獻《敦煌本吐蕃歷史文書》中，我們不無驚訝地發現：出於《史記‧平原君列傳》中「毛遂自薦」的故事，即平原君和毛遂有關「錐處囊中，脫穎而出」的對話，竟然被天衣無縫地嫁接到了松贊干布之父囊日松贊和其大臣參哥米欽的頭上。像「毛遂自薦」這樣的典故，差不多可以被列為漢族的「文化密碼」了，可它竟然被藏族作家信手拈來、還運用得如此得心應手，令我們歎為觀止，古代漢藏文明交融程度之深已經遠遠超出了我們的想像。吐蕃從 7 世紀中才創立文字，其後不足兩百年間發展出了一個十分成熟的

文字文化傳統，留下了數量巨大的不同類型的古藏文文獻。毫無疑問，對漢文化的學習和吸收曾經是藏族文字文化飛速發展的一大推動力。

漢藏交融自然不可能是一條狹窄的單行道，而是一條雙行、甚至多向的通衢大道。大家或許難以相信，直到 12 世紀初，今天屬於新疆的和闐（於闐）地區使用的官方語言還是藏語，大概到 14 世紀中期維吾爾族的先人回鶻人信仰的還是藏傳佛教。大致從 8 世紀中期到 9 世紀中期，吐蕃曾在以今天中國的西北和新疆為中心的廣大地區建立了一個橫跨歐亞的大帝國。吐蕃的語言、宗教和文化在這一地區產生了巨大和持久的影響。作為東西文明交匯點的絲路明珠——敦煌就曾經是藏傳佛教相當興盛的一個集散地，即使藏傳佛教在其本土遭受法難、一蹶不振時，它在敦煌地區依舊蓬勃發展，藏傳佛教於後弘期的復興也得力於此。而從 11 世紀開始，藏傳佛教便向藏外流傳，從西向東不斷深入。今天中國的西北和新疆地區，伊斯蘭教占絕對的優勢，可在 11 世紀到 14 世紀，藏傳佛教曾經是這一地區占主導地位的宗教形式，吐魯番出土的回鶻文文獻中出現的大量藏傳佛教文獻表明，回鶻人不但曾經信仰藏傳佛教，而且還在藏傳佛教於西夏和蒙古人中間傳播的過程中起了橋樑的作用。從黑水城文獻中見到的大量漢譯藏傳密教文獻中可以看出，以密教為主的藏傳佛教在西夏、蒙元時代已經在西夏、蒙古和漢族等不同民族中間得到了極為廣泛的傳播。

　　到了元朝，番僧竟然坐上了帝師的交椅，大黑天神更成了國家的護法，面目猙獰的忿怒本尊像聳立在風光旖旎的江南水鄉勝境之中。蒙古人做了近百年的元朝皇帝，並沒有被滿朝飽學的儒士改造成為滿口之乎者也的孔孟之徒，卻被幾位番僧「調唆」成了相信神通、魔術的藏傳佛教徒，乃至藏傳佛教後來成了蒙古民族的全民信仰。元朝末年，曾有漢族士人十分誇張地稱蒙古入主中原使「中國一變為夷狄」，而番僧用妖術調唆蒙古皇帝，又使「夷狄一變為禽獸」，將導致元朝速亡這一盆髒水全都潑在了幾個番僧的頭上，這顯然有失公允。有意思的是，明朝的漢人皇帝對藏傳佛教的信仰與被他們趕跑的蒙古皇帝相比有過之而無不及，難以計數的喇嘛被大明朝廷授封「法王」、「教王」、「國師」、「西天佛子」等尊號，北京的一座藏傳佛教寺院內有時竟容納了上千名喇嘛。雄才大略如永樂皇帝也曾邀請五世噶瑪巴活佛大寶法王在南京靈谷寺舉辦了被後人稱為「南京奇蹟」的藏傳大法會，還親任大施主，在南京刻印了西藏歷史上第一部《藏文大藏經》。明代不僅宮內常常舉辦跳布吒舞等藏傳佛事，大戶人家婚喪喜事延請喇嘛誦經念咒也已成為慣例，藏傳密教的歡喜佛像在江南古董、文物市場上也成了炙手可熱的搶手貨。而滿洲人在入關以前就已經開始接觸藏傳佛教，信仰大黑天神。大清皇帝同樣優禮番僧，拜喇嘛為國師，熱情支持藏傳佛教於內地的傳播，還積極推動漢、藏、滿、蒙佛經的翻譯和刻印工程。號稱「十全老人」的乾隆皇帝更以

文殊菩薩自居,為其能讀藏經、念梵咒而洋洋自得,他不但在熱河(承德)和北京香山分別建造了以班禪祖廟扎什倫布寺為模樣的須彌福壽廟和宗境大昭廟,還在宮中修梵華樓等多處私廟,作為自己修持藏傳密教的場所。清代民間修藏傳密法者也大有人在,從元朝宮廷流出的藏傳密法法本不但在清宮內繼續流傳,而且也開始在民間流通。大名鼎鼎的大學士錢謙益先生家中就曾秘藏多種藏傳密法的法本,傳說還曾和他一樣大名鼎鼎的柳如是女士合修過這些不可為外人道的秘密喜樂之法。可見,藏傳密法業已落戶清朝一代漢族大儒的私家之中。

以上這段回眸式的敘述或失之簡單,但已足以說明漢藏兩種文化傳統在過去近一千四百年的交往過程中,互相吸收、互相滲透,達到了難分彼此的程度。漢藏交融,名至實歸。不僅如此,回鶻、西夏、蒙古和滿洲等其他許多民族也都曾經在漢藏文化交流、融合的過程中扮演了各自不同的重要角色。我們如果要分別界定漢族、藏族,以及其他各民族各自的民族和文化認同,就決不能無視這些文化之間互相關聯、互相滲透的部分。一個有悠久傳統的文化都不可能是一種性質單一的文化,而必然具有「跨文化性」(interculturality)。承認和積極地利用這種「跨文化性」將有益於增加民族文化的豐富性,提升民族文化的創造力,反之,只會導向狹隘的民族主義、盲目仇外和激進的原教旨主義等邪道,將民族文化引進死胡同。

四

　　不同文化之間的互相滲透、互相交流理應成為不同民族之間和諧共處、相互理解的基礎。維持民族團結和融合最可靠的手段是在不同的民族之間建立起文化上的認同感和情感上的親和關係。而揭示各民族文化間的共性，並說明它們的歷史淵源，顯然有利於這種認同感和親和關係的建立。需要強調的是，民族文化間的交流和互動並不必定導向兩個民族彼此間更多的了解和更好的理解。有時這種互動也常常會產生種種誤解，乃至引發激烈的矛盾和衝突。有些誤解是如此根深蒂固，它們會對民族文化間的進一步交流帶來災難性的後果。如果不揭示造成這種誤解的根源，消除這種誤解所帶來的消極影響，民族文化間的真正融合就只能是鏡中花、水中月，可望而不可得。

　　在近一千四百年間漢藏兩種文化互動的歷史過程中，它們之間的誤解同樣層出不窮，其中最具殺傷力的誤解莫過於他們彼此對各自之宗教傳統的誤解。大家知道，藏傳佛教長期被我們漢人稱為「喇嘛教」。與英文 lamaism 一樣，「喇嘛教」這個詞包含有太多負面的言外之意。以前西方人稱藏傳佛教為 lamaism，是因為他們覺得藏傳佛教離印度正宗的原始佛教實在太遠，它更像是一種原始的巫術，所以根本就不配叫做佛教，只能稱為「喇嘛教」。現在西方人對藏傳佛教的看法有了一百八十度的大轉彎，認定藏傳佛教是印度佛

教最直接、最權威的傳人，喇嘛是心靈的宇航員，所以決不允許別人繼續將藏傳佛教稱為「喇嘛教」，並且理所當然地將我們漢人指責為這一名稱的始作俑者。從時間上看，確實是我們漢人擁有「喇嘛教」這個詞的最先發明權，它最早出現在明代萬曆年間，那時還沒有西方人和西藏發生過直接的關係。與藏傳佛教在元、明、清歷朝宮廷內外大受歡迎形成鮮明對比的是，它在漢族士人間的形象卻一直非常不堪。藏傳佛教經常被人當做所謂「秘密法」、「方技」、「房中術」，或者「異端」、「鬼教」一類的東西，而沒有被當做佛教正法而受到絕大多數漢族士人的認真對待。這種根深蒂固的誤解來自元朝，元代漢族士人將番僧所傳之法或描寫成神通廣大的魔術，或描寫成以男女雙修或者多修為主要內容的「秘密大喜樂法」。從此以後，藏傳佛教就被打上了不可磨滅的「性」烙印，好事的無聊文人紛紛拿藏傳佛教中的「性」來說事，將藏傳密法與歷朝末代皇帝宮廷內的「淫戲」、「房中術」混為一談，而把藏傳佛法之甚深密意一筆勾銷。後人不全知道的是，元代漢族士人之所以將藏傳密法描寫成「淫戲」或「房中術」一類的妖法，甚至不全是因為誤解，而是刻意地歪曲。處於外族統治之下的元代漢族士人，曾嘗試從文化上進行反征服，希望將蒙古統治改變為漢族理想的孔孟之治；可是番僧在朝廷的得志，番僧所傳秘密法在朝中的流行，都意味著他們的失敗。於是，他們便把遭受外族在政治和文化上的壓迫、打擊所引起的痛苦和憤怒統

統發洩到了番僧的頭上，把番僧所傳秘密法描寫成了這等禍國殃民的妖術。從此，藏傳佛教在主流漢文化世界中就成了不登大雅之堂的「喇嘛教」。

大家或許還不太清楚的是，漢傳佛教在藏傳佛教文化區內的命運實際上與藏傳佛教在漢文化圈內的命運大致相同。在藏傳佛教文獻中，漢傳佛教常常被稱為「和尚之教」，與漢文文獻中的「喇嘛教」異曲同工。「和尚之教」通常與苯教並列為藏傳佛教的兩大異端之一，所以它根本就不被當成佛教。如前文所述，漢傳佛教曾是藏傳佛教的兩大源頭之一，漢地的禪宗佛教一度是吐蕃最受歡迎的佛法，何以漢傳佛教最終竟被稱為「和尚之教」，並被摒除出了佛教世界呢？這與西元 8 世紀末在漢地和尚摩訶衍和印度上師蓮花戒之間發生的「吐蕃僧諍」有關，確切地說，它與後世藏族史家對「吐蕃僧諍」這個事件之歷史傳統的建構有關。按照後世藏族史家的說法，8 世紀晚期，和尚摩訶衍所傳的頓悟之法受到了廣大吐蕃僧眾的熱烈歡迎，勢頭之盛，激起了以傳播漸悟之法的印度僧人及其支持者的不滿和反抗，於是在吐蕃贊普的仲裁下，在以和尚摩訶衍為首的頓悟派和以蓮化戒為首的漸悟派之間開展了一場激烈的宗教辯論，結果和尚摩訶衍敗北，從此他所代表的漢傳頓悟之法被逐出吐蕃，而蓮花戒等印度法師所傳的漸悟之法則成了吐蕃佛法之正宗。所以，後世所傳的藏傳佛教主流看起來與漢傳佛教幾乎沒有關係，卻與印度佛教有十分緊密的關係。這樣的歷史傳統聽起

來似乎有理有據、合情合理，但稍一細究則發現這個說法是
「傳統之創造」（invention of traditon）的一個經典例子。從
敦煌古藏、漢文文獻中透出的資訊來看，這個被說得有鼻子
有眼睛的「吐蕃僧諍」或許根本就沒發生過，很難想像一位
漢地的和尚和一位印度的上師真有神通，可以克服語言的障
礙，就如此高深的哲學問題展開面對面的辯論。這場諍論更
可能是以書面問答的形式開展的，而勝方更可能是和尚摩訶
衍。支持這種說法的還有成書於 10 世紀的一部重要的寧瑪
派判教類作品《禪定目炬》，書中明確判定漢傳的頓門之法
高於印度的漸門之法。藏族文化中關於「吐蕃僧諍」的傳統
形成於藏傳佛教後弘期之初期，經歷了朗達磨滅佛的劫難之
後，藏傳佛教前弘期留下的歷史資料所剩無幾，後弘期史家
對前弘期歷史的重構並沒有扎實可靠的歷史資料為憑據。被
認為是後弘期第一部藏文史書的《巴協》根據蓮花戒上師
《修習次第》一書中留下的一面之詞，虛構了「吐蕃僧諍」
的歷史場景，將蓮花戒書中有關頓、漸之爭的討論敷衍成了
和尚摩訶衍和蓮花戒之間的直接對話。而以後的藏文史書多
半照搬、重述《巴協》的這種既定說法，只是把和尚摩訶衍
及其所傳頓悟之法繼續一步步地妖魔化，直到把摩訶衍說成
謀害蓮花戒的劊子手，把他所傳的頓門法說成異端邪教的代
名字為止。藏文史書中這一明顯創造出來的歷史傳統給漢藏
佛教的進一步交流帶來了災難性的後果，如果摩訶衍和蓮花
戒之間果然發生過一場那樣的諍論，它不失為一場高水平的

跨文化對話，可正是由於藏族史家創造出了有關這場諍論的一個虛假的歷史傳統，這樣的諍論便成為千古絕唱，漢藏之間的高水準交流從此停止。

由此可見，那些歷史上以訛傳訛流傳下來的或者被人為地構建出來的傳統可以對兩個民族之間的文化交流和融合帶來多麼巨大的損害。要重開漢藏佛教之間的高水平對話，我們首先要拋棄「喇嘛教」和「和尚之教」這兩種被人為創造出來的傳統，消除它們帶來的根深蒂固的消極影響。

五

西方人將西藏塑造成一個精神的、理想的烏托邦，而將China 塑造成與之相對立的「異托邦」，這顯然是無視和歪曲了漢藏交融的歷史和現狀。我們回顧這段有聲有色的歷史的目的是要幫助我們兩個民族更好地了解和理解對方的文化傳統，建立起文化上相互的認同感和情感上的親和關係。在這個全球化的時代，我們當然要擔當起繼承和復興本民族傳統文化的重任，但決不能無視本民族文化與他文化之間的「跨文化性」，只有積極地承認和利用這種「跨文化性」，我們的民族文化才能變得更加豐富、更具創造力，否則就一定會走上民族主義的獨木橋。而像中國這樣一個由眾多的民族組成，具有多元、燦爛的民族文化的國家，其中每個民族的文化都和其他各民族的文化有著千絲萬縷的聯繫，在界定各個民族的民族和文化認同的時候，我們無法與其他民族的

歷史和文化割裂開來。或許我們今天更應該同心協力來做的一件事是一起來構建包括所有五十六個民族在內的全體中國人的民族認同,構建一個屬於全體中國人的中華民族的民族認同,使我們各民族優秀、燦爛的民族文化都成為我們中國人共同的精神家園的一個組成部分。只有這樣,我們的民族才是最偉大的、最有力量的,我們的文化才是最豐富的、最有創造力的。

原載《讀書》,2010 (1)

寫在《漢藏交融——金銅佛像集萃》出版之際

一

　　兩年多前，蒙馮其庸先生、屈全繩將軍厚愛，我應邀參與了《漢藏交融——金銅佛像集萃》一書的編寫工作。兩年多來，我和主編王家鵬先生時相砥礪、精誠合作，勉力完成這部大書的編撰、翻譯和編輯工作，其間投注了很多時間和心力，但長了見識，收穫了濃厚的師友情誼。今天，當這部熠熠生輝的大書終於擺到我面前的時候，驚喜和感動一齊湧上心頭。讀書人每天和書打交道，平生所見最多的東西就是書，可是像《漢藏交融》這樣大氣、豪華、美麗的大書，卻也實在難得一見。不是自吹，這本書內容豐富、圖文絢麗、色彩逼真、形制精美，怎麼看都覺得它賞心悅目，不同凡響。作為這樣一部集學術、藝術、鑒賞於一身的大書的編撰者之一，我與有

榮焉，深感榮幸！

　　編著《漢藏交融》一書原本是為北京東方瑰寶公司董事長李巍先生私人鑒藏的近千尊金銅佛像選編一份圖錄。李巍先生近三十年來，憑一己之力，從甘青藏區民間收藏中收集了數以千計的藏傳佛教金銅佛像。他的這批收藏從數量上看大概是個人同類收藏中的世界之最了，走進他的藏品展示室就像是走進了一家金銅佛像專業博物館一樣，琳琅滿目，美不勝收。近年來，李巍先生有意將他嘔心瀝血收藏的這些私人藏品陸續公之於眾，以回饋國家和社會。今年年初，他曾將其藏品中的精品——二十四尊明清藏傳佛教金銅佛像捐給了國家博物館，它們將作為國家博物館的特色收藏而在即將落成的國家博物館新館中永久展出。為了能讓這批藏傳佛教藝術珍品為更多的觀眾所了解和欣賞，並對這批藏品的文物和藝術價值有一個正確、清楚的評估，李巍先生曾多次邀集國內外頂級的專家、學者對它們進行仔細的觀摩、鑒賞和分析，並邀請王家鵬先生和我一起為他的這批藏品選編一份圖

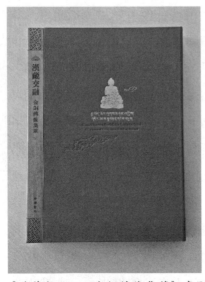

《漢藏交融——金銅佛像集萃》書影

錄。

　　對於作為佛教藝術品的金銅佛像，我實在是一個門外漢，不敢妄加置喙。但對於作為歷史文物的金銅佛像，長期關注明清時代漢藏佛教文化交流史的我當然興趣盎然，很想對它們的來龍去脈探個究竟。在選編這部圖錄的過程中，這批金銅佛像所帶有的漢藏兩種佛教藝術風格水乳交融的特點是如此的明顯，竟然也給我這位不懂藝術的歷史學者留下了極為深刻和難忘的印象。以前，藝術史家們通常把明代出現的藏傳佛教藝術品，特別是金銅佛像，一律貼上「漢藏佛教藝術」（Sino-Tibetan Buddhist Art）的標籤，這無疑是正確的。但從李巍先生的這批藏品來看，「漢藏佛教藝術」這個名稱的內涵還應細化，它實際上同時包含了深受漢地影響的藏傳佛教藝術和

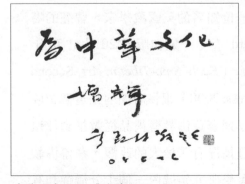

季羨林先生為《漢藏交融——金銅佛像集萃》題詞

饒宗頤先生為《漢藏交融——金銅佛像集萃》題詞

深受西藏影響的漢傳佛教藝術兩個不同的傳統，或應當分別用「漢藏佛教藝術」和「藏漢佛教藝術」兩個不同的名稱來表徵漢藏佛教藝術交流的兩個不同方向。其中「漢藏佛教藝術」指的是那些在西藏生產的佛教繪畫和雕塑，其圖像學特徵表現出明顯的藏傳佛教傳統，但同時反映出明顯的漢傳佛教藝術風格。而「藏漢佛教藝術」則指那些在漢地生產，但其圖像特徵和藝術風格帶有明顯的藏式影響的佛教藝術作品。「藏漢佛教藝術」傳統事關圖像學和藝術風格兩個方面的融合，而「漢藏佛教藝術」傳統則主要是兩種藝術風格的合流。

李巍先生這批藏品之珍貴首先在於它為我們研究明清時期漢藏佛教藝術史提供了極為難得的新資料。以往對明清時代藏傳佛教藝術史的研究，多半局限於對宮廷和藏區大寺院中所收藏的那些金銅佛像的研究，而對於那些流落於民間的金銅佛像所見不多，了解也很有限。世界上最早從事明清時代漢藏佛教藝術研究的是一位知名的英國藏學家、曾經的噶爾曼夫人、Heather Stoddard 女士，她初版於 20 世紀 70 年代的著作《早期漢藏藝術》（*Early Sino-Tibetan Art*, Second Edition. Bangkok: Orchid Press, 2008）很長時間內是這個領域的唯一作品，其中涉及的早期漢藏佛教藝術品從數量到種類都極其有限。近年來，這種情況有了極大的改觀，藏傳佛教藝術史研究已經成為世界藏學研究領域內一個十分活躍和有成就的分支學科。就對金銅佛像的研究而言，中國學者對清

朝宮廷內所藏漢藏佛教藝術品的研究取得了許多可喜的成就。其中羅文華先生的《龍袍與袈裟》[1]和王家鵬先生的《梵華樓》[2] 就是研究清代漢藏佛教藝術的兩部十分優秀的著作。此外，還有美國學者 Partricia Berger 教授的《空的帝國：清代中國的佛教藝術和政治權威》（*Empire of Emptiness: Buddhist Art and Political Authority in Qing China*, University of Hawaii Press, 2003）一書也值得一提。但是，由於缺乏充分的實物資料，對於明清時代民間收藏漢藏佛教藝術品的研究我們所見不多，至今未見有大作問世。

　　而李巍先生的私人收藏卻一下子為我們提供了近千尊這樣的作品，其數量之多已接近我們目前所能見到的同類作品的總和，可想而知，將它們公之於眾，並對它們作高水平的學術處理將對明清藏傳佛教藝術研究產生何等巨大的影響和推動。由於這批藏品不但數量巨大，而且種類繁多，僅對這些藏品作專業的圖像學描述和對它們所表現出的藝術風格作藝術史式的勾畫就足以成就一部優秀的明清時代漢藏佛教藝術研究的著作。更何況這批藏品的價值還遠不止此，隨著對它們的了解和研究的不斷深入，我們對漢藏兩種藝術風格相互滲透和交融這一特徵的體會愈益深刻，進而促使我們對形成這種時代特徵的具體的歷史和文化背景產生了濃厚的興趣。如果不把漢藏佛教交融的歷史，特別是明清時代漢

1　北京，紫禁城出版社，2007。
2　四卷，北京，紫禁城出版社，2009。

（滿）、藏佛教交流和互動的歷史研究、交代清楚，我們就
根本無法說清和評估這批金銅佛像作為歷史文物和佛教藝術
珍品的意義和價值。而只有將這批金銅佛像放回到明清時代
漢藏佛教交流這一大背景之中，將對每一件藏品的精緻、仔
細的個案研究與漢藏佛教交流史的宏大敘事聯繫起來，我們
才能將一部藏品圖錄寫成一部高品質的漢藏佛教藝術研究著
作，寫成一部有時代意義的漢藏佛教交流史。

二

　　《漢藏交融》一書分成兩大部分，第一部分是論述部

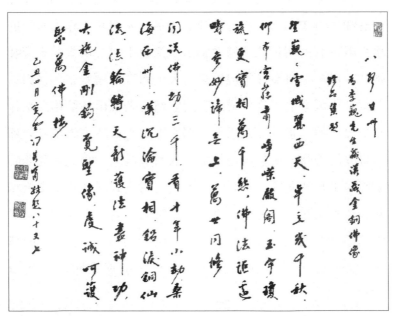

馮其庸先生為《漢藏交融——金銅佛像集萃》題詞

分，由筆者的專論〈漢藏佛學交流和漢藏佛教藝術研究〉和
王家鵬先生的總論〈甘青地區民間藏傳佛像新發現〉兩篇長
文組成。如前所述，對於藝術我是新手，對歷史卻是老兵
了。近年來，我尤其關注漢藏文化交流史研究，希望漢藏兩
個民族間文化交融的歷史經驗能夠成為我們今天構建中華民
族的民族認同、共建各民族共同的精神家園的有益借鑒。李
巍先生鑒藏的這批金銅佛像凸現出了漢藏兩種藝術風格交融
的特點，無疑是漢藏兩個民族文化交流、交融的鐵證。我所
需要做的無非是要把它們語境化，即把這批金銅佛像放回到
漢藏文化交流這個歷史大背景中，把它們的製作、流傳過程
和形成其特殊藝術風格的前因後果統統揭示出來，為確定它
們於漢藏佛教交流史上的意義和價值作宏觀的把握。所以，
我的專論〈漢藏佛學交流和漢藏佛教藝術研究〉對自吐蕃至
民國上下近一千四百年間漢、藏佛教交融的歷史過程，包括
吐蕃時代漢文化在西藏的滲透，特別是漢傳佛教的傳入對藏
傳佛教的形成和發展所起的推動作用，和自 11 世紀開始藏
傳佛教由西向東不斷向內地滲透，並因受到元、明、清歷代
統治者推崇、支持而在內地廣泛傳播的歷史事實等作了系統
的敘述和分析，從而對漢藏文化間的你我共有、不可分割的
「跨文化性」作了明確的揭示。文章還對漢藏佛教造像藝術
互相交流、滲透乃至交融的歷史過程作了簡要的說明，對迄
今為止漢藏佛教藝術史研究的主要成就和發展趨勢作了總
結，由此也為《漢藏交融》一書作為一部學術著作在漢藏佛

教藝術史研究這一領域內的價值和意義作了合適的定位。

王家鵬先生的總論〈甘青地區民間藏傳佛像新發現〉無疑是《漢藏交融》一書中的重頭之作。通過對李巍先生收藏的這批金銅佛像的製作、題材、藝術風格、工藝特徵、印文和題款（識）等內容的仔細分辨、比對和研究，並以見於布達拉宮、故宮博物院等地的同類藏品為參照，憑藉他個人的經驗，結合他人的研究成果，王家鵬先生大致確定了這批原為甘、青地區民間收藏品的金銅佛像的生產年代、地點、系屬、工藝技術和風格特徵等，對它們作為歷史文物和佛教藝術品的意義和價值作了微觀的界定。大家知道，鑒定金銅佛像一類的古代佛教藝術品的真偽及其文物和藝術價值，是一門極其複雜、精緻的大學問，鑒定者不但需要掌握有關歷史、文獻、佛教、藝術和工藝技術等方面的全面的專業知識，而且還需要具有過人的鑒賞技巧和豐富的實踐經驗，來不得半點的虛假和疏忽。王家鵬先生是國內著名的金銅佛像鑒定專家，他在故宮博物院宮廷部工作了幾十年，專門負責鑒定、研究清代宮廷藏金銅佛像，積累了極為豐富的實踐經驗，編寫、出版過多種研究金銅佛像的學術著作，其中以最近問世的《梵華樓》最為精彩。即使是這樣的大專家，王先生也對鑒定李巍先生收藏的這批金銅佛像極其用心，可謂十二分的謹慎，他為此而付出的努力遠遠超出了一位文物鑒賞家通常應該做的工作。在對這些佛像作圖像學的解讀和藝術風格的研究之前，王先生首先花大力氣對明清時代漢藏佛教

交流史，特別是甘青地區在這段歷史中所扮演的角色，作了十分細緻的了解和研究，然後他又廣泛徵求各科專家們的意見，對出現於這些佛像上面的各種文字的銘文、題款、押印等一一作了十分精細的語文學的解讀和研究。對於這批佛像中出現的一些不常見的圖像學特徵和藝術風格的細微變化等，王先生也往往追根究底，反覆參照國內外所有相關的圖錄和研究著作，以弄清其原委、說明其理由。可以說，他對每一尊佛像的鑒定和介紹都建立在十分嚴肅的歷史學和佛教圖像學考證的基礎之上。

《漢藏交融》一書第二部分是佛像圖版，王家鵬先生從李巍先生珍藏的近千尊金銅佛像中精選出了最珍貴和最有代表性的九十九尊佛像，將它們細分成多元藝術風格、明宮廷藝術風格和清宮廷藝術風格三種不同類型，以專業的佛教圖像學描述方法，對每尊佛像的名稱、形制、尺寸、題材、工藝、風格、題款、法器、飾物及其象徵意義等作了簡明扼要的說明。這九十九尊佛像包括各種類型的諸佛、菩薩、護法、空行、祖師和成道者的尊像，覆蓋面十分廣泛，對它們的圖像學描繪集中起來實際上就是一部不可多得的佛教造（圖）像學教材。關於佛教圖像學，我們知道印度著名學者 Lokesh Chandra 先生編的一套《佛教圖像學詞典》（*Dictionary of Buddhist Iconography*, Vols. 5, South Asian Books, 2003）非常權威，但它更是一部僅供查閱的資料性的詞典，而不是一部學術性和實用性都很強的專業教材。迄今為止，

世界上研究藏傳佛教金銅佛像最權威的著作當推瑞士學者
Ulrich von Schroeder 先生的巨著《西藏的佛教雕塑》一書，
出版至今近十年來依然獨占鰲頭、笑傲江湖，國內迄今沒有
見到可與之相媲美的巨著。而《漢藏交融》一書的出版終於
彌補了這一缺憾。從內容上看，《西藏的佛教雕塑》一書展
示、研究的是今天收藏於西藏地區的藏傳佛教金銅佛像，而
《漢藏交融》中則是收藏於甘、青地區的作品，它們與主要
討論清宮廷藏金銅佛像的《梵華樓》一起，形成了藏傳佛教
金銅佛像研究的一個完整系列。從形式上看，《漢藏交融》
的裝幀設計、印製、用紙品質等較之《西藏的佛教雕塑》均
有超越，顯得更加美觀、大方。還值得一提的是，《漢藏交
融》一書為漢、英雙語著作，雖然英文部分較漢文部分稍
略，但基本內容一致，這在國內學術著作中尚不多見。不僅
如此，對書中出現的所有佛像，我們都給出了它的相應的藏
文和梵文名稱，並作了圖錄索引，為讀者查閱和利用這部圖
像學著作提供了極大的方便。總而言之，《漢藏交融》一書
的這些特徵既顯示中國學術之國際化已經取得輝煌成就，也
為這部大書最終走向世界、進入世界學術和藝術流通市場提
供了可靠的保證。

三

　　參與編撰《漢藏交融》一書，我有很多的收穫，其中最
重要的一項是它促使我重新系統、全面地檢視了漢藏兩個民

族的文化，特別是佛教文化之間的交流和交融的歷史，進而對這兩個民族在文化上的親緣關係有了更深刻的了解，亦對構建中華民族這一民族認同有了一些新的想法。漢藏交融的歷史是一個非常值得我們認真探討、積極宣傳的大題目。當今西方人將過去的西藏塑造成一個十全十美的精神烏托邦，而將今天的 China（一個莫須有的純漢人國家）描繪成與其完全對立的「異托邦」，這不但使中國的國際形象嚴重受損，而且也對目前的漢藏關係造成了巨大的危害。這種現象的出現自然與西方社會和文化本身的許多因素有關，但西方人對漢藏文化交融之歷史的無知肯定也是其中一個不可忽略的重要原因。再說，即使是我們自己對漢藏文化之間的這種交融關係又有多少實際的了解呢？我們對西藏的熱愛或許是出於與生俱來的愛國情懷，或許是因為西藏是一個可以充分滿足我們的好奇心，並充滿了異族情調的「他鄉」，是一個可以寄託我們所有理想、夢想、甚至幻想的精神家園。如果我們對漢藏交融的歷史和西方人一樣的無知，那麼我們很快就會和他們一樣，淪落為「香格里拉的囚徒」。隨著一個精神的、虛擬的西藏海市蜃樓般地在我們的幻境中凸顯，一個物質的、現實的西藏卻活生生地從我們的視野中消失。相反，只有當漢藏兩個民族對漢藏交融的歷史都有深切的了解，彼此才會由衷地親近，才會深切地感受到休戚相關、生死與共的親情關係，才會從文化上、情感上感到彼此不可分割。

　　漢藏交融實際上是中華民族五千年生成、發展歷史中的一個具有代表性的經典範例。目前中國有五十六個民族，這些民族自然各有其屬於自己的民族、語言、宗教和文化特徵，但不消說他們之間也都擁有、分享許多共同的歷史淵源、文化特徵和精神資糧。如果說漢藏兩種文化之間還只是你中有我、我中有你，那麼，蒙藏文化則從元朝開始就漸漸在藏傳佛教的洪流之中匯合，最終你我一家了。當然更有一些民族及其文化在千餘年歷史的發展過程中和其他民族徹底地融合了，他們的名稱或許消失了，但他們的文化卻一定以不同的方式在我們中間流傳下來了。還有，像現在居住在中國西北的許多少數民族，他們不但在生存地域上經歷了多次遠距離的遷徙，而且在文化上也經歷了多次根本性的改變。例如，今天維吾爾族的先人回鶻人原本居住在蒙古漠北草原，信仰的是摩尼教；後來他們在 840 年開始向西遷徙，入居河西走廊和今天的新疆地區，並逐漸改信佛教，特別對藏傳佛教有很深的信仰，也為藏傳佛教在西夏和蒙古人中間的傳播起了重要的橋樑作用。然而，自 14 世紀開始，亦即元朝後期，當時的畏兀兒人又漸漸改宗伊斯蘭教，最終伊斯蘭教成為今天維吾爾人，乃至中國西北地方許多民族最主要的宗教信仰。可見，一個民族及其文化一直處在一種發展、變化的狀態之中，而中華民族和中國傳統文化的形成就是中國境內各民族及其文化長期變化、發展和融合的結果。

　　了解各民族文化交流和交融的歷史，對於今人至少有兩

大啟示：一是我們應當以一種更加寬容、開放和發展的心態來看待我們本民族和其他民族的歷史和文化。任何一種具有悠久歷史的文化傳統都不可能是一種性質單一的純粹的本民族文化，任何一種具有生命力和創造力的文化傳統也一定曾經吸納了其他民族文化的優秀成分。因此，我們應該更多地發掘我們和其他民族文化之間相同、相通的地方，並把它們轉化為一種積極、有益的文化資源，運用於建設各民族各美其美、美美與共的和諧社會之中。二是我們應當以一種更寬廣的胸懷和更遠大的理想，揚棄傳統的民族或族群概念，攜起手來共同打造、建構一個能夠融合各民族和各民族文化傳統的中華民族的民族和文化認同。中國被稱為中國已經有很長的歷史了，但不同時期的中國指的是完全不同的東西，長期以來中國這個概念甚至可以說只是一個虛擬的實體，或者說是一個想像的共同體。若要談歷史上的中國，我們不如直接談秦、漢、唐、宋、元、明、清等王朝來得更加明白和準確，否則容易授人以柄，甚至把非漢族建立的王朝均排除在古代中國歷史之外。而今天我們所說的中國，指的當然是中華人民共和國，她被明確地定位為一個由眾多民族組成、具有多元文化傳統的國家，因此中國的國家認同和民族認同應該是同一和唯一的，她應該就是包括所有五十六個民族在內的中華民族的認同。不管是漢族，還是藏族、滿族、蒙古族、維吾爾族、壯族等等，我們首先都應該是中國人，然後才有漢、藏、滿、蒙古、維、壯等族裔的區分。仿照西方人

的說法，今天生活在中國的漢族人的正確稱呼應該是 Han Chinese，譯言「漢裔中國人」，而其他族裔的中國人的稱謂也都應當依此推定。

需要強調的是，以中華民族為中國唯一的民族認同、以中華民族文化為中國唯一的文化認同，與傳承、弘揚各民族的傳統文化並不互相衝突，因為中華民族即包括了中國所有五十六個民族，中華民族文化也包含了所有五十六個民族的傳統文化。相反，如果今天我們在討論如何繼承和發揚我們中國的傳統文化時僅僅考慮如何來傳承和發揚漢族的傳統文化，那就違背了我們對自己的國家和民族的認同。毫無疑問，這不但是不正確的，而且也將對國家的統一和民族的團結造成巨大的危害。譬如說，我們今天談論國學的復興和弘揚，我們就不應該只談漢文化傳統，甚至只談儒家文化傳統的復興，因為這樣的話，漢族以外的其他各民族就被排除在我們這個國家的範疇之外，漢文化以外的其他各民族的文化傳統也被排除在中華民族傳統文化的範圍之外了，這當然也是不正確的。我們今天倡導的國學的研究對象應當是整個中華民族的歷史和傳統文化，國學不應該等同於漢學，而應該同時包括藏學、蒙古學、突厥學（回鶻研究）、西夏學、滿學等其他學科。在一個全球化的時代，一切建構自己的民族認同、鼓勵民族和文化自覺的努力，都對保存和光大本民族的文化傳統有積極的推動作用。對於一個弱小民族而言，構建它的民族和文化認同甚至與它作為一個民族，或者說族群

的生死存亡都有直接的關聯。但是,像在中國這樣一個由眾多民族組成、具有多元文化傳統的國家內,如果我們不首先確立一個包括所有民族在內的國家認同,首先確立一個包括所有民族傳統文化在內的民族文化認同,而片面地鼓勵各個民族建構各自的民族認同、傳承各自的民族文化傳統,那麼這樣的努力就一定會走向它的反面,成為國家和社會的一股離心力量。有鑑於此,我們倡導的國學研究應當以揭示中華民族形成發展的歷史過程、展現中華民族共有的精神和文化財富為目的;在鼓勵分頭研究各個民族的歷史和文化傳統,展示各個民族優秀的文化傳統的同時,更應該鼓勵對各個民族之間的文化交流史的研究,像研究漢藏文化交融史那樣,揭示中國各民族文化之間早已存在的你中有我、我中有你的共生共榮關係。只有這樣,國學研究的成果,才能對加深國人對中華民族這一民族認同的認識、加快我們共同的精神家園的建設作出應有的貢獻。

原載《文景》,2009 (12)

大師的謬誤與局限

——略議《中國古代房內考》的問題

一

　　高羅佩（R. H. van Gulik）先生的《中國古代房內考》（*Sexual Life in Ancient China: A Preliminary Survey of Chinese Sex and Society from ca. 1500 B.C. till 1644 A. D. Leiden, 1961*）無疑是這位天才的東方學家的名山之作（Magnum opus），是「一項開闢了一個全新領域的稀有和豐碑式的成就」（one of those rare and monumental achievements that open an entirely new field，語見 Paul R. Goldin 氏撰《中國古代房內考》修訂版前言，Leiden： Brill 2003, p. xxv.）。高羅佩對中國古代文化傳統的百科全書式的了解，他對漢文古籍涉獵之廣、挖掘之深，不但足以令西方學院派漢學家們汗顏，而且也大可讓中國的飽學之士們羞愧。但是，就像任何一部巨著一樣，《中國

古代房內考》絕非完美無缺，高大師也會像常人一樣犯一些低級的錯誤。作為職業外交家的高羅佩可以無視經院體制對學術的束縛，在選題和寫作風格上獨闢蹊徑、突破常規，但他的研究和表述依然會受到他所處的那個時代的學術風氣和學術水平的影響和限制。筆者對中國古代房內這一領域知之甚少，唯對其中提到的印度密教和中國房內秘術的關係頗有興趣，故細讀了書中與此相關的內容，發現不管從語文學，還是從觀念史的角度來看，《中國古代房內考》中均有頗多可以訂正和商榷的地方，茲略舉幾例，以引發方家們的批評和討論。

二

高羅佩早年以研究印度、中國和日本的「馬頭明王」崇拜獲得博士學位，故對印度密教及其於西藏和東亞地區的流傳和變容早已有所涉獵。故在他將視角轉向研究中國古代房中術時，自然而然對印度密教中的性神秘主義和中國的古代傳統，特別是道教傳統之間的關係有較多的注意。在研究元、明兩代中國房中術的變化和發展時，他對由西蕃僧傳入元朝宮廷，並於元、明兩代宮廷內外流傳甚廣的「秘密大喜樂禪定」，或「雙修法」投注了不少筆墨，由此引發了他對「印度和中國性神秘主義」的討論。可是，不管是在翻譯他所收集到的相關漢文資料，還是在他試圖對這些資料作出解釋時，都出現了一些明顯的錯誤，凸顯出一代大師也難避免

的局限。

我們先來看一下高羅佩在翻譯見於《元史・哈麻傳》中的一段有關「秘密大喜樂禪定」的記載時所犯的錯誤。這段描述流傳甚廣，長期以來差不多就是元以來漢族士人對藏傳密教之了解的全部內容。它迄今沒有得到正確的解讀，卻橫生出了很多令人啼笑皆非的誤解，其中包括高羅佩先生對它的誤讀。這段記載的原文如下：

> ［哈麻］亦薦西番僧伽璘真於帝，其僧善秘密法，謂帝曰：「陛下雖尊居萬乘，富有四海，不過保有見世而已。人生能幾何？當受此『秘密大喜樂禪定』。」帝又習之，其法亦名「雙修法」，曰「演撰兒」，曰「秘密」，皆房中術也。帝乃詔以西天僧為司徒，西番僧為大元國師。其徒皆取良家女，或四人，或三人奉之，謂之「供養」。於是，帝日從事於其法，廣取女婦，惟淫戲是樂。又選采女，為十六天魔舞。八郎者，帝諸弟，與其所謂「倚納」者，皆在帝前，相與褻狎，甚至男女裸處，號所處室曰「皆即兀該」，華言「事事無礙」也。君臣宣淫，而群僧出入禁中，無所禁止。

高羅佩對這段文字的翻譯中出現了不少明顯錯誤的地方，其中最令人啼笑皆非的是，他將原本是蒙古王子名字的

「八郎」，竟按照其字面意義理解成「八郎」（八個男人），並將他們與前面的「又選采女，為十六天魔舞」一句連在一起，翻譯成：「He also selected a number from among his concubines and made them perform the dance of the Sixteen Dakini and the Eight Males.」轉譯過來即謂：「又選采女，為十六天魔和八郎舞」。高羅佩在註腳中援引元人陶宗儀《元氏掖庭記》中的相關記載對「十六天魔舞」作了進一步的解釋，凸顯其確實淵博，但對「八郎」卻無計可施，只能姑且以為「這十六天魔代表的是密教的女魔，她們和代表他們的男性伴侶的男人交合，一個男人[配對]兩個女人」。顯而易見，「八郎」這個蒙古人名（也可能是藏語名字）不但影響了高羅佩對這一句本來相當規範，也並不難讀的文字的理解，而且還迫使他不得不進一步深文周納、穿鑿附會，做出了頗為離譜的解釋。

當然，這並不是他這段譯文中出現的唯一一處錯誤。譯文中另一處明顯的錯誤是，他將「帝乃詔以西天僧為司徒」一句譯成：The Emperor then summoned Indian monks to direct those ceremonies，意謂：「帝乃召諸西天僧司彼等法事」。「司徒」本來只是一個元帝詔封給西天僧的一個官名，而高先生於此竟然將其理解成了「司（彼等法事）之徒」了。抑或高羅佩不知道「司徒」是官名？實在有點匪夷所思。

除了這兩處明顯的錯誤外，如果以歐洲語文學傳統的高標準來衡量的話，高羅佩翻譯得不夠精確的句子還有幾處。

例如，他將「不過保有見世而已」一句和前半句割斷，單獨譯成一句，作：But Your Majesty should not think of this life only，意謂：「不過陛下當勿惟念現世而已」，與原文的意思有了較大的出入。還有，「其徒皆取良家女，或四人，或三人奉之，謂之『供養』」一句，高羅佩譯作：They all took girls of good families, some four, some three, for these disciplines and called that「to sacrifice」（kung-yang），意謂：「彼等皆取良家女，或四人，或三人奉法，謂之『供養』」。原文的意思本來是「司徒」和「國師」之徒（原指蒙古皇帝）取良家女，敬奉其師尊，或四人，或三人，以為「供養」，而高羅佩略去了「其徒」，將「奉之」理解成「奉法」，故按照他的譯文則這句話的意思變成了「司徒」和「國師」自取良家女，或四人，或三人，這樣一來則哪還有「供養」一說呢？

三

從以上這段翻譯的多處錯誤中可以看出，高羅佩先生確實沒有採用歐洲學院派漢學家習慣採用的嚴格的語文學方法來處理他手中的文獻。這一特點也反映在他對這段文字中出現的很多非漢語詞彙之解釋的忽視。本來高羅佩和比他更早一代的漢學家們更多的是傅斯年先生所說的「虜學家」，他們最擅長的、比中國本土學者高明的就是能夠利用其卓越的語文能力，審音勘同，解讀漢文古籍中出現的那些非漢語詞

彙。當然，要把這種「虜學」功夫做好絕非容易之事，也並不是每一位西方漢學家都有這個看家本領的。

正如卓鴻澤先生曾經指出的那樣，漢文文獻中的「幾許胡言胡語，在漢字對音的障幕下，要作出確切的解讀，僅憑草草學習古典蒙藏文、翻檢辭典字書的一點機械功夫，不但不足以成事，反而每每生出一些混亂無益的解說，徒增更多的『文字障』。必須以活潑的思想、富於同情的心靈，上接古人，設身處地，反覆推敲，庶幾稍稍能得一字、一詞之真相」（語見同氏，《「演撲兒」為回鶻語考辨：兼論番教、回教與元、明大內秘術》，《西域歷史語言研究集刊》，第一輯，北京：科學出版社，2007 年）。而高羅佩顯然沒在這方面用心太多，他既沒有嘗試對文中出現的像「演撲兒」和「皆即兀該」這樣明顯的外來語詞進行復原，也沒有對「秘密大喜樂禪定」這樣的外來修法的源流追根究底，這顯然背離了正宗歐洲漢學傳統的尋常做派。其結果當然只能是以其昏昏，使人昭昭，發生在元朝末年宮廷中的那場秘辛在他的筆下也就越發變得撲朔迷離了。

當然，即使高羅佩拿出西方「虜學」的獨家本事，在當時的學術條件下他也絕無可能真正揭開「文字障」，還「秘密大喜樂禪定」之真實面貌。早在高羅佩出版《明代秘戲圖考》（*Erotic Colour Prints of the Ming Period, with an Essay on Chinese Sex Life from the Han to the Ch'ing Dynasty, B.C. 206- A.D. 1644*. vols. 3, Tokyo 1951）後不久，歐洲兩位學院派的

權威「虜學家」石泰安（R. A. Stein）和傅海博（Herbert Franke）先生就曾經站出來嘗試為高羅佩析疑解難，以揭開「演揲兒」法之謎。石泰安認為「演」是做 （exécuter, pratiquer）的意思，「揲兒」二字才是蒙古語 Jirial（意為「快樂」）的音譯（Journal Asiatique 240 （1952），p. 536），但是這樣的解釋從音理、義理兩方面來看均不足取。傅海博則猜測「演揲兒」是蒙古語 äldär 或 ändär 的對音，意為「安樂」（Zeitschrift der Deutschen Morgenländischen Gesellschaft, Bd. 105, 2 （1955），p. 386），可他沒有給出任何蒙古文文獻依據，也難以令人信服。可見僅僅憑藉語文的功夫，「虜學」大家也難逞其強。審音勘同之學必須結合文獻學，配以史識，其結果才有可觀。密教修法本來秘密，不易為局外人了解。再加上語言的隔閡、種族間的芥蒂、文化風習的成見等等原因，元人筆下的藏傳密法離其本來面目早已有了相當遠的距離。因此，如果不把《元史·哈麻傳》中這段記載的來源辨析清楚，對藏傳密教的修法本身有很深的了解，只憑藉機械的語言功夫是不可能揭開這個謎團的。胡言胡語的還原當取資於文化史背景資訊的儲備，而於高羅佩、石泰安、傅海博三位先生當時所處的時代，世界學界對印藏密教的研究尚處在起始階段，對密教修法缺乏基本的了解，對藏傳密教於蒙元王朝傳播的歷史更是知之甚少，所以不管是業餘玩票的高羅佩，還是高居廟堂的石泰安、傅海博，事實上都不可能超越當時代之學術的局限，對

這段充滿胡言胡語的漢語文字作出圓滿的解釋。

　　等到《中國古代房內考》問世四十餘年後的今天，國際學界對印藏密教的研究取得了豐碩的成果，我們對藏傳密教於回鶻、西夏、蒙古和中原漢地傳播的歷史過程也有了相當清楚的了解，於是，我們具備了正確理解《元史・哈麻傳》中這段記載的學術基礎。對敦煌古藏文文獻、吐魯番古回鶻文獻、黑水城西夏、漢、藏、蒙文佛教文獻的最新研究成果表明，以敦煌為中心的西域地區本來就是藏傳密教傳統最初形成、發展的根據地之一，藏傳密教信仰主導了十一至十四世紀的西域佛教歷史，它在回鶻、西夏和蒙古各民族之間得到了極為廣泛的傳播。《元史・哈麻傳》中記載的「秘密大喜樂禪定」，或曰「雙修法」，應該與藏傳佛教薩思迦派所傳的，以密乘母續《喜金剛（大喜樂）本續》為主要依據的「道果法」（lam 'bras）的秘密修法有關。而所謂的「演揲兒」法實際上與「大喜樂」無關，《元史・哈麻傳》中的那段記載來源於權衡的《庚申外史》，《元史》的編修者對材料的整合極為草率，他們將《庚申外史》中的相關文字任意組合，結果完全搞亂了原來的人事因果層次，而石泰安、傅海博兩位名家又受其愚弄，都往「喜樂」邊上去思量、尋覓「演揲兒」的來歷，其結果當然南轅北轍。

　　其實，《庚申外史》原文是說：「哈麻既得幸於上，陰薦西天僧行運氣之術者，號『演揲兒』法，能使人身之氣或消或脹，或伸或縮，以蠱惑上心。」可見據其本意「演揲兒

法」應同運氣術密切相關,而與「大喜樂」無關。卓鴻澤先生據此進一步推演,提出漢文文獻中出現的所謂「演揲兒」法實為藏傳密教盛傳之「捺囉六法」(Nā ro chos drug)中的一種修法——「拙火定」(gtum mo'i me,或曰「忿怒母火」),而「『演揲兒』三字正是回鶻文 yantïr(梵文 yantra「機關,關捩」之回鶻文形式)一詞之對音」(參見卓鴻澤前揭文)。此説即使尚難斷定就是不刊之論,但無疑已無限接近事實之真相了。

四

高羅佩先生沒有嘗試解讀《元史‧哈麻傳》那段記載中的胡言胡語,也沒有可能還「秘密大喜樂禪定」和「演揲兒」法於藏傳密教中的本來面目,這是一個時代的學術對大師的局限,情有可原。可令人頗為不解的是,高羅佩一方面清醒地意識到漢族士人,如南宋遺民鄭思肖等,出於對蒙古征服者的仇恨和蔑視,過分地渲染了藏傳密教儀軌的醜惡,但另一方面他自己卻也完全相信了他們的説法,不加懷疑地接受了他們的解釋,將這些明明是外來宗教傳統的行為搬進中國古代房內傳統的語境之中,輕而易舉地把本來具有明確宗教意義的密教修法完全等同於世俗化的房中術和淫戲,甚至還本末倒置,以此為證據來證明中國古代的房中術不但不是對印度的模仿,反而是導致了密宗性修煉的產生。可以説,這是高羅佩先生這部巨著中的一個致命傷。

　　導致出現這一硬傷的原因來自於高羅佩堅信、並用力捍衛的一個觀念，即印度密教實際上源自中國的道教。他從道家的基本修法「還精」與密乘佛教（或曰金剛乘）以修習氣、脈、明點為主體的「性瑜伽」的某些相似性出發，提出中國道家的性神秘主義和印度的性神秘主義一脈相承，後者源自前者。所以，元朝宮廷所傳的「秘密大喜樂禪定」和「雙修法」是「道教的性神秘主義極其巧妙地以喇嘛教作為自己的偽裝」，它們「不過是古代道教修煉的一種外來的翻版」。而傳為唐寅所撰明代色情小說《僧尼孽海》中逐字引證《玄女經》中的「九法」來詮釋元朝宮廷所修「秘密大喜樂禪定」，便被認為是理所當然，正好是證實其觀念的證據。

　　印度密教起源於中國道教的説法是在學界對印度密教缺乏較深的了解和研究時於西方的東方學家，特別是漢學家中間出現的一種觀念。隨著對印度密教和密乘佛教研究的不斷深入，人們逐漸明白密教是一個十分龐大和複雜的宗教體系，有系列的續典作為其宗教實踐的依據，有衆多寂靜和忿怒尊神作為其崇拜和修習的對象，還有名目繁多的修法作為日常密修的功課，其中與道教修法類似的內容只是其中極小的一個部分。「秘密大喜樂禪定」和「演揲兒法」顯然與中國道家所修習的房中術毫無關係。明代史臣有意將二者等同起來，無非是妖魔化受蒙古皇帝崇信的西番僧和「喇嘛教」的一種伎倆。而唐伯虎用《玄女經》中的「九法」來演繹「秘密大喜樂禪定」一方面是因為他對藏傳密教完全的無

知，另一方面是他除了借助自己文化中的固有的傳統來對異文化的宗教現象作出解釋外別無他法。「秘密大喜樂禪定」，或曰「大喜樂法」只有通過漢族士人熟知的漢地房中秘術作為參照對象才會產生意義。

雖然高羅佩不是一位學院派的漢學家，但他的研究和表述無疑也都受到了當時之主流學術思潮的影響。他以附錄的形式專章討論「印度和中國的性神秘主義」，「力求形成一種關於印度和中國的性神秘主義之間的歷史關係的理論」，顯然是受了當時流行的科學的歷史觀的影響。對於在不同的地域和時間內出現的相同或者相似的文化現象，歷史學家們往往希望通過科學的歷史研究方法來為它們建立起一種可靠的歷史聯繫，而無視這種文化現象在完全沒有歷史關聯的前提下於不同的地域和不一致的時間內出現的可能性。儘管中國道家所傳房中術中的某些修法與印度密教中的性瑜伽或有部分的相同或者相似，但這並不表明二者之間一定有必然的歷史關聯，不是「老子化胡」，就是「胡化老子」，它們有可能就是在印度和中國兩種不同文化土壤中、於不同的時間內生長出來的一種相類似的文明現象而已。

在高羅佩著作這一附論的時代，學界對印藏密教研究的成果還極其有限，他所能夠援引的學術論著沒法幫助他令人信服地在印度和中國的性神秘主義之間真正建立起他所期待的歷史聯繫。於今天看來，他的這種努力極不成功，除了地域上的可能的連接以外，他幾乎沒有找出任何一條直接和確

鑿的歷史聯繫。把中印的歷史關係看成印度思想浸入中國的單向運行固然不符合歷史事實，我們確實應該看到「有一股強大的反向回流的可能性」。但是，就中國道家的房中術和印度密教的「性瑜伽」之間的歷史關聯問題，我們很難相信高羅佩書中提出的這些相當武斷的說法。至少於十四世紀從印度、西藏傳入元末宮廷的「秘密大喜樂法」一定與中國古已有之的房中術沒有直接的關聯，將他們混為一談是中國古代士人和高羅佩從不同的觀念出發犯下的同樣的錯誤。

　　高羅佩先生受科學史觀左右而犯的另一個類似的錯誤是他將密乘佛教對大日如來佛的信仰和伊朗的日神、火神崇拜拉上關係，提出前者是密乘佛教徒在伊朗日神崇拜的影響下創造出來的一個密教新神。事實上，大日如來是密乘佛教信仰的一位法身佛，雖然從字面上看容易被人與日神信仰聯繫起來，以為是日神的佛化。但實際上，大日如來並非佛化的日神，而是代表宇宙之永恆和普遍的本覺。佛教中確實有佛化的日神，但不是大日如來，而是日天，即「蘇利耶」，原來是印度固有信仰中的太陽神，後被佛教攝入其信仰體系，使其成為佛教的一位護法神。高羅佩先望文生義，將大日如來視為日神，又將其來源與伊朗的太陽神崇拜聯繫起來，想當然地勾畫出二者之間子虛烏有的歷史聯繫。由此可見，科學的歷史觀有時可以將一位相信科學的歷史學者引入非常不科學的境地，出色的語文學家也會受其信賴的觀念的左右而得出違背語文學常識的結論，我等當以此為戒。

再說大師的謬誤與局限
—— 答讀者忽都不花

　　日前有讀者忽都不花對筆者發表於 6 月 5 日
《東方早報——上海書評》上的文章〈大師的謬
誤與局限——略議《中國古代房內考》的問題〉
一文提出批評，似嫌筆者對「大師的謬誤與局
限」缺乏「了解之同情」，而且在糾繆的過程中
自身也犯了一個小小的「謬誤」。筆者自覺，拙
稿指出了《中國古代房內考》的一段譯文中出現
的種種低級的錯誤或與作者並非科班的學院派漢
學家的身份有關，而他對印度密教和道教的關
係，以及他在中國傳播歷史之解釋的誤解正是受
了時代學術（密教研究的深入是在晚近幾十年間
才發生的事）的局限，特別是當時流行的科學史
觀的影響，這表明筆者實對高羅佩在寫作《中國
古代房內考》時出現的謬誤與局限深具「了解之
同情」。筆者堅信，要是高羅佩先生晚生幾十
年，憑他的天才和敏感，一定不會犯上述謬誤。

或與讀者忽都不花立場不同的是，筆者深以為，目前最值得
同情的確實不是那些曾經在其著作中出現過這樣、那樣可笑
的錯誤，而如今受到我等後人批評的洋大師們，而是那些依
然十分盲目地將洋大師們奉為神明，對他們的著作中出現的
極其低級的錯誤不但自己發現不了，卻很看不得別人批評他
們心目中的洋偶像的那些國內的大師或者其他大人先生們。
要是高羅佩先生在書中留下諸多「謬誤」端的是為了讓筆者
這樣的「後人吃點飯」，那我真的是要感謝這位至今深受國
人熱愛和追捧的洋大師的仁慈了。然而，高羅佩先生大概不
擅長錢鍾書先生所說的這種有嫌傲慢和無禮的「幽默」，所
以筆者對他的這些批評不該被認為只是為了「小補」吾輩的
「冷淡生活」。

　　讀者忽都不花指出「沈文所談『秘密大喜樂禪定』，大
都採用臺灣學者（確切地說是馬來西亞學者！）卓鴻澤
〈「演揲兒」為回鶻語考辨：兼論番教、回教與元、明大內
秘術〉一文（見沈衛榮主編《西域歷史語言研究集刊》第一
輯，科學出版社 2007 年版）的觀點。」甚至說筆者文中一
段引文「抄襲」了卓文。事實上，拙文第三段討論《元史》
中這段有關「秘密大喜樂禪定」的記載中出現的「胡言胡
語」的勘同問題時，確實多處直接引用了卓鴻澤先生在筆者
主編的雜誌上發表的那篇精彩論文，對此筆者作了明確的說
明。然就「秘密大喜樂禪定」之教法淵源的確定，即將其與
薩思迦派所傳以喜金剛本續為依據的道果法聯繫起來，則是

筆者近年專心研究俄藏黑水城漢譯密教文獻和《大乘要道密集》等西夏、元、明三代所傳漢譯藏傳密教文獻的心得，實與卓先生文中的說法並不一致。

讀者忽都不花指出拙文在糾謬過程中「自身也犯了一個小小的謬誤」，此話不假，謹此感謝。但這個「小小的謬誤」實在只局限於筆者在高氏所譯這個段落前想當然地在[]號中加上了「哈麻」的名字，而正確的加法確實應該如讀者所言加上「禿魯帖木兒」。而筆者錄下這段引文只是為了方便討論高羅佩之錯譯，並不有意要討論《元史・哈麻傳》中的這段記載與《庚申外史》中那段類似的記載間的相互關係。筆者堅持以為，作為一代漢學大師的高羅佩，竟然在這段不長的譯文中留下了那麼多低級的錯誤，並不如讀者所認為的那樣，因為他是荷蘭人就「情有可原」，更不能以「《庚申外史》的相關內容連我國點校《元史》的專家都沒有利用，」所以就以為筆者對他的批評是吹毛求疵、「苛責老外」了。像他對「八郎」的解釋，顯然不只是他對漢語文的誤解，而更是為了要給他尚未弄明白的「十六天魔舞」以一個聽起來可信的解釋，所以望文生義，犯下了可笑的錯誤。筆者在這麼簡短的一段引文的翻譯中就發現了那麼幾處明顯的錯誤，至少應該引起我們對這位蜚聲海內外的漢學大師的漢語文水平和治學方法的警覺，對他的著作不要一味叫好，而是應該持一種謹慎的批判態度。

至於《元史・哈麻傳》和《庚申外史》中出現的這兩段

類似的記載的淵源問題，筆者實在關注已久。根據元史學者任崇岳先生早年的研究，《庚申外史》應作於洪武初年，成書於《元史》第二次立局補修順帝朝史之前，故曾為順帝紀取材資料之一。儘管如此，誠如讀者所言，「《哈麻傳》那段是否全部源於《庚申外史》尚不能肯定，或有其他史料來源參合其間。」但若將這兩段記載放在一起比較，一則可以看出《元史·哈麻傳》或確實有抄自《庚申外史》的可能，二來還可以從中看出《元史》編修者對材料的整合確實極為草率，他們將《庚申外史》中的相關文字任意組合，結果完全搞亂了原來的人事因果層次。為了明白起見，茲不妨將這兩段文字均轉錄於下，並略多費些筆墨來探究一下。

《元史·哈麻傳》中的這段記載原文如左：

> 初，哈麻嘗陰進西天僧以運氣術媚帝，帝習為之，號演揲兒法。演揲兒，華言大喜樂也。哈麻之妹婿集賢學士禿魯帖木兒，故有寵於帝，與老的沙、八郎、答剌馬吉的、波迪、哇兒禑等十人，俱號倚納。禿魯帖木兒性奸狡，帝愛之，言聽計從，亦薦西番僧伽璘真於帝，其僧善秘密法，謂帝曰：「陛下雖尊居萬乘，富有四海，不過保有見世而已。人生能幾何？當受此『秘密大喜樂禪定』。」帝又習之，其法亦名「雙修法」，曰「演揲兒」，曰「秘密」，皆房中術也。帝乃詔以西天僧為司徒，西番僧為大元國師。其

徒皆取良家女，或四人，或三人奉之，謂之「供
養」。於是，帝日從事於其法，廣取女婦，惟淫戲是
樂。又選采女，為十六天魔舞。八郎者，帝諸弟，與
其所謂「倚納」者，皆在帝前，相與褻狎，甚至男女
裸處，號所處室曰「皆即兀該」，華言「事事無礙」
也。君臣宣淫，而群僧出入禁中，無所禁止。

而《庚申外史》中相應的記載如下：

癸巳，至正十三年，脫脫奏用哈麻為宣政院使。
哈麻既得幸於上，陰薦西天僧行運氣之術者，號「演
揲兒」法，能使人身之氣或消或脹，或伸或縮，以蠱
惑上心。哈麻自是日親近左右，號「倚納」。是時，
資政院使隴卜亦進西番僧善此術者，號「祕密佛
法」，謂上曰：「陛下雖貴為天子，富有四海，亦不
過保有見世而已，人生能幾何？當受我『祕密大喜樂
禪定』，又名『多修法』，其樂無窮。」上喜，命哈
麻傳旨，封為司徒，以四女為供養，西番僧為大元國
師，以三女為供養。國師又薦老的沙、巴郎太子、答
刺馬的、禿魯帖木兒、脫歡、字的、蛙麻、納哈出、
速哥帖木兒、薛答裡麻十人，皆號「倚納」。老的
沙，帝母舅也；巴郎太子，帝弟也。在帝前男女裸
居，或君臣共被，且為約相讓以室，名為「些郎兀

該」，華言「事事無礙」。倚納輦用高麗姬為耳目，
刺探公卿貴人之命婦、市井臣庶之儷配，擇其善悅男
事者，媒入宮中，數日乃出。庶人之家喜得金帛，貴
人之家私竊喜曰：「夫君隸選，可以無室滯矣！」上
都穆清合成，連延數百間，千門萬戶，取婦女實之，
為「大喜樂」故也（《庚申外史》，153-154 頁）

　　對以上這兩段話略加比較，我們不難想像二者之間確實
存在淵源關係，《元史·哈麻傳》中的這段話很可能即轉錄
自《庚申外史》。而《庚申外史》是元末、明初文人權衡私
撰的一部專門記載元朝末代皇帝惠宗(庚申帝)妥懽帖木兒史
事的筆記，根據的多半是道聽塗說來的逸聞、野史，很多事
情「聞之友人暢申之」，實不足以為信史。作者於此的敘事
口吻也是十足的漢式腔調，如曰：「陛下雖貴為天子，富有
四海，亦不過保有見世而已，人生能幾何？」云云，顯然是
典型的漢人佞臣挑唆末代昏君的老生常談，哪有一點胡人胡
語的氣息？而作為正史的《元史》居然也全文照搬。

　　如果將《元史》中的這段記載與《庚申外史》之相應部
分進行仔細的比對，則不難發現二者之間也有多處細微的不
同。而《元史》中或有明顯的誤解，而造成這種誤解的原因
或就是因為它搞亂了《庚申外史》中原文敘述之人事因果層
次，以致導向錯誤的印象與結論。首先，於《庚申外史》
中，「演揲兒法」和「秘密大喜樂禪定」本來說的可能是兩

種不同的修法，至少「演揲兒」的本意並非「大喜樂」，前者指的是「能使人身之氣或消或脹，或伸或縮」的「運氣之術」，乃西天僧所傳，後者才是「多修法」，是「秘密佛法」，乃西番僧所傳。而《元史》中則將二者完全混為一談，都成了「房中術」，而且還將「多修法」說成了「雙修法」。

此外，《庚申外史》中說，諸「倚納」曾經「在帝前男女裸居，或君臣共被，且為約相讓以室，名為『些郎兀該』，華言『事事無礙』。」同樣的一句話到了《元史》中則變成了諸「倚納」「皆在帝前，相與褻狎，甚至男女裸處，號所處室曰『皆即兀該』，華言『事事無礙』也。」本來《庚申外史》所云「且為約相讓以室」指的是那十位「倚納」們約定互相以「[妻]室」作交換，這樣有類於「換妻」的行為，當時在胡語中被命名為「些郎兀該」。可是，到了《元史》中，本指「[妻]室」的「室」字，竟然被理解、改變了「所處室」之「室」了，而「皆即兀該」則相應而成了「所處室」的特殊名號了。這樣的誤解不但今天聽起來讓人覺得匪夷所思，而且也為後人解讀「些郎兀該」或者「皆即兀該」這樣的胡言胡語設置了難以逾越的障礙。而石泰安、傅海博兩位歐洲漢學大家試圖解讀「演揲兒」這一非漢語詞彙時，確實就是受了《元史》的誤導，都往「喜樂」邊上去思量、尋覓「演揲兒」的來歷，其結果當然南轅北轍。

羅振玉所見「演揲兒法殘卷三種」淺釋

羅千先生最近發表的〈羅振玉與「演揲兒法」研究〉一文（見《上海書評》11.5 日），傳達了羅振玉先生曾於上個世紀二十年代在其搶救的內閣大庫檔案中檢出三種與元代所傳「演揲兒法」相關的元寫本殘卷的重要訊息，揭示了一段筆者此前不知的學術史話。毫無疑問，羅振玉當年所見到的這三種文獻對於研究藏傳密教於西夏和元朝傳播的歷史具有非凡的價值，值得深入研究。所幸其中的兩種至今尚存，還是筆者目前常備案邊，用心研究的對象，茲謹對其略作解釋，以饗同好。

被羅振玉稱為「演揲兒法殘卷三種」中的第一種題為「《新譯吉祥飲血王集輪無比修習母一切中最勝上樂集本續顯釋記卷第三》（下引作《顯釋記》；羅千文中闕「修習母」之「母」字），釋迦比丘莊啜法幢集，講經律論寂真國師

沙門惠照傳，皇建延壽寺沙門惠雲等奉勅譯，皇帝詳定。」
筆者曾於國家圖書館善本部中檢出一系列漢譯藏傳密教文
獻，其中就有與此標題和傳譯者題署完全相同的一個本子，
共二十一葉，一葉兩頁，但第一、十三、十四葉各有一頁空
白，頁碼標識不清，從頁「一」至「十四」之間只有頁五、
六比較清楚，頁六至頁十四之間顯然有闕頁，從頁「十四」
開始頁碼標誌清楚，最後一頁是頁「廿四」。由於筆者手中
的這個複印本是根據國圖縮微膠卷印製，或與原件之葉、頁
排列不完全一致。可以肯定的是，這個本子與羅振玉當年所
見之《顯釋記》在內容上是完全一致的，儘管版本也有可能
不是同一個。

　　不難看出，這部《顯釋記》應該是西夏時代所傳的一部
《吉祥上樂本續》之釋論中的第三卷，「皇帝詳定」之「皇
帝」一定不是元順帝，而應當是西夏的仁宗皇帝。所謂《吉
祥飲血王集輪無比修習母一切中最勝上樂集本續》當即藏文
*dPal khrag 'thung gi rgyal po 'khor lo sdom par brjod pa rnal
'byor ma bla na med pa thams cad kyi bla ma bde mchog bsdus
pa* 的完整翻譯，它是今見於《西藏文大藏經》中的《吉祥上
樂本續》（*rGyud kyi rgyal po dpal bde mchog nyung ngu zhes
bya ba*）的一個異譯本，曾經 'Gos Khug pa lhas brtsas 和瑪爾
巴等藏傳佛教後弘期著名譯師審定，晚近才於印度印行出版
（此承筆者弟子魏文先生發現、示告，謹志謝意）。而這部
《顯釋記》根據的或即是這部未被收錄入《西藏文大藏經》

的《吉祥上樂本續》的異譯本。《顯釋記》所存的這第三卷僅是對《吉祥上樂本續》之第四至第九品的解釋，而全本《吉祥上樂本續》共五十一品，可見《顯釋記》原本部頭甚大，已佚者是全本之十之八九。

《顯釋記》的原作者，也即所謂「集」者「釋迦比丘莊喨法幢」乃藏傳佛教後弘期一位屬於噶舉派的上師 Cog ro Chos kyi rgyal mtshan （1108-1176）。根據藏文史著《青史》的記載可知，莊喨法幢出生於朵思麻，專擅喜金剛和勝樂等無上瑜伽部母續密法，曾分別造此兩部本續之釋論。其中的《吉祥上樂本續》的釋論或即當是我們今天所見到的這部《顯釋記》，然其藏文原本今天無處可尋，故此漢譯本彌足珍貴。傳莊喨法幢有弟子名'Brom pa，人稱其為「國師」，從時間上看，他極有可能曾經是西夏的國師，莊喨法幢的著作或即通過他而遠傳至西夏也未可知。當然，莊喨法幢本是朵思麻人，與西夏鄰近，也可能是他曾直接在西夏傳法。總之，於西夏和元朝，莊喨法幢曾是一位頗具影響力的藏傳密教上師，在上個世紀初於敦煌發現的古代畏兀兒文獻中，我們也見到了一部署名「釋迦比丘大阿闍黎法幢，即 Cog ro Chos kyi rgyal mtshan 原作的作品，題為《上根有情次第成就法》，由元代著名畏兀兒譯師薩里都統受西平王阿速歹之命，於至正十年翻譯完成。

羅振玉所見「演揲兒法殘卷三種」中的第二種題為「《喜樂金剛空行母網禁略集大密本續五卷下》」，這理應

就是無上瑜伽部母續最重要的本續之一——《吉祥喜金剛本續》的漢譯本殘卷。此處之所謂「空行毌」顯然是「空行母」之誤寫，西夏時代的寫本中常將「母」字寫成形似「毌」字，故造成羅振玉之錯錄。《吉祥喜金剛本續》（*Kye'i rdo rje zhes bya ba rgyud kyi rgyal po*）有衆多不同的名稱，例如《吉祥大喜樂本續》（*dPal bde ba chen po zhes bya ba'i rgyud*）和《喜金剛幻化二分續》（*dGyes pa'i rdo rje zhes bya ba sgyu ma brtag pa gnyis pa*，簡稱《二分續》）等等。《吉祥喜金剛本續》還有一個常用的名稱作 *Kye'i rdo rje mkha' 'gro ma dra ba'i sdom pa'i rgyud kyi rgyal po*，譯言《喜金剛空行母幻網律儀本續王》，見於《吉祥喜金剛本續》本文之每一品的標題中。例如本續第一品末就題有「喜金剛空行母幻網律儀之金剛藏現證菩提品王圓滿竟」（*Kye'i rdo rje mkha' 'gro ma dra ba'i sdom pa las rdo rje snying po mngon par byang chub pa zhes bya ba brtag pa'i rgyal po rdzogs so*）。羅振玉當年所見的《喜樂金剛空行母網禁略集大密本續五卷下》當即是《喜金剛空行母幻網律儀本續王》之漢譯本的一個殘卷。於此，藏文 sdom pa 一詞被譯作「禁」，而現今通譯「律儀」。按《喜樂金剛空行母網禁略集大密本續》這一漢譯名推斷，其藏文原名或當為 *Kye'i rdo rje mkha' 'gro ma dra ba'i sdom pa bsdus pa gsang ba chen po'i rgyud*，它應當是一個不見於今存《西藏文大藏經》中的《吉祥喜金剛本續》的異譯本，此復與曾於西夏流傳之諸部無上瑜伽部本續所依

據的「西番本」多為不見於《西藏文大藏經》中的異譯本這
一現象相符合。

羅振玉稱《喜樂金剛空行母網禁略集大密本續五卷下》
為「梵國大修習者啞稱木奈也巴師傳、智光禪師依西番本漢
譯」，由於將「修習者」對譯藏文 rnal 'byor pa 通常是西夏
時代的翻譯習慣，後多譯為「瑜伽士」，所以這部《喜金剛
本續》的漢譯本應當也是西夏時代的作品。可惜筆者無緣得
見這部珍貴的漢譯密續，而其傳者「啞稱木奈也巴師」的身
份也難確定，故難以準確地確定其成書年代。今見於《西藏
文大藏經》中的《喜金剛本續》的譯者是印度上師 Gayadh-
ara 和西番著名譯師釋智（ bod kyi lo tsā ba dGe slong Shakya
ye shes），後復經明代著名譯師 'Gos lo tsā ba gZhon nu dpal
審定。Gayadhara 除了和釋智合作翻譯了大量續典以外，也
曾和同時代另一位大譯師 Gos Khug pa lhas brtsas 合作翻譯了
不少續典，其中有些互相重複。而後者的譯作涉嫌抄襲前者
所譯，故很多沒有被選錄進《西藏文大藏經》中，但它們卻
傳到了西夏。例如，西夏文《吉祥遍至口和本續》所根據的
西番文原本就不是 Gayadhara 和釋智合譯的、見於《西藏文
大藏經》中的那個本子，而是 Gayadhara 和 Khug pa lhas
brtsas 合譯的、今已失傳的那個本子。羅振玉所見漢譯《喜
樂金剛空行母網禁略集大密本續》所根據的藏文原本的情形
或與此類似，當為我們目前所不知的、或已佚失的一個譯本。

羅振玉所見「演揲兒法殘卷三種」中的第三種「曰《□

□□□□輪□便智慧雙運□□□□》」，應當就是今見於
《大乘要道密集》中的《依吉祥上樂輪方便智慧雙運道玄義
卷》，「佑國寶塔弘覺國師沙門慧信錄」，也是西夏時代的
作品。這是一部以密乘佛教無上瑜伽部母續《吉祥上樂輪本
續》為依據，以「四手印」為憑藉而修習「欲樂定」（即俗
稱之所謂「雙修法」）的儀軌。按照其文本中提供的線索可
知，這是一部屬於薩思迦派所傳之「道果法」（lam 'bras）
的儀軌。除了依行手印、法手印、記句手印和大手印等「四
手印」修「欲樂定」以外，文中還包括了修習「拙火定」、
「九周拙火」、「治風」、「對治禪定」、「除定障礙」、
「光明定」和「夢幻定」等短篇瑜伽修習儀軌。而《玄義
卷》中最重要的前半部分則詳述依行手印（即明妃）修「欲
樂定」之修法，其內容基本上採自傳為印度八十四大成道者
之一因嘚囉菩提所傳、由薩思迦派上師錄成文字的《因嘚囉
菩提手印道要》（*Slob dpon indra bhūtis mdzad pa'i phyag
rgya'i lam skor bzhugs so*），後者被列為道果法「修習九輪」
中的一部，是藏傳密教中依明妃修「欲樂定」儀軌的主要依
據。《因嘚囉菩提手印道要》本身也曾有漢譯本傳世，然當
為明初譯作，後從清宮室流出，曾經錢謙益之手，再為其族
孫錢曾之述古堂所藏，被陳寅恪先生目為「由天竺房中方術
轉譯之書」，今輾轉入藏於國家圖書館善本部中。不只是
《玄義卷》，像同樣見於《大乘要道密集》中的另一部道果
法的釋論──《道果延暉集》，其中有關修習「欲樂定」的

部分也與《因嘚囉菩提手印道要》中所說一脈相承。

羅振玉當年發現的這「演揲兒法殘卷三種」實際上並不能為解讀「演揲兒法」這一難解的名相提供直接的幫助，但顯然可為解釋曾在元朝宮廷中流行過的「演揲兒法」和「秘密大喜樂禪定」的密教修法，及其認識它們由西天，經西番、河西（西夏），傳至蒙古宮廷的歷史提供極大的幫助。近年來，我們在俄藏黑水城文獻、寧夏拜寺溝方塔出土文獻、《大乘要道密集》、國家圖書館善本藏目和臺灣故宮博物院所藏文獻中，均發現了大量西夏和元、明時代漢譯的藏傳密教文獻，它們不但可以幫助我們最終弄清元朝宮廷所傳藏傳密教的真相，而且甚至可以改寫中國佛教的歷史，特別是密教於藏外傳播的歷史。我們知道，密乘佛教無上瑜伽部的續典雖然在宋代曾經也有被譯成漢文者，如施護翻譯的父續《佛說一切如來金剛三業最上秘密大教王經》（即《密集》）和法護翻譯的母續《佛說大悲空智金剛大教王儀軌經》（即《喜金剛》）等，但由於這些譯本的品質低劣，加上漢地缺乏這個傳統，所以無甚影響。然而，在西夏時代，迄今為止我們已經發現了幾乎所有重要的無上瑜伽部之本續及其釋論的漢譯或者西夏文譯本。上述羅振玉當年所見的漢譯本《吉祥上樂本續》和《吉祥喜金剛本續》就是極好的例證。特別是他見到的這部《喜樂金剛空行母網禁略集大密本續五卷下》，說明西夏時代或曾有《吉祥喜金剛本續》的完整漢譯本。這與被視為《吉祥喜金剛本續》之「解釋續」的

《三菩提本續》，也即所謂《吉祥遍至口合本續》及其長篇釋論曾經有完整的西夏文譯本傳世，以及以這兩部續典為依據的薩思迦派所傳之「道果法」曾於西夏廣泛流傳這一事實相符合。

值得指出的是，將元朝宮廷內修習的「演揲兒法」和「秘密大喜樂禪定」指稱為「西天之房中術」是元朝以來漢族士人對藏傳密教修法的歪曲，這種在漢族傳統文化語境中被視為「淫戲」或者「房中方術」的東西，於藏傳佛教的宗教語境中卻是將一切煩惱返為道用，即身成佛的「大善巧方便」。修「秘密大喜樂禪定」與世間的欲樂無關，而是速證菩提佛果之正道。今天我們用力弄清這些密法之真實面貌，或可提醒世人今後可不再繼續將「演揲兒法」和「秘密大喜樂禪定」當作導致元朝速亡的「淫戲」而津津樂道了。

後記

　　收集在這本小書中的這些文章是我 2006 年初回國工作至今所寫的專業學術論文之外的一些小文章。由於自己所學專業相對冷僻，本人又偏愛考據式的學問，所以此前不曾想過要寫這一類文章。大概是在國外住得久了，回國後反而有較強的參與感，覺得自己有話要説，所以不自量力地動手寫起隨筆來了。這些文章中談論最多的幾個話題，如「大國學」理念、語文學和學術方法、國際背景中的「西藏問題」等等，都明顯地表露出了自己強烈的參與意識。要是我至今依然遊方四海的話，不能想像我會動手寫出這樣的文章。

　　雖説半輩子以文字為生，但寫作這樣的文字還是新手，免不了戰戰兢兢。是我的老師和朋友們用各種不同的方式給了我熱情的鼓勵，讓我有繼續寫作這類文章的勇氣。將我領進藏學殿堂的王堯先生竟然告訴我的學生們説，他最近成了我

的粉絲，凡見有我文章的雜誌他一定買下一讀，聽說後讓我面紅耳赤。最初授我以語文學傳統的陳得芝先生讀了我的《我們可以從語文學學些什麼》之後，竟從美國給我寫信，稱讀我此文「如飲瓊漿」，令我羞愧難當。本色是詩人的屈全繩將軍讀了我的《說漢藏交融與民族認同》一文後，竟迫不及待地要把我文章中的觀點用各種途徑推介出去，並從此引我為忘年之交。鄉賢、學長府憲展先生自知道《我的心在哪裡？》之後，發心要出版我的學術論文集，並將此作為他退休以前要做的頭等大事。所有這些都讓我深深地感動，以文會友，古來如此，但我發表的這區區幾篇小文章，竟將我平生師友風誼臻至於如此高度，我只能說我是一個十分幸運的人！師友們愛我如此之厚，當決不是因為我的文章寫得真有多好，而是他們覺得我寫出了他們也想說的話，和我同聲相應，同氣相求，且對我殷殷有所期待。

這本文集取名《尋找香格里拉》（按，台灣版已改名）讓集中的很多文章看起來全都「文不對題」。這些文章的主題之一是對香格里拉神話的解構。西方人將西藏塑造成了一個後現代人夢寐以求的精神烏托邦——香格里拉，從而不但使自己，而且也讓別人，全都淪為香格里拉的囚徒。無疑這樣的神話必須打破。再仔細想想，我們的人生又何嘗不是如此呢？我們通常給自己設計好了一個理想人生的美好願景，然後用它把自己整個地格式化一遍，從此便終生淪為這一理想願景的囚徒。當今世上有幾個有真性情的名士、高人，能

夠跳出三界外、不在五行中呢？可話又說回來，儘管我們的人生決不應該被一個虛幻、美麗的神話所欺矇、左右，甚至破壞，但我們的心中依然需要一個香格里拉。我自己還在尋找著我人生和學問的香格里拉，收集在這本文集中的這些文章可以算作我在通往我的香格里拉之路上留下的幾個路標。

　　今天能有這本小書問世，我首先要感謝上海世紀出版集團《文景》雜誌的主編楊麗華女士。念在國內曾為南大校友、在國外曾為德國留友之舊誼，她用十二分的熱情啟發、鼓勵，乃至催促我一篇篇地寫作這些文章，這些文章中的大部分都發表在她主編的《文景》之上。可以說，沒有楊麗華和她的《文景》，我大概不會寫這些文章，就是寫了，它們也只能默默地終老在我自己的電腦之中。我要由衷地感謝中國藏學出版社主編、作家馬麗華老師，她的《靈魂像風》是我寫作靈感的源泉，她也曾是這本文集中多篇文章的第一讀者，她的批評和鼓勵是推我前行的精神資糧。中國人民大學出版社的李艷輝博士在只讀過我的幾篇小文章之後，就給了我一個美好的願景，慨諾待我寫滿一定數量後要為我出一本文集，今天如願以償，於此鄭重記下她的知遇之情。中國人民大學出版社的譚徐鋒先生為這本文集的籌畫、設計和出版承擔了超過一般編輯應當承擔的責任，他對於書的熱愛和對於出版一本好書的熱情和執著令我動容。王琬瑩女士為本書的編輯也付出了很多的辛苦，謹此致謝！

沈衛榮　2010 年深秋於臺北旅次

國家圖書館出版品預行編目資料

妖魔化與神話化西藏的背後 / 沈衛榮著. -- 初版
. -- 臺北市：人間, 2013. 08
408 面：15×21 公分. -- （中國文史叢刊；1）
ISBN 978-986- 6777-63-9（平裝）

1. 西藏問題　2. 東方主義　3. 國學
676.64　　　　　　　　　　　　　　102015532

中國文史叢刊　1
妖魔化與神話化西藏的背後

著　沈衛榮
出版者　人間出版社
發行人　呂正惠
社長　林怡君
地址　台北市長泰街 59 巷 7 號
電話　02-2337-0566
郵撥帳號　11746473 人間出版社
排版印刷　龍虎電腦排版股份有限公司
電話　02-8221-8866
登記證　局版台業字第三六八五號
初版　2013 年 8 月
定價　新台幣 350 元